창의 글쓰기

Creative Writing

창의 글쓰기

개정 2쇄 인쇄 2020년 8월 24일
개정 2쇄 발행 2020년 8월 26일

지은이 경남대학교 교양기초교육원
『창의 글쓰기』 교재편찬위원회
펴낸이 박재규

펴낸곳 경남대학교 출판부
전화 055_249-2074
팩스 0505_999-2115
홈페이지 kyungnam.ac.kr/press
전자우편 ko10@kyungnam.ac.kr

출판등록 제1974-100001호(1974.3.14.)
631-701 경남 창원시 마산합포구 경남대학로7 (월영동)

값 15,000원

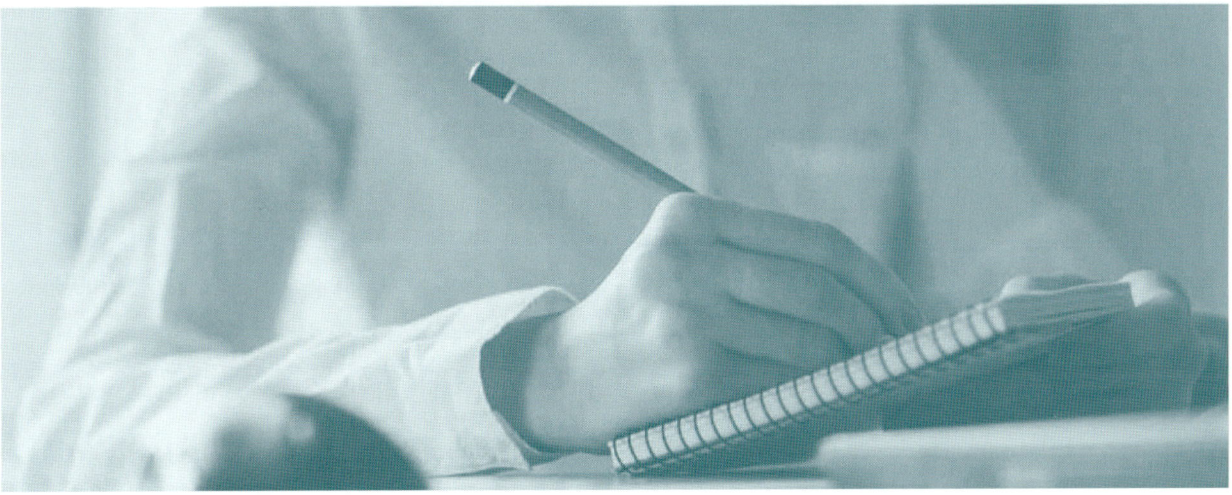

창의 글쓰기

Creative Writing

김봉희 | 김은정 | 노성미 | 이선미 | 임춘택 | 정병철 | 한정호 지음

경남대학교출판부

머리말

"최대한 빨리 글쓰기를 시작하라. 빠를수록 좋다!"

1977년 이후 하버드를 졸업해 40대에 접어든 졸업생 1600명을 대상으로 '당신의 현재 일에서 가장 중요한 것이 무엇인가'를 물었는데, 그 결과 90% 이상이 '글쓰기'라고 답했다고 한다. 선진국의 유수한 대학들이 글쓰기 교육을 강화하고 있는 이유는 글쓰기를 통해 깊이 있게 사고하고 문제를 해결해 나가는 창의성을 가진 인재가 만들어질 수 있다는 믿음 때문일 것이다.

2004년에 낸시 소머스 교수가 연구한 바에 따르면 글쓰기는 대학생들이 수업에 더 적극적으로 참여하고 수업 내용을 더 잘 이해하게 하는 효과와, 새로운 아이디어를 탐구하고 관심과 흥미를 확장시켜 나가게 하는 효과가 있는 것으로 밝혀졌다. 굳이 『자연철학의 수학적 원리Philosophiae Naturalis Principia Mathematica』를 쓴 뉴턴이나 DNA구조의 발견으로 노벨상을 수상한 과학자 제임스 왓슨까지 거론하지 않아도 우리는 이미 수많은 연구 결과와 사례들을 통해 글쓰기 능력이 얼마나 중요하고 유용한 것인지를 잘 알고 있다. 하지만, 아직도 대다수의 대학생들은 글쓰기에 대한 두려움을 느끼거나 실제로 자신이 글을 쓰는 능력이 부족하다고 생각한다.

이 교재의 집필진들이 진단하기에 졸필拙筆은 언제나 하나의 원인을 공유한다. 아직 글을 많이 써 본 경험이 없다는 것이다. 독일의 헬가에셀본 크룸비겔Helga Esselborn-Krumbiegel 교수는 이렇게 말했다. "최대한 빨리 글쓰기를 시작하라. 빠를수록 좋다!" 우리나라의 대학생들은 입시 위주의 교육으로 인해 장문의 글을 써본 경험이 거의 없다. 이 교재는 이와 같은 문제의식을 바탕으로 대학생들에게 요구되는 다양한 글쓰기

글쓰기를 통해
깊이 있게 사고하고
문제를 해결해 나가는
창의성을 가진 인재가
만들어질 수 있다.

를 실제로 경험해 볼 수 있도록 하는 것에 역점을 두었다.

경남대학교에서는 2016년부터 대학생들이 글쓰기에 관하여 전문적인 상담원으로부터 도움을 받을 수 있도록 글쓰기센터를 개설하여 운영하고 있으므로, 이 책의 안내대로 글을 쓰면서 도움이 필요할 때는 어려워 말고 글쓰기센터 상담소를 방문하시길. 최대한 많은 학생들이 이 책과 함께 다양한 글쓰기의 세계를 경험하면서 새로운 시대에 희망을 선사해 줄 수 있는 존재로 성장하게 되기를 기대한다.

2017년 1월

『창의 글쓰기』 교재편찬위원회 일동

차례

제 4 장 글쓰기의 방법과 유형

제 5 장 대학생을 위한 글쓰기

제 6 장 주제별 글쓰기 심화

1 글쓰기의 의미

1. 의사소통과 언어생활
2. 대학생활과 글쓰기
3. 좋은 글의 요건
4. 글쓰기와 윤리

의사소통은 사회생활을 가능하게 하는 매개체이자 관계망이라고 할 수 있다. 의사소통이 우리의 삶에서 각별한 의미를 지니는 까닭은 바로 여기에 있다. 긍정적인 사회적 관계의 형성에는 서로에 대한 올바른 이해가 무엇보다 중요하다. 이를 위해서는 서로의 생각과 정보를 교류하여 상호 이해의 폭을 넓히고 관점의 차이를 조정할 수 있는 의사소통 능력이 필수적 요소라 할 수 있다. 그런 점에서 효율적인 의사소통 능력은 우리 삶의 완성도를 한층 높이는 매우 중요한 방법이 되는 것이다.

제 1 장 글쓰기의 의미

1 의사소통과 언어생활

우리는 사회생활을 하며 살아간다. 따라서 우리는 다양한 사회적 관계를 맺고 있으며, 다른 사람들의 삶과 완전히 단절된 개인의 삶은 생각하기 어렵다. 이러한 인간관계는 개인의 삶 전반에 걸쳐 많은 영향을 미치며, 그 관계를 어떻게 형성하느냐에 따라 인생의 성패까지 결정되기도 한다. 특히 공동체적 관계가 급격히 해체되고 있는 현대사회에서는 개인과 개인, 집단과 집단의 생각과 의견이 충돌하면서 더욱 복잡하게 뒤얽히고 있다.

의사소통communication은 일반적으로 사회생활을 영위하는 사람과 사람 사이에 이루어지는 사상의 교환과 전달로 정의된다. 또한 의사소통은 기초적 사회화 과정에서 개인의 발달은 물론 공동체의 형성과 존속을 위하여 필요 불가결하고 사회생활의 기초가 되는 것이다. 또한 의사소통은 사회 공동체 구성원의 사회화와 통합에 필요한 메커니즘이며, 문화 창조와 실천에 중요한 역할을 한다.

이렇듯 의사소통은 사회생활을 가능하게 하는 매개체이자 관계망이라고 할 수 있다. 의사소통이 우리의 삶에서 각별한 의미를 지니는 까닭은 바로 여기에 있다. 긍정적인 사회적 관계의 형성에는 서로에 대한 올바른 이해가 무엇보다 중요하다. 이를 위해서는 서로의 생각과 정보를 교류하여 상호 이해의 폭을 넓히고 관점의 차이를 조정할 수 있는 의사소통 능력이 필수적 요소라 할 수 있다. 그런 점에서 효율적인 의사소통 능력은 우리 삶의 완성도를 한층 높이는 매우 중요한 방법이 되는 것이다.

일반적으로 언어는 의사소통의 중요한 매체이다. 우리는 언어를 통해 자신의 뜻과 생각을 표현하고 전달한다. 그런 점에서 언어는 사람의 특성을 대변하는 핵심 요소 가운데 하나이다. 언어는 우리의 사회생활에도 필수적인 존재이지만, 문화 창달의 원동력으로 작용한다. 우리에게 언어가 없었다면 오늘날과 같은 고도의 문화를 발달시키지 못했을 것이다.

언어적 표현은 말하기와 글쓰기를 통해 이루어진다. 우리는 날마다 말하기와 듣기, 글쓰기와 읽기로 의사소통하며 살고 있다. 우리의 언어생활을 크게 두 가지로 나눌 수 있다. 하나는 입으로 말하고 귀로 듣는 언어생활(말하기-듣기)이요, 다른 하나는 글을 쓰고 읽는 언어생활(쓰기-읽기)이다. 이러한 언어생활의 중심 매체는 음성언어(말)와 문자언어(글)를 들 수 있다.

음성언어(말)	문자언어(글)
성장과 더불어 저절로 습득 청각을 통해 전달(말하기–듣기) 공간·시간적 제약 강함(전화로 보완) 복합적으로 기능(몸짓, 표정) 상대가 한정(확성기로 보완) 순간적 반응(녹음기로 보완)	배움을 통해 습득(후천적) 시각을 통해 전달(쓰기–읽기) 공간·시간적 제약 약함(오래 보존) 단독적으로 기능(기호) 상대가 무한정 영구적 보존

도표에서 보듯이 음성언어와 문자언어 사이에는 사뭇 다른 특성이 있다. 음성언어는 소리이기 때문에 청각에 의해 전달되고, 현장성이 뛰어나다. 그러나 입 밖으로 나오는 순간에 사라져 버리는 일시적인 언어이기 때문에 시간과 공간의 제약을 받는다. 따라서 무한한 지식과 경험을 담아내고 보존하기에는 부족한 면이 있다.

이러한 음성언어의 단점을 보완하여 기록할 수 있도록 고안된 것이 문자언어이다. 그런 점에서 문자언어란 음성언어를 기호로 바꿔놓은 것이라고 할 수 있다. 결국 문자언어는 시간과 공간의 제약을 뛰어넘는 언어로서, 지식과 경험의 축적을 고스란히 담아내기에 적합한 도구이다. 글쓰기의 주요 매체인 문자언어는 이처럼 눈에 보이지 않는 말을 시각적으로 고정시켜 놓은 것을 그 주된 기능으로 한다.

하지만 음성언어를 그대로 문자언어로 옮겨 놓는다고 하여 글이 되지는 않는다. 이를테면 우리가 여행을 다녀와서 일기나 여행에세이 또는 기행문을 쓸 때에는 다음 **예시 1**의 ㉡처럼 쓰지, 말로 할 때 사용하는 예시 1의 ㉠과 같은 글(문체)로는 쓰지 않을 것이다.

예시 1

㉠ 글쎄 있지? 비가 막 쏟아지는데 말이야, 전부 우산도 없이 뛰어가는 거야, 얼마나 신났는지 몰라.
㉡ 폭우가 쏟아지는데 모두 우산도 없이 달려갔다. 얼마나 신나는 일이었는지 모른다.

이처럼 글쓰기에는 문자언어의 규칙이 있고, 말하기와는 다른 언어적 표현이 있는 것이다. 흔히 언문일치言文一致라고 하여 글과 말이 일치하도록 쓸 것을 권장하고 있지만, 글쓰기는 문자언어의 세계가 따로 있는 것도 사실이다. 말하기와 구별되는 글쓰기의 특징을 몇 가지 간추려 보면 다음과 같다.

첫째, 말하기가 순발력을 특징으로 한다면, 글쓰기는 안정성을 특징으로 한다. 말하기는 생각나는 대로 즉시 이야기할 수 있고, 또 즉각적으로 반응을 보일 수 있다. 하지만 글쓰기는 말할 때보다 생각을 더욱 가다듬어 쓰게 되고, 쓴 글은 두고두고 다시 읽어볼 수 있다.

둘째, 글쓰기는 말하기보다 규칙을 더 잘 지키는 것이 일반적이다. 앞의 예시 1의 ㉠에서처럼 말하기에는 군말이 많이 들어가 있을 뿐만 아니라 전체적으로 짜임이 허술한 편이다. 그러나 예시 1의 ㉡과 같은 글에서는 군말도 제거하게 되고, 단어 하나라도 더 신경을 써서 골라 쓰며, 어순語順도 말에서보다 잘 지키게 된다.

셋째, 글쓰기는 말하기보다 더 조직적이고 논리적이다. 다시 말해서 글은 말보다 더 잘 다듬어지고, 더 조직적으로 구성된 이야기라고 요약할 수 있다. 결국 글은 전체적으로 논리적으로 잘 구성(서론-본론-결론)되어야 한다는 것이다. 훌륭한 짜임새, 그것은 글의 생명이라고 할 수 있다.

아무튼 말하기와 글쓰기는 언어를 바르고 훌륭하게 구사하여 좀 더 격조 높은 의사소통과 언어생활을 통해 교양인으로서의 가치 있는 삶을 살기 위함이다. 이러한 의사소통과 언어생활을 위한 요소에 대해 살펴보면 다음과 같다.

- 말할이, 글쓴이: 의사소통의 주체이다. 이는 기술, 지식, 태도, 능력, 사회문화적 지위 등의 속성을 지닌다.
- 듣는이, 읽는이: 메시지를 받고 반응을 보이는 수용자이다. 이는 수용자의 태도, 성향, 사회문화적 지위, 의식, 상황 등의 영향을 받아 그 결과로 반응한다.
- 메시지: 말할이와 글쓴이가 목적 달성을 위해 생각해 낸 내용으로 언어적 기호의 집합체, 곧 이야기의 주제이다.
- 매체: 메시지를 담는 그릇으로서 언어(말과 글)가 여기에 속한다.
- 효과: 말할이와 글쓴이가 의도한 의사소통의 목적 달성이나 성취 여부를 의미한다.
- 상황: 좁은 의미로는 의사소통이 일어나는 장소, 시간, 분위기, 서로의 관계 등을 의미하며, 넓은 의미로는 사회적, 정치적, 문화적 배경 등을 포함한다.

흔히 우리의 언어생활은 청각의 세계에서 새로운 감각인 시각의 세계로 이동하면서 언어와 사고 체계에 변화로 이어졌다. 오늘날 전파·영상매체로의 변이는 독특한 문화현상을 보여주고 있다. 이는 영상문화로의 이행으로 설명할 수 있다. 기존의 구술문화를 시각화하면서 문자문화가 등장했고, 이를 이미지화하면서 영상문화로 나타났다고 하겠다. 결국 문자문화와 영상문화는 태생적으로 언어매체라는 공통된 유전자를 바탕으로 한다. 앞으로 언어생활에 대한 개념 변화와 확대가 필연적이며, 거기에 맞물린 새롭고 다양한 의사소통의 환경이 자리잡게 될 것이다.

2 대학생활과 글쓰기

대학생활은 물론 사회 활동에서도 중요한 문서나 서류는 모두 글쓰기를 통해서 이루어진다. 그런 점에서 글쓰기가 제대로 되지 않으면 아무리 훌륭한 지식과 정보를 가지고 있다고 하더라도 세상에서 빛을 발할 수 없고 인정받기도 어렵다. 그러므로 글쓰기는 우리의 삶에 필요한 기본 소양이라고 할 수 있다.

글쓰기의 목적

글쓰기의 목적은 무엇인가. 보편적으로 다섯 가지로 요약할 수 있다.

첫째, 글쓰기는 의사소통의 한 방법이다. 의사소통의 수단 가운데 글쓰기보다 인간의 의식과 감정, 느낌을 체계적으로 전달하는 것은 없다. 특히 글쓰기는 인간의 생활이나 역사를 직접 기록해 전달하게 함으로써 인류의 발전에 가장 많이 기여하는 의사소통의 방법으로 간주된다.

둘째, 글쓰기는 자기표현의 수단이다. 인간은 누구나 자신의 삶이나 의견을 다양한 방법을 통해 표현하고자 한다. 자기표현에 대한 가장 확실한 방법은 글쓰기이다. 글쓰기는 자신의 경험과 감정, 지식과 사상 등을 표현할 수 있을 뿐만 아니라 다른 사람에게도 전달할 수 있게 한다.

셋째, 글쓰기는 지식과 정서의 공유를 가능하게 한다. 인간의 언어사용 능력은 지식뿐 아니라 사고와 정서 활동의 표현을 확장시킨다. 우리의 언어생활 가운데 글쓰기가 있음으로 인해 인간의 지식이나 사고, 정서에 관한 표현을 가능하게 하고 다른 사람과의 공유도 가능하게 한다. 그리고 그 공유는 지속적으로 이어지게 된다.

넷째, 글쓰기는 학문연구의 기초가 된다. 인간은 배우는 과정에서 지식을 끄집어내고 그 지식을 체계화시켜 하나의 학문으로 발전시킨다. 흔히 학문연구는 대학이라는 울타리 안에서 행해지는 경향이 많다. 그것은 무엇보다 지식의 체계적인 탐구와 습득 그리고 활용이 효율적으로 이어지기 때문이다. 그런 만큼 글쓰기는 인간의 지적인 활동을 왕성하게 해주는 학문연구 있어서 기본적인 부분이 된다고 할 수 있다.

다섯째, 글쓰기는 사회적인 출세와도 직결된다. 사회생활은 글쓰기의 연장이다. 사회생활에서는 글쓰기 작업이 많지 않아 그 중요성을 인식하지 못하지만, 글쓰기는 업무처리 능력과 비례하기도 한다. 아무리 좋은 업적을 지녔다고 하더라도 그 결과물은 글쓰기를 통해 알려지게 된다. 이때 제대로 된 글쓰기를 할 수 없다면 자신이 행한 업적에 대한 평가도 제대로 이루어지기 어렵다. 따라서 글쓰기는 대학생활만으로 끝나지 않고 사회생활에서도 반드시 필요하다.

거듭 강조하는 바이지만, 우리는 언어(말과 글)로 생각과 정보를 주고받으며 살아간다. 그런데도 의사소통의 중요성이나 글쓰기의 필요성을 제대로 인식하고 있는 사람은 드물다. 특히 중·고등학교에서 글쓰기에 대해 배운 바 있는 대학생들의 경우, 글쓰기와 관련된 수업 자체에 대해 회의를 품기까지 한다. 장차 글쓰기와 관련된 직업을 택할 것도 아니고, 글을 쓸 일도 거의 없는데, 글쓰기는 왜 또 배워야 하는가 하고 생각하는 경우가 많다.

하지만 그렇게 생각하는 대학생들 가운데 자신의 생각이나 정보를 언어로 표현할 수 있는 사람은 의외로 많지 않으며, 글쓰기와 의사소통에 대해 잘 안다고 생각하면서도 정작 글쓰기에 자신감을 가진 대학생은 별로 없다. 그들이 배워 알고 있는 것은 글쓰기와 관련된 이론적 지식이지, 그것을 활용하여 실제로 글을 쓰고 의사소통을 할 수 있는 능력이 아니기 때문이다. 중요한 것은 이론적 지식을 얼마나 알고 있느냐가 아니라, 효과적으로 글을 쓰고 의사소통을 할 수 있는 실제적 능력을 얼마나 갖추고 있느냐이다.

또한 글쓰기 능력은 작가나 학자, 언론인과 같은 전문가 집단이나 특정 직업인의 삶에서만 소용되는 것이 아니다. 우리는 누구나 편지나 일기, 감상문이나 기행문 등 사적인 글에서부터 이력서나 자기소개서, 자술서, 탄원서 등 공적인 글에 이르기까지 다양한 글쓰기를 하며 살아간다. 그리고 대화와 같은 일상적 말하기에서부터 면접, 토의, 토론, 발표와 같은 특수한 말하기에 이르기까지 다양한 형태로 의사소통을 하며 살아간다.

글쓰기와 의사소통은 사회생활에서 누구나 부딪히게 되는 문제이다. 때로는 몇 줄의 글이나 한 마디의 말이 개인의 인생을 전혀 다른 방향으로 바꿔놓기도 한다. 한 장의 편지로 사랑하는 사람을 얻을 수 있고, 잘못된 말 한마디로 소중한 친구를 잃을 수도 있으며, 단 한 장의 자기소개서가 수십 대 일의 취업 시험에서 당락을 뒤바꿔 놓기도 한다.

한편, 사회가 분화되고 복잡해질수록 의사를 체계적이고 전문적인 방식으로 전달할 필요성이 커진다. 따라서 사고나 의견을 체계적으로 정리해서 전달하는 글쓰기의 중요성이 증대된다. 자신의 생각이나 의견을 정확하고 체계적인 방식으로 전달할 수 있는 능력, 그 가운데서도 글로 자기를 표현하는 글쓰기 능력은 오늘날 사회생활의 기본이라 할 만하다.

우리의 생활 자체가 온통 글쓰기로 둘러싸여 있는데도, 실상 우리는 제대로 된 글쓰기를 하지 못하고 있는 것이다. 그런 점에서 글쓰기는 의사소통의 수단으로써 끊임없이 배우고 가다듬어 나가야 할 핵심적인 능력이다.

대학생활의 글쓰기

대학大學은 교육의 단계상 고등교육기관에 속하며, 전문적인 교육과 연구를 함께 하는 기관으로 여러 학문 분야에서 학위를 수여할 수 있는 권위를 갖고 있다. 또한 대학은 다음 세대를 이끌어갈 지도자를 교육하고 지식의 저변을 넓히는 데 핵심적인 역할을 담당한다. 이러한 일반적인 개념 말고도, 대학은 사람다운 삶과 행복을 위한 준비의 장이라 할 수 있다. 대학생활은 한 사람의 인생에서 아주 중요한 시기가 된다. 왜냐하면 대학은 지금까지의 학창시절과 앞으로 나아갈 사회로의 중간교량 역할을 하기 때문이다. 대학생활을 어떻게 보내느냐에 따라 자신의 삶과 직업이 결정되고 인생이 달라질 것이다.

대학생이 되기 전의 자기 자신을 한 번 되돌아보라. 그간에 부족하게 느껴지는 부분도 있을 것이고, 후회스런 일들도 있었을 것이다. 대학에 가서 잘 해보자고 다짐도 여러 차례 했을 것이다. 대학생이 된 지금 우리는 자기 인생의 목표와 비전을 갖고 새로운 서막을 열어야 한다.

첫째, 도전과 실천의 자세로 아름다운 인생을 준비하자. 사회적 성공을 위한 새로운 출발선상에 서 있는 우리는 이제 같은 조건은 아니라도 자신의 역량 발휘 여하에 따라 세상 문을 각각 달리 열 수 있는 실천과 도전의 장을 맞이했다. 그야말로 열린 문화이고 열린 공간이다. 이렇게 준비된 문화공간에서 아름다운 인생을 피워 내기 위해 준비하고 노력한다면, 우리의 희망과 비전이 이루어지게 되는 행복한 삶의 시간을 맞이하게 될 것이다.

둘째, 정확한 진리추구를 통한 지식과 깨달음에 매진하자. 대학은 폭 넓게 공부하며 전체와 부분의 관계를 인식하는 진리탐구의 장이다. 단편적 주입식 방식이 아닌 스스로 찾아 익히고 배우는 입체적 교육방식으로 전문적 진리 탐구에 매진해야 한다. 그래서 오늘날 전문적 지식을 필요로 하는 사회의 트렌드에 맞는 훌륭한 인재로 거듭날 수 있다.

셋째, 가치관 정립과 새로운 인간관계를 모색해보자. 칸트는 '인간은 인간에 의해서 인간이 될 수 있다'고 했다. 이는 교육의 필요성을 강조한 것으로 대학에서는 마땅히 교양과 전문적인 지식을 갖춘 전인적 인간이 되도록 이끌어주어야 한다. 그렇게 되기 위해서는 매사에 적극적인 참여의식과 생활태도를 길러야 한다. 그리고 다양한 사람들과 만나면서 자신의 가치관을 새로이 정립하고 발전적인 방향으로 폭 넓은 대인관계를 모색해야 한다.

사람들에게 대학이 무엇이냐고 물으면, 대개 학문을 하는 곳이라 대답할 것이다. 그런 만큼 대학은 모든 학생들에게 개방된 진리의 전당, 곧 학문의 장소로 인식되고 있다. 흔히 학문을 한자어로 적어보라고 하면, '글을 배운다'는 뜻인 학문學文으로 적곤 한다. 하지만 대학에서 말하는 학문이란 '배우고 묻는다'는 뜻인 학문學問을 일컫는다. 이 두 용어는 비슷한 것처럼 보이지만, 그 속뜻을 생각해 보면 확연한 차이가 있다. '배우고 묻는다' 함은 '글을 배운다'는 것의 한참 위에 있는 것으로 봐야 한다.

그야말로 중·고등학교에서 배우는 것은 학문學文이고, 대학에서 배우는 것은 학문學問이라 할 수 있다. 학문學問은 지식을 다른 사람과 사물, 기록과 경험, 간접경험으로부터 얻어 배우고 이를 익혀서 체득하는 과정을 거친다. 결국 학문은 배움과 물음을 통해서 지식과 인격을 높이는 일이다. 대학에서 배운 바를 묻고 표현하는 행위는 말하기와 글쓰기로 이루어진다. 글쓰기는 학문의 시작이자 끝인 것이다.

그렇다면 대학생과 글쓰기의 상관성을 고려해 보자. 초등학교와 중·고등학교를 거치면서 국어 수업을 받은 사람이라면, 글쓰기가 어떤 과목이고 왜 필요한가를 새삼 설명할 필요가 없을 것이다. 그런데 글쓰기가 무슨 과목인가를 안다는 사실과 실제로 글쓰기를 잘 할 수 있는가는 전혀 별개의 문제처럼 다가온다. 이 점은 대학교에서도 마찬가지다. 글쓰기를 가르치는 쪽과 배우는 쪽에서 모두 한결같이 느끼는 내용이다.

대학의 실제 수업 현장에서 보면, 글쓰기에 자신감을 가진 학생보다는 그렇지 못한 학생이 훨씬 많다. 그렇다면 왜 글쓰기에 자신감이 없는가? 이런 문제를 두고 학생들과 이야기를 나눠보면, 자신이 없다는 쪽은 두 가지 부류로 드러난다. 우선, 무조건 글에 대한 거부감을 갖는 부류가 있다. 이 부류에 속하는 학생들은 글쓰기가 어렵고, 글을 적으려고 하면 아무런 생각

글쓰기의 의미

이 나지 않는다고 한다. 이 부류는 결과적으로 생각 자체가 아예 없는 경우라고 하겠다. 다음으로, 막상 글로 쓰려면 제대로 안 된다는 부류가 있다.

예로부터 글쓰기의 수련 방법으로 삼다三多를 가르쳐 왔다. 다독多讀, 다상량多商量, 다작多作, 즉 많이 읽고, 많이 생각하고 많이 쓰라는 것이다. 이것은 한마디로 평소에 남의 글을 많이 읽으면 지식도 늘고 동시에 사물을 보는 법, 그것을 정리하는 법을 배울 것이며, 또한 많이 생각하는 일이나 많이 써 보는 일도 좋은 글쓰기에 직접 작용하기 때문이다.

글쓰기는 손끝 재주로 되는 작업이 아니다. 속이 알차게 살쪄야 비로소 좋은 글이 나오는 법이다. 남의 글을 읽든 여행을 하든 지식과 체험을 많이 쌓고, 또 평소 사색思索하는 습관을 통해 사고력(생각하는 힘)을 훌륭하게 키워놓아야 좋은 글을 쓸 수 있는 법이다. 특히 구성력이 부족한 경우는 글쓰기의 이론 내지 기술을 학습하여 익힌 다음에 많은 글쓰기 훈련을 통해서 필요한 구성력을 갖추도록 해야 한다.

사람은 누구나 자신의 삶을 표현하지 않고는 살아갈 수 없는 존재이다. 자아 표현의 욕구가 사라지지 않는 한 글쓰기 능력은 인류에게 언제나 필요한 것이다. 글쓰기는 사회적인 면에서 기록이라는 의미를 지닌다. 인류 문명의 발전에서 글쓰기의 역할을 가늠하기란 어렵지 않다. 사람은 언어로써 생각을 가다듬어 개념을 형성한다. 그렇게 만들어진 다양한 개념들이 모여서 차원 높은 이론과 사상을 구축한다. 글쓰기는 그러한 개념과 사고를 축적하고 발전시켜 보다 나은 미래를 창조할 수 있게 한다. 현재 우리가 누리고 있는 문화와 문명은 이와 같은 글쓰기의 효용으로부터 비롯된 것이라 해도 지나치지 않을 것이다.

글쓰기에는 기본적으로 갖추어야 할 마음가짐이 필요하다. 먼저, 글을 쓰는 일을 겁내지 말아야 한다. 우리는 대부분 어린 시절부터 갖가지 글을 읽으며 글과 친숙한 생활을 해왔다. 비록 본격적인 글쓰기는 아닐지라도 일기 또는 편지 같은 글을 쓰는 생활도 제법 많이 하면서 지내왔다. 따라서 글쓰기에 자신감을 가져야 한다. 그것이 글쓰기를 하는 사람이 가장 명심해야 할 좌우명座右銘이다.

다음으로, 자기 분수에 맞는 글을 써야 한다. 글을 쓰라고 하면 괜히 어렵게 쓰려는 경향이 있다. 글에는 글쓴이의 지적知的 수준이 드러난다고 하니까 자기를 과시하려는 욕심을 내는 것이다. 그러나 잘난 척 하려고 없는 것을 억지로 표현하려다가는 오히려 자신의 낮은 수준을 더 여실히 드러내기 마련이다. 오히려 읽는이가 더욱 똑똑하기 때문에 속아주지 않는 것이다. 글은 그야말로 글쓴이를 고스란히 드러낸다. 글을 조금이라도 더 충실히 쓰기 위해서 백과사전을 한 번이라도 더 뒤지고 참조하는 것은 좋지만, 자기도 소화하지 못한 내용을 써서 결과적으로 읽는 이에게 제대로 전달하지 못하는 일이 없도록 해야 한다.

글쓰기는 더 이상 전문가의 몫이 아니다. 개인의 전문성이 대중적 친화력을 가져야 하는 시대에, 대중과 소통하고 사회적 영향력을 얻는 것은 전문가가 되기 위한 필수 조건으로 바뀌었다. 글쓰기를 통해 전문적 지식을 대중에게 전달하고 소통할 필요성이 그 어느 때보다 강조되고 있다. 이제 글쓰기는 요즘 유행하는 말로 자기계발의 한 방식이 되었다. 생각한 것을 글로 쓸 수 있을 때 개인에게는 새로운 가능성이 열리기 때문이다. 이를테면, 자기소개서를 잘 써서 직장에 좀 더 쉽게 취직할 수 있을 것이고, 홍보자료를 잘 쓴다면 당신이 애써 일궈놓은 상품을 세상에 더 쉽게 알릴 수 있을 것이며, 기획서를 잘 쓴다면 남들보다 자신의 능력을 더 많이 인정받을 것이다. 물론 글을 잘 쓴다고 무조건 성공하는 것은 아니지만, 창의적이고 탁월한 글쓰기가 성공 확률을 높여줄 것임에는 틀림없다.

글쓰기는 쉽지 않고 고통스럽다고 한다. 이것은 대부분의 사람들이 가지고 있는 생각이다. 글쓰기를 전문적으로 하는 사람, 곧 작가나 기자, 그 밖의 저술가들에게 물어도 같은 대답일 것이다. 대학생 입장에서도 글쓰기의 괴로움과 고통은 너무 당연한 일이다. 글로써 나를 드러내어야 하는데, 그런 방식에 익숙하지 않기 때문에 힘들고, 나를 표현할 만한 마땅한 언어와 지식이 없어 힘들다. 21세기는 문장으로 글을 쓴다기보다 지식으로 글을 쓰는 시대이다. 그런데 지식이 글을 생산하기도 하지만 글쓰기가 지식을 생산하기도 한다. 더 이상 글쓰기를 애물단지로 생각하지 말고, 자신의 보물단지로 만들어야 할 것이다.

3 좋은 글의 요건

좋은 글이란 글쓴이의 생각이나 느낌이 잘 전달될 수 있게 표현한 글을 일컫는다. 우선, 좋은 글을 쓰기 위해서는 내용 있는 글을 써야 한다. 이는 전달 내용이 분명해야 한다는 것이다. 다음으로, 짜임새 있는 글을 써야 한다. 아무리 좋은 내용을 가지고 있어도, 글이 짜임새가 없으면, 그 내용을 효과적으로 전달할 수 없는 까닭이다. 또한, 정확한 글을 써야 한다. 글의 내용과 짜임새가 좋다고 하더라도, 그 표현이 구체적이지 못한다면 전달하는 바를 정확하게 이해하지 못할 것이다.

내용 있는 글

첫째, 분명한 내용이어야 한다. 우리는 어떤 글을 읽고 나서 '내용이 있다' 또는 '알맹이가 있다'라는 말을 한다. 이는 글쓴이가 전달하고자 했던 주제가 올바르게 전달되었음을 뜻하고, 나아가 전달하려 했던 그 '무엇'이 인정을 받을 만한 것이었음을 의미한다.

예시 1

> 인간 생활에 있어서 웃음은 하늘의 별과 같다. 웃음은 별처럼 한 가닥의 광명을 던져주고, 신비로운 암시도 풍겨 준다. 웃음은 또한 봄비와도 같다. 이것이 없었던들 인생은 벌써 사막이 되어 버렸을 것인데, 감미로운 웃음으로 하여 인정의 초목은 무성을 계속하고 있는 것이다.
>
> 웃음에는 여러 가지 색채가 있다. 빙그레 웃는 파안대소가 있는가 하면, 깔깔대며 웃는 박장대소가 있다. 깨가 쏟아지는 간간대소가 있는가 하면, 허리가 부러질 정도의 포복절도도 있다. 이러한 종류의 웃음들은 우리 인생에 해로울 것이 조금도 없다.
>
> — 이희승(1979). "웃음의 철학". 『웃음의 철학』. 새밭.

둘째, 독창적인 내용이어야 한다. 분명한 내용을 가지고 있어도, 그것이 읽는이에게 도움을 주지 못할 때, 그 글은 의미와 가치를 잃게 된다. 누구나 알고 있는 사실이거나 이미 누군가 했던 이야기를 자신의 글로 쓴다면, 아무도 그 글을 읽으려 하지 않을 것이다. 그러므로 글에는 독창성이 중요하다.

예시 2

꽃가루와 같이 부드러운 고양이의 털에
고운 봄의 향기香氣가 어리우도다.

금방울과 같이 호동그란 고양이의 눈에
미친 봄의 불길이 흐르도다.

고요히 다물은 고양이의 입술에
포근한 봄 졸음이 떠돌아라.

날카롭게 쭉 뻗은 고양이의 수염에
푸른 봄의 생기生氣가 뛰놀아라.

– 이장희(1982), "봄은 고양이로다", 『이장희 전집』, 서울:문장, 21.

셋째, 풍부한 내용이어야 한다. 글의 재료가 풍부하고 전달하려는 정보가 다양하면, 내용을 더 효과적으로 전달할 수 있다. 이를 위해서는 많은 경험과 깊은 사색이 바탕이 되어야 하고, 글을 쓰기 전에 충분한 취재 활동이 있어야 한다.

예시 3

수필은 청자 연적이다. 수필은 난이요, 학이요, 청초하고 몸맵시 날렵한 여인이다. 수필은 그 여인이 걸어가는, 숲으로 난 평탄하고 고요한 길이다. 수필은 가로수 늘어진 페이브먼트가 될 수도 있다. 그러나 그 길은 깨끗하고, 사람이 적게 다니는 주택가에 있다.

수필은 청춘의 글이 아니요, 서른여섯 살 중년 고개를 엄어선 사람의 글이며, 정열이나 심오한 지성을 내포한 문학이 아니요, 그저 수필가가 쓴 단순한 글이다.

– 피천득(1997), "수필", 『수필』, 서울:범우사, 51.

결국 내용 있는 글이란 글의 목적이 분명하게 드러나야 한다는 뜻과도 상통한다. 글의 목적은 크게 네 가지 표현 방법, 곧 설명, 논증, 묘사, 서사에 의해 결정된다. 따라서 글은 먼저 설명을 목적으로 쓰는 것인지, 논증을 목적으로 쓰는 것인지, 아니면 묘사나 서사의 목적으로 쓰는 것인지가 구별되어야 한다.

짜임새 있는 글

첫째, 통일성이 있어야 한다. 글은 단어와 문장이 모여서 하나의 집약된 생각을 나타내는 것이다. 그러므로 여러 조각의 글이라도 결국은 하나의 통일된 주제를 갖고 있기 마련이다. 겉으로는 여러 조각이지만 내부적으로는 전체적인 통일성을 이룬다. 이처럼 통일성이란 글의 주제와 이를 드러내는 문장들이 내용적으로 일치되어야 한다는 것이다.

예시 4

우리는 학문學問을 배우고 연구한다. 배우고 연구하는 데는 실지로 경험하여 보는 것, 몸소 행동하여 보는 것이 물론 필요하다. 그러나 인류가 오랜 세월을 두고 경험한 것, 행동한 것을 그대로 하나도 빼지 않고 완전히 되풀이하여야 한다면, 일생을 통하여 얻을 수 있는 지적 수준은 도저히 높은 데 이르지 못하고 말 것이다. 우리는 선인들의 고귀한 경험의 축적과 세련에 의하여 획득한 문화의 유산을 손쉽게 계승할 수 있기 때문에 비교적 짧은 시일에, 선인과 동일한 수준에 도달할 수 있는 동시에, 다시금 그의 발전도 꾀할 수 있다. 그저 경험이라든가 행동의 되풀이나 잘하기는 다른 동물도 사람에게 뒤지지 않을 것이다. 기성세대나 선배들이 이미 도달한 수준까지 하루 속히 따라가서 그를 극복하여 새로운 향상의 길을 트려는 노력이 학문이라고 할 수도 있다.

– 박종홍(1965), "학문의 길", 『독서와 학문의 길』, 동양출판사.

둘째, 연결성이 있어야 한다. 한 편의 글은 여러 조각의 글들로 이루어져, 제각기 따로 독립된 듯이 보인다. 하지만 각 부분들은 밀접한 관계를 맺고 있기 때문에 서로 잘 연결되어야만 내용을 분명히 전달할 수 있다. 논리적인 구성은 조직적이고 체계 있게 이어지는 문장 조직의 한 방법이다.

예시 5

> 지조란 것은 순일한 정신을 지키기 위한 불타는 신념이요, 눈물겨운 정성이며 냉철한 확집確執이요, 고귀한 투쟁이기까지 하다. 지조가 교양인의 위의威儀를 위하여 얼마나 값지고 그것이 국민의 교화에 미치는 힘이 얼마나 크며, 따라서 지조를 지키기 위한 괴로움이 얼마나 가혹한가를 헤아리는 사람들은 한 나라의 지도자를 평가하는 기준으로서 먼저 그 기조의 강도强度를 살피려 한다.
>
> 지조가 없는 지도자는 믿을 수가 없고, 믿을 수 없는 자는 따를 수 없기 때문이다. 자기의 명리名利만을 위하여 그 동지와 지지자와 추종자를 일조一朝에 함정에 빠뜨리고 달아나는 지조 없는 지도자의 무절제와 배신 앞에 우리는 얼마나 많이 실망하였는가? 지조를 지킨다는 것이 참으로 어려운 일임을 아는 까닭에 우리는 지조 있는 지도자를 존경하고 그 곤고困苦를 이해할 뿐 아니라 안심하고 그를 믿을 수도 있는 것이다.
>
> – 조지훈(1981), "지조론", 『지조론』, 서울:정음사.

셋째, 강조성이 있어야 한다. 글쓴이가 중점적으로 표현하고자 하는 바를 뚜렷이 부각시켜서 읽는이의 관심을 집중시키고자 하는 것이 강조성이다. 이것은 다른 부분과 조화를 이루는 가운데, 어떤 내용을 두드러지게 강조함으로써 글의 효과를 노리는 표현 방법이다.

전달하려는 내용을 강조하는 방식에는 '분량에 의한 강조', '위치에 의한 강조', '표현 기교에 의한 강조'가 있다. 분량에 의한 강조는 주된 전달 내용을 상세하게 서술하는 것을 말한다. 위치에 의한 강조는 주된 전달 내용을 눈에 잘 띄는 곳에 위치시키는 것이고, 표현 기교에 의한 강조는 반복법, 과장법, 대조법 등에 의해 서술하는 방법이다.

예시 6

> 나는 그믐날을 몹시 사랑한다.
>
> 그믐날은 요염하여 감히 손을 댈 수도 없고, 말을 붙일 수도 없이 깜찍하게 예쁜 계집 같은 달이 동시에 가슴이 저리도 쓰리도록 가련한 달이다.
>
> 서산 위에 잠깐 나타났다. 숨어버리는 초생달은 세상을 후려 삼키려는 독부毒婦가 아니면 철모르는 처녀 같은 달이지마는, 그믐달은 세상의 갖은 풍상을 다 겪고, 나중에는 그 무슨 원한을 품고서 애처롭게 쓰러지는 원부怨婦와 같이 애절하고 애절한 맛이 있다.

보름에 둥근 달은 모든 영화와 끝없는 숭배를 받는 여왕女王과 같은 달이지마는, 그믐달은 애인을 잃고 쫓겨남을 당한 공주와 같은 달이다.

초생달이나 보름달은 보는 이가 많지마는, 그믐달은 보는 이가 적어 그만큼 외로운 달이다. 객창한 등에 정든 임 그리워 잠 못 들어 하는 분이나, 못 견디게 쓰린 가슴을 움켜잡은 무슨 한恨 있는 사람이 아니면 그 달을 보아주는 이가 별로 없을 것이다.

– 나도향(1925), "그믐달", 『조선문단』, 조선문단사.

예시 7

네 소원所願이 무엇이냐 하고 하느님이 내게 물으시면, 나는 서슴지 않고
"내 소원은 대한 독립大韓獨立이오."
하고 대답할 것이다. 그 다음 소원은 무엇이냐 하면, 나는 또
"우리나라의 독립이오."
할 것이요, 또 그 다음 소원이 무엇이냐 하는 세 번째 물음에도, 나는 더욱 소리를 높여서
"나의 소원은 우리나라 대한의 완전한 자주 독립自主獨立이오."
하고 대답할 것이다.

–김구(1984), "나의 소원", (도진순 옮김), 『백범일지』, 서울:돌배게, 301.

글은 어떤 종류의 것이든 갖추어야 할 틀이 있다. 크게는 도입, 본론, 결말의 세 부분이 갖추어져야 하고, 그것들이 문단을 단위로 하여 짜임새 있게 배열되고 전개되어야 한다. 문장 하나하나가 훌륭하여도 그것들이 유기적으로 잘 구성되지 않으면 좋은 글이 되기 어렵다.

정확한 글

첫째, 언어를 제대로 사용해야 한다. 우리 주위에는 실제로 존재하는 구체적 대상이 있는가 하면, 단지 생각을 통해서만 존재하는 추상적인 것도 있다. 이른바 구체어는 그 대상이 분명하기 때문에 혼란을 일으킬 염려가 적지만, 추상어는 그 언어를 사용하는 뜻과 범위가 다를 수 있어서 문제가 생기기도 한다. 그런 점에서 글은 정확한 언어를 통해 구체적으로 표현해야 한다.

예시 8

그 무렵부터 나는 얼굴에다 화장을 하기 시작한 것으로 기억하는데 무엇보다도 화장용 크레용으로 눈썹을 그리는 것을 잊어서는 안 된다고 생각했던 것이다.

그렇다고 해서 나는 스스로 숱이 적은 눈썹에 대하여 어떤 열등감을 느꼈다든가, 눈썹이 솔밭처럼 짙은 딴 여성을 부러워했던 것은 아니었다. 그러나 이발관에 가서 면도를 할 때마다 눈썹을 지우지 말아 달라고 부탁을 했어야 했고 집에 돌아와서는 으레 세수를 다시 해야 했다.

내가 정작 눈썹에 대한 열등감을 느끼게 된 날이 다가온 것은 한 사람을 사랑하기 시작하고 사랑하는 사람과 결합이 된 날부터였다.

– 천경자(1995), "눈썹", 『꽃과 영혼의 화가 천경자』, 서울:랜덤하우스코리아, 47～48.

둘째, 문법에 맞아야 한다. 우리가 쓰는 언어에도 질서와 규칙이 있다. 이 내재하는 질서와 규칙 그 자체, 또는 이들을 정리하는 것을 문법이라고 한다. 글은 질서와 규칙 아래 쓰는 것이기 때문에 문법에 맞게 써야 한다. 또 올바른 언어생활을 위하여 맞춤법을 제정하여 시행하고 있으므로, 글은 이러한 맞춤법에도 맞게 적어야 한다.

예시 9

참새는 공작같이 화려하지도, 학같이 고귀하지도 않다. 꾀꼬리의 아름다운 노래도, 접동새의 구슬픈 노래도 모른다. 시인의 입에 오르내리지도 완상가玩賞家에게 팔리지도 않는 새다. 그러나 그 조그만 몸매는 귀엽고도 매끈하고, 색깔은 검소하면서도 조촐하다. 어린 소녀들처럼 모이면 조잘댄다. 아무 기교도 없이 솔직하고 가벼운 음성으로 재깔재깔 조잘댄다. 쫓으면 후루룩 날아갔다가 금방 다시 온다. 우리나라 방방곡곡, 마을마다 집집마다 없는 곳이 없다.

– 윤오영(2000), "참새", 『곶감과 수필』, 서울:태학사, 67～68.

셋째, 생각을 진솔하게 전달해야 한다. 우리가 감동을 받는 글은 '살아 숨 쉬는 글'로서 그 내용이 진실 되고 솔직하게 다가오기 때문이다. 아무리 미사여구를 늘어놓아 쓴 글이라도 그 내용이 진솔하지 못하면, 누구에게도 감동을 주지 못한다. 따라서 좋은 글이 되기 위해서는 무엇보다도 글쓴이의 생각이나 느낌, 체험 등을 꾸밈없이 표현해야 한다.

예시 10

서울생활이 오래될수록 제주어를 부끄러워하는 마음이 엷어졌다. 그까짓 것, 살아보니 서울도 별것 아니었다. 대신 나이가 들수록 유년에 대한 그리움이 깊어지면서 제주어를 일부러 찾아 쓰기 시작했다. 친정어머니가 함께 살면서부터는 제주어가 집안의 공용어로 정착되었다. 서울에서 나고 자란 두 아들이건만 학교가 끝나면 "할머니, 갔다 와수다."라고 소리치며 들어왔다.

여고 동창모임에 참석해 떠들다 보면 친구들이 깜짝 놀라곤 했다. "명숙아, 어떵 그추룩 제주도 말 잘햄시니. 잊어불지도 안행 잘도 틋냄쩌이(명숙아, 어떻게 그렇게 제주도 말을 잘하니. 잊어버리지도 않고 잘도 기억해 낸다.)." 얘들아, 그리우면 다 기억나는 법인란다.

– 서명숙(2016). "때로는 음악처럼 때로는 암호처럼". 『제주 걷기 여행』. 서울:북하우스. 377.

따라서 글의 내용이 아무리 훌륭하다고 해도, 그것을 정확하게 표현하지 못하면 좋은 글이 될 수 없다. 단어를 바로 골라 쓰고, 문장 하나하나를 문법에 맞게 써야 한다. 그리고 글의 정확성을 위해 멋부터 부려서는 안 된다. 자신의 생각을 진솔하게 전달하지 않고서는 좋은 글이 탄생할 수 없다.

4 글쓰기와 윤리

만약 세상에 글쓰기가 없다고 상상해 보라. 글을 쓰는 행복도 책을 출판하는 성취감도 사라진다. 문학작품이나 TV 드라마의 대본도 녹음기와 같은 기계에 의존하여 제한적인 형태로 만들어질 수밖에 없다. 표현은 생존이고 행복이므로 글쓰기는 수고를 동반하지만 우리 삶을 성립하고 번영을 이루기 위한 행위가 된다. 글쓰기는 인간 삶의 행복이고 필수요건인 것이다. 그럼으로 타인의 글에서 표현, 내용, 아이디어 등을 자신의 것인 양 적어내는 행위는 자신의 존재 이유를 부정하고 글쓰기의 이로움을 버리는 것이자 타인에게 피해를 끼치는 행위이므로 마땅히 사회적 지탄을 받아야 한다.

우리나라 학교교육은 초등학생부터 대학생에 이르기까지 글쓰기가 시간은 걸리고 때로는 수고스럽더라도 그 과정이 오히려 즐거움이라는 사실을 체화할 수 있도록 체계적으로 가르칠 필요가 있다. 한 편의 글을 완성했을 때 이에 대한 가치를 높이 인정하는 학교문화를 형성하여 글쓰기 표절을 비롯한 글쓰기 부성행위를 자연스럽게 근절하는 토양을 만들어야 한다.

타인이 쓴 글에 가치를 두고 진지하게 대하는 태도가 우리사회와 교육문화로 자리 잡는다면 글쓰기를 표절의 대상이나 가치 없다는 인식에서 발생하는 글쓰기 윤리 문제는 상당히 근절될 수 있다. 글쓰기가 개인의 실적을 쌓는 수단이기 이전에 글쓰기 자체가 성취이고 행복이라는 인식전환이 우리사회와 학교교육에 요구된다. 이를 위한 방안으로 학교교육에서 글쓰기로 공부하고 학생 글에 대한 평가 비중을 높임으로써 글쓰기 윤리 방지라는 소극적 목표를 넘어 학생들은 실질적인 글쓰기 능력 향상을 이룰 수 있다.

우리사회 글쓰기 윤리 위반 행위들

사회 지도층 인사들의 글쓰기 윤리 문제가 끊이지 않는다. 장관 입후보자에 대한 국회 인사청문회에서 후보자의 박사학위논문이나 학자 출신 후보자의 논문과 저서의 표절행위가 종종 사회 문제가 된다. 민·형사소송을 당할 정도로 타인의 저작물에서 거의 대부분을 베낀 사례도 적지 않다.

일부 대학교수들은 대학생들의 수업용 교재를 일명 '표지갈이' 식으로 부정행위를 저질러 사회문제를 일으켰다. 표지갈이란 강의 시간에 쓰는 교재의 내용은 거의 바꾸지 않고 책 제목과 저자만 바꿔서 새로운 책인 양, 글을 쓰지 않은 저자를 저자인 양 속이는 불법행위를 일컫는다.

대학생들은 강의 시간에 제출하는 보고서와 감상문 과제를 주로 인터넷에서 타인의 글을 가져와 본인이 쓴 것처럼 만들어 표절 행위를 저지른다. 인터넷에 떠다니는 출처불명의 글들이 표절에 악용된다. 인터넷 블로그와 카페 등에서 '자료 퍼 나르기'가 일상이 된 오늘날, 대학생들 또한 글쓰기 부정행위의 유혹에 빠지기 쉬워졌다.

중·고등학생을 비롯하여 대학 입시생들은 자기소개서를 글쓰기 대행 업자에게 돈을 주고 만들어내기도 한다. 또는 부모가 자녀의 올바른 글쓰기 지도 차원을 넘어서 아예 처음부터

끝까지 부모의 생각과 표현으로 자녀 글을 대신 써서 공적인 단체와 기관에 제출한다. 대필 행위는 자라나는 세대가 거짓에 물들도록 부모와 기성세대가 권하는 행위가 되므로 글쓰기 윤리 차원에서 교육 지도와 엄격한 징벌이 요구된다.

글쓰기 윤리 위반의 4가지 유형

학생들은 본인의 글쓰기 작업과정과 그 결과물로써의 글이 글쓰기 윤리에 위반하지 않도록 주의해야 한다. 고의적인 글쓰기 윤리 위반이든 무지하여 글쓰기 부정행위를 범했든 모두 그 책임을 위반자에게 묻기 때문이다. 글을 쓸 때는 그것이 자신의 표현과 고유한 생각으로 작성한 것인지 아니면 타인의 저작물을 읽고 그 고유한 표현 또는 의미를 따르고 담았는지를 명확히 판단하여 작성해야 한다. 다음은 글쓰기 윤리이자 연구 윤리에 위배되는 부정행위 유형 네 가지다. 학생은 본인 글 작성 시, 아래 항목에 해당하는 문제가 발생하지 않도록 각별히 주의해야 한다.

표절

1. 타인의 저작물을 활용하면서 출처 표시를 하지 않은 경우
2. 타인의 저작물을 번역하여 사용하면서 출처를 표시하지 않은 경우
3. 출처표시를 했음에도 불구하고 인용문으로써의 적절한 범위를 넘어 인용한 경우

위조

1. 사실이 아닌 것을 사실인 양 허위로 적은 경우
2. 하지 않은 일이나 업적을 한 것인 양 제시하는 경우

변조

1. 사실을 의도적으로 실재와 다르게 바꾸어 쓰는 행위
2. 사실을 실재대로 전하지 않고 필요한 부분만을 선택하여 생략, 삭제, 은폐하여 적은 행위

부당한 저자 표시

1. 해당 글을 쓰지 않았음에도 쓴 것처럼 저자로 표시하는 경우
2. 해당 글을 쓰고도 공동 저자 표시에서 특정인(들)을 제외시킨 경우

글쓰기 윤리를 지키기 위한 올바른 태도

글쓰기에 대한 마음가짐과 태도를 바로세우면 표절을 비롯한 글쓰기 윤리는 문제가 아니라, 글과 지은이 삶의 질과 품격까지도 높이는 원동력이 된다. 학생은 본인이 작성하는 글의 주제와 관련한 타인의 저작물을 가능한 많이 읽는 과정을 거쳐야 하고 이를 활용, 참고하여 자신의 생각, 주장을 형성하여 글쓰기 작업을 해야 한다. 이렇게 해야 자신만의 생각, 표현, 구성으로 글을 작성할 수 있다. 물론 이 과정에서 타인의 저작물에서 인용한 표현, 용어, 내용은 정확하게 사실대로 전달해야 하고 반드시 그 출처를 각주와 참고문헌으로 밝혀야 한다.

진실성

내 글은 나의 생각으로 쓴다. 다른 사람이 쓴 글을 글자 그대로 따라 써서는 글쓰기 윤리에 위배된다. 내 이름을 단 글은 내가 쓴 글이어야 한다.

정확성

내가 쓴 글의 내용은 거짓이 없어야 한다. 사실이어야 한다. 내용에 오류가 있다든지 사실과 다르고 틀린 내용이 있어서는 안 된다.

창의성

누구나 아는 사실, 어디서나 쉽게 찾아볼 수 있는 내용을 써서는 엄정하게 말해 글쓰기 윤리 차원에서 좋은 모습이 아니다. 여기서 창의성이란 누구도 이제껏 쓰지 않았던 것으로써의 독창성과 다르다. 글쓰기의 창의성이란 글쓴이의 생각, 느낌, 자기이해와 표현 등 본인에게 창의적인가에 초점을 맞춘다. 즉 세상에 없는 것으로써의 독창성 개념을 포함한 자신만의 고유함에서 만들어낸 어떤 것으로써의 창의성 개념을 말한다.

글쓰기 윤리 위반(표절) 사례

글쓰기 표절 행위를 범하지 않으려면 참고자료를 자신의 표현으로 바꾸거나 요약하고 출처를 반드시 밝혀야 한다. 타인의 글을 자신의 것인 양 그대로 갖다 쓰는 행위는 표절에 해당한다. 또한 본인 글의 상당 부분을 타인의 글에서 갖고 와 출처표시를 한다고 해서 표절이 아닌 것이 아니다. 아래와 같은 표절은 그에 따른 징벌을 받을 수 있으므로 주의하여 글을 작성해야 한다.

예시 1

원문	표절의심 글
대표적인 것이 원푸드 다이어트이다. 한 가지 음식만 먹고도 체중을 줄일 수 있다고 광고한다. 식욕억제제나 기능저하제를 복용하는 다이어트 법도 있다. 또 비만의 적은 고기라며 고기 섭취를 아예 금하는 다이어트도 많다. 격렬한 운동으로 짧은 시간에 많은 체중을 한꺼번에 빼는 다이어트 법은 모 TV 프로그램의 영향으로 유행처럼 번지고 있다. 중략 실제로 다이어트 부작용이 심각한 수준이다. 일례로 시중에서 유행하는 다이어트 약을 먹고 체중감량을 시도했다가 생리불순에 손이 떨리고 심장이 두근거리는 병증으로 찾아온 여성 환자가 있었다. 또 다이어트를 하다가 탈모와 우울증에 시달려 결국 병원에 입원한 환자도 있다. – 이규보 기자, 〈한방칼럼〉 잘못된 다이어트 탈모·우울증 원인, 아주경제, 2011. 6. 12 일자.	일반적인 것이 원푸드 다이어트이다. 하나의 음식만 먹고 체중을 줄인다는 광고가 많다. 식욕억제제나 기능저하제를 복용하는 다이어트법도 있다. 비만의 적은 고기라며 고기 섭취를 전혀 하지 못하도록 하는 다이어트도 많다. 격렬한 운동으로 짧은 시간에 많은 체중을 한꺼번에 빼는 다이어트 법은 TV에서 유행이 되고 있다. 다이어트 부작용이 심각한 수준이다. 시중에서 유행하는 다이어트 약을 먹고 체중감량을 시도했다가 생리불순에 손이 떨리고 심장이 두근거리는 병증으로 찾아온 여성 환자가 있었다. 다이어트를 하다가 탈모와 우울증에 시달려 병원에 입원한 사람도 있다.

예시 2

원문	표절의심 글
현재 상영 중인 '마지막 사중주'란 영화가 있다. '마지막 사중주'는 최근 몇 년 사이 본 영화 중 최고의 걸작이라고 감히 말하고 싶다. 이런 영화는 관객들이 잘 알지도 못하고 보고 싶지만 보기도 힘들다. 반면 지금 흥행하는 모 영화는 예매 사이트를 1주일여 전에 오픈해 많은 관객에게 일방적으로 알렸고 50% 이상의 예매실적이 곧 관객이 원하는 영화라는	요즘 영화관에서 '마지막 사중주'란 영화가 상영한다. 이 영화는 내가 최근 몇 년 사이 본 영화 중 최고의 걸작이다. 이런 영화는 관객들이 잘 알지도 못하고 보고 싶지만 보기도 힘들다. 반면 지금 흥행하는 어떤 영화는 예매사이트를 1주일여 전에 오픈해 많은 관객에게 일방적으로 알렸고 50% 이상의 예매실적이 곧 관객이 원하는 영화라는 식으로 합리

식으로 합리화하면서 다른 영화의 상영기회를 박탈하는 스크린독과점을 당연시했다. 하지만 그렇게 얘기해도 내가 볼 때 '마지막 사중주'는 그 영화보다 수십 배는 더 감동적이고 훌륭한 영화다. 물론 나의 주관적인 판단만으로 관객이 원하는 영화라고 속단할 수는 없지만 이 영화를 1주일 전 똑같이 예매하게 하고 같은 상영 횟수를 통해 관객과 만난다면 지금과는 전혀 다른 결과가 나올 것이다. – 정재형(동국대 교수), [여의도칼럼] 소비자는 이런 영화를 원한다. 이데일리 , 2013. 8. 8. 일자.	화 하면서 다른 영화의 상영기회를 박탈하는 스크린독과점을 당연시했다. 그러나 '마지막 사중주'는 그 영화보다 수십 배는 더 감동적이고 훌륭한 영화다. 물론 나의 주관적인 판단만으로 관객이 원하는 영화라고 속단할 수는 없지만 이 영화를 1주일 전 똑같이 예매하게 하고 같은 상영횟수를 통해 관객과 만난다면 지금과는 전혀 다른 결과가 나올 것이다.

활동 1 글쓰기 윤리 점검 목록을 확인해 보자.

내가 쓴 글의 제목: ______________________________

다음 항목을 읽고 해당 표시(○, X)에 동그라미 하시오.

- 이 글은 내가 직접 썼다. (○ , X)
- 이 글은 인용한 글의 출처 표시를 정확히 했다. (○ , X)
- 이 글은 전체 분량에 비해 너무 많은 내용을 인용하지 않았다. (○ , X)
- 이 글은 인터넷 자료나 다른 책의 내용을 그대로 갖고 와서 작성하지 않았다. (○ , X)
- 이 글은 인터넷 사이트에서 구매한 것이 아니다. (○ , X)
- 이 글에서 인용한 글의 내용이 왜곡되게 임의로 바뀌지 않았다. (○ , X)
- 이 글은 나만의 생각, 관점을 중심으로 썼다. 그래서 인용한 내용은 나의 글을 위한 참고자료에 해당한다. (○ , X)
- 이 글은 다른 자료에서 인용한 도표, 그림, 그래프 등에 대한 출처를 분명히 밝혔다. (○ , X)

글쓰기의 의미

- 이 글은 다른 사람이 대신 쓰지 않았다. (○ , X)
- 이 글은 글을 작성하지 않은 다른 학생의 이름을 저자 명단에 넣지 않았다. (○ , X)
- 이 글은 글을 작성한 학생들의 이름을 모두 밝혔다. (○ , X)

※ 내 글에 대한 점검 결과, 만약 'X' 항목이 나왔다면 내 글에서 해당 부분을 찾아 수정하자.

※ 위의 11개 항목 외에도 글쓰기 윤리에서 어긋난 부분이 있다면 바로잡자.

※ 글쓰기 윤리 문제로 내 글에 대한 의문점이 생기면 수업의 담당선생님께 상담받자.

※ 무료 표절 검사 프로그램 '카피킬러www.copykiller.co.kr'를 이용하여 내 글을 점검하자.

활동 2 글쓰기 윤리 서약서를 작성하자.

- 저는 수업의 과제물을 제가 직접 작성하겠습니다.
- 저는 제 글에서 인용한 다른 사람의 글에 대한 출처 표시를 정확히 하겠습니다.
- 저는 인터넷과 책의 내용을 그대로 가지고와서 짜깁기하여 작성하지 않겠습니다.
- 저는 인터넷 사이트에서 글을 구매하여 과제물로 제출하지 않겠습니다.
- 저는 다른 사람에게 글을 써달라고 부탁하지도 그렇게 하여 제출하지도 않겠습니다.
- 저는 모든 과제물을 성실하게 노력하여 스스로 작성하겠습니다.
- 저는 제가 쓰는 글에서 글쓰기 윤리 문제로 의구심이 들어 이를 스스로 판단하여 해결하기 어려울 때 수업의 담당 선생님께 질문하겠습니다.

저는 (성명:) 글쓰기 수업뿐만 아니라 대학의 모든 수업과 졸업 후에도 글쓰기 윤리를 지킬 것을 서약합니다.

년   월   일

작성자 학생 :   (인)

창의글쓰기 담당 교수 :   귀하

참고문헌

김 구(1984), (도진순 옮김), 『백범일지』, 서울: 돌배게.

김태황 외(2015), 『국책연구기관 연구윤리 평가규정 및 사례』, 서울: 경제·인문사회연구회.

나도향(1988), 『나도향 전집』, 서울: 집문당.

대학생과 글쓰기 편집위원회, 『대학생과 글쓰기』, 창원: 경남대학교출핀부.

박종홍(1998), 『박종홍 전집』, 서울: 민음사.

서명숙(2016), 『제주 걷기 여행』, 서울: 북하우스.

윤오영(2000), 『곶감과 수필』, 서울: 태학사.

이장희(1982), 『이장희 전집 -봄과 고양이』, 서울: 문장.

이희승(2000), 『일석 이희승 전집』, 서울: 서울대학교출판부.

조지훈(1981), 『지조론』, 서울: 정음사.

천경자(2006), 『꽃과 영혼의 화가 천경자』, 서울: 랜덤하우스코리아.

피천득(1997), 『수필』, 서울: 범우사.

글쓰기의 과정 2

1. 계획하기
2. 내용 생성하기
3. 내용 조직하기
4. 표현하기
5. 고쳐쓰기

글쓰기는 본질적으로 자유로운 자기표현이다. 종이와 연필만 있으면 언제 어느 때고 자신이 상상하는 모든 것을 표현할 수 있는 것이다. 경제적으로도 거의 부담이 없다. 즐겁게 드라마를 보면서 옆에 앉은 동생에게 이야기하듯, 재미있는 영화 한 편을 보고 나와 친구에게 멋진 영화배우에게 반한 자기 심정을 토로하듯 자연스럽게 자기가 쓰고 싶은 것을 써 나가면 된다.

제2장 글쓰기의 과정

1 계획하기

우리는 친구들과 이야기를 나눌 때 문장·문법·어휘 등에 별로 신경 쓰지 않고 자기가 이야기하고 싶은 것을 다 표현한다. 또 우리가 외국어를 능숙하게 구사한다고 이야기하는 것 또한 자기 생각을 단어나 문법, 문장에 대해 구애받지 않고 이야기할 수 있다는 것을 말하기도 한다.

그러나 이러한 능숙함이 글쓰기 부분에서는 언제나 빛을 잃고 만다. 오랜 시간 글쓰기 공부를 했고, 국어를 능숙하게 다루고 있기는 하지만 글을 쓰는 문제에 있어서 우리가 가지는 제일 처음 감정은 역시 두려움과 답답함이다.

왜 그럴까? 이것은 일단 '사라져 버리는' 말과 비교해서 '형태로 남는' 글에 대한 자기 검열 때문이라고 할 수 있다. 자기가 쓴 글을 자기가 읽었을 때 무언가 유치하고 말이 안 되는 것 같은 데, 이 글을 다른 사람이 읽었을 때 나를 어떻게 생각할까 하는 자기 내부에 있는 검열의 눈이 바로 우리가 글쓰기를 할 때 우리를 두렵게 하고 답답하게 만든다고 볼 수 있다. 그러므로 글쓰기의 기초는 일단 우리 내부에서 우리의 글을 감시하는 자기 검열의 눈을 질끈 감아 보는 것에서부터 시작해야 한다. 자기를 구속하는 이 눈을 감게 하고 마음껏 상상하고 상상한 것을 마음껏 써 내려가는 것. 이것이 바로 창의적으로 글을 쓰는 기초라고 할 수 있다.

먼저 우리가 정말 '재미있다'고 생각하는 것들의 목록을 만들어 보자. 드라마, 영화, 컴퓨터 게임, 소설, 만화 .... 이것들의 공통점은 무엇일까? 움직임이 있다는 것? 이야기가 있다는 것? 주인공이 있다는 것? 돈이 든다는 것? 아니다. 이러한 공통점은 일부는 맞지만 일부는 맞지 않는 것들이다. 이 모두를 포괄할 수 있는 공통점은 바로 우리가 상상하는 모든 것이 그 속에서 이루어진다는 것이다.

멋진 남자(여자)와의 로맨스, 상릴한 외모, 매혹직인 성격, 모든 걸 할 수 있는 능력... 글쓰기도 마찬가지다. 내가 쓰는 나의 글에 '나는 우리나라 최고의 부자다'라고 쓴다고 해서 누가 세금을 더 내라고 하지 않는다. 또 '나는 미모의 여대생이다'라고 쓴다고 사기죄로 고소당하지도 않는다.

이렇게 글쓰기는 본질적으로 자유로운 자기표현이다. 종이와 연필만 있으면 언제 어느 때고 자신이 상상하는 모든 것을 표현할 수 있는 것이다. 경제적으로도 거의 부담이 없다. 즐겁게 드라마를 보면서 옆에 앉은 동생에게 이야기하듯, 재미있는 영화 한 편을 보고 나와 친구에게 멋진 영화배우에게 반한 자기 심정을 토로하듯 자연스럽게 자기가 쓰고 싶은 것을 써 나가면 된다.

> 내가 사귀고 싶은 남자(여자) 친구의 모습, 내가 남자(여자)라면? 내가 잃어버렸던 물건들, 잊고 살았던 초등학교 때의 친구, 1년을 400일로 한다면?, 미인의 기준, 라면을 맛있게 끓이는 법, 무인도에 가지고 갈 다섯 가지 것들? 우리 사회에서 없어져야 마땅한 것들....

아마 위의 보기를 보면서 '이 정도라면 나도 쓸 수 있겠다.' 하는 생각이 들 것이다. 이렇게 일단 제목을 훑어보면서 머릿속에 뭔가 떠오르는 것이 있다면 그것을 막 휘갈겨 쓰는 것부터 시작하자. 완결된 한편의 글이 아니어도 좋고 철자법이나 어법에 맞지 않아도 좋다. 억압적이고 긴장된 분위기에서 좋은 글이 나올 수 없다는 것은 누구나 잘 아는 사실이다. 그러므로 먼저 우리가 해야 할 가장 기초적인 작업은 글쓰기에 대한 긴장감을 푸는 것이다.

글쓰기에 대한 긴장감이 어느 정도 사라지고 난 이후 자유롭게 자신의 생각을 표현하는 단계에서 가장 중점이 되는 부분은 '창의적 사고력'이라 할 수 있다. 왜냐하면 글쓰기의 본질이 글을 쓰는 주체로서의 나를 표현하는 과정이라고 할 때 다른 사람과 다른 나의 생각을 표출하는 방식에서 내가 어떤 부분에서 다른 사람의 생각과 일치하고 어떤 부분에서 다른 사람과

글쓰기의 과정

는 다르게 생각하는가를 알아가는 과정이 중요한데, 이때 가장 크게 작용하는 요소가 '창의적 사고력'이기 때문이다.

글쓰기의 과정은 보통 계획하기, 글의 내용 생성하기, 글을 구체적인 체계로 조직하기, 내용 표현하기, 고쳐 쓰기 등으로 나뉜다. 이러한 과정에 따라 글을 써 나가면서 창의적 사고력을 기르는 훈련을 첨가해 나간다면 쉽게, 자연스럽게 자신을 표출해 나가는 글쓰기를 할 수 있을 것이다.

자유연상

글을 쓰는 데는 몇 가지 절차가 있다. 다짜고짜 펜을 들고 쓰려다 보면 겨우 한두 줄 쓰고 나면 한숨과 푸념밖에 나오는 것이 없다. 그러므로 차근차근 절차를 익히고 그 요령에 따라 글을 쓰는 것이 좋다. 먼저 주어진 제목에 맞추어서 혹은 그냥 자유롭게 무엇을 쓸 것인지 계획을 세워보자. 이 때 활용할 수 있는 창의력 훈련법으로 자유 연상의 방법이 있다. 자유 연상이란 말 그대로 어떤 주제에 대해 자유롭게 연상하고 그것을 글로 옮기는 것이다. 이것을 좀 더 효과적으로 활용하기 위해서는 다음과 같은 방법이 있다.

먼저 종이 한가운데 동그라미를 그린다(종이는 클수록 좋다). 그리고 그 동그라미 안에 내가 쓰고 싶은 글감이나 주제를 넣는다. 그 동그라미를 중심으로 방사선 형태로 퍼뜨리며 메모하듯 떠오르는 모든 것을 써 나간다.

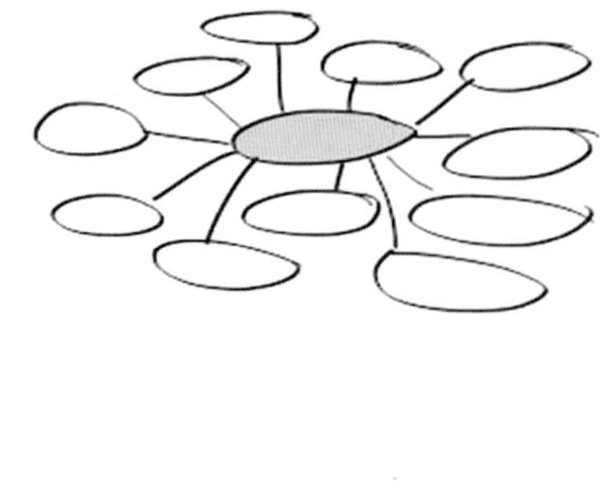

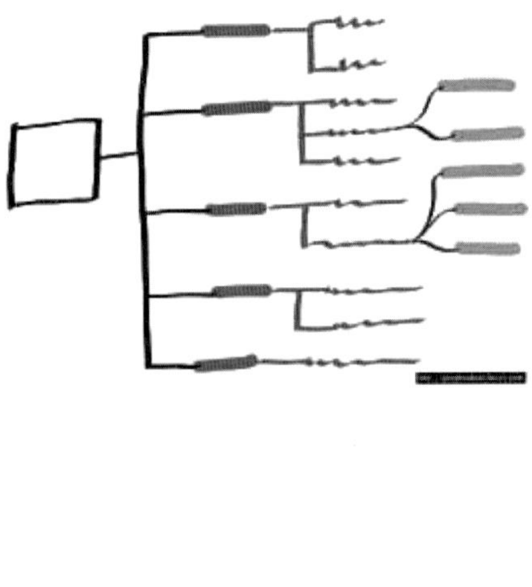

이러한 방법은 일단 머릿속에 연상되는 모든 생각들을 빠짐없이 눈으로 확인하며 글을 쓸 수 있다는 장점이 있다. 더 이상 연상이 일어나지 않는 지점에서 연상의 선을 멈추고 다른 선을 따라갈 수도 있고, 연관되는 연상끼리 하나의 묶음을 만들 수도 있다. 완결된 글을 쓰고자 할 때 불필요한 연상에는 과감하게 X표를 할 수도 있다(과감한 X표를 통해 우리는 또 한 번의 통쾌함을 느낄 수도 있다).

이 방법에 점차 익숙해지면 자기가 궁극적으로 쓰고자 하는 주제와 좀 더 가깝게 연관된다고 생각하는 내용을 방사형의 중심 쪽으로, 조금 먼 내용을 방사형의 바깥쪽으로 배치해보는 방법도 응용해 볼 수 있다. 또 그러한 응용을 통해 글의 설계도가 완성된다는 느낌을 받을 수도 있다.

연습 1 '나는 누구인지'라는 주제의 글을 쓰기 위한 자유 연상을 해 보자.

브레인스토밍

글쓰기에서 가장 중요한 것 가운데 하나가 글에 쓸 내용을 어떻게 만들어낼까 하는 것이다. 앞서 행했던 자유 연상을 통해 글에 대한 계획이 세워졌다 하더라도 이러한 계획들을 다시 글로 옮길 때 어떤 내용들을 더 첨가해야 할까, 그리고 내가 연상한 이것들이 하나의 글로 완성될 수 있을까를 생각하면 다시 글에 대한 불안감이 밀려 올 것이다. 이러한 불안감을 혼자 해결하지 말고 옆 친구와 나누어보자. 내가 생각하는 것이 무엇인지를 일단 말로 표출해보고, 다른 사람들은 이 문제를 어떻게 생각하는지 들어보자. 이때에 가장 중요한 것은 자기의 생각을 숨김없이 다 털어 놓는 것이다. 이러한 과정을 브레인스토밍brainstorming이라 한다. '생각의 폭풍', '머릿속의 폭풍'을 뜻하는 말로 주로 소집단이 어떤 한 문제에 대하여 생각을 집중하여 모든 가능성이나 감추어진 생각들을 찾아내는 방법이다. 앞서의 자유 연상이 혼자서 행하는 독백이라면 '브레인스토밍'은 대화를 통한 자기 고백이라고 할 수 있다. 브레인스토밍을 할 때에는 어떠한 가능성도 버려서는 안 된다. 내가 이런 이야기를 한다고 다른 친구들이 나를 이상하게 생각하지 않을까 하는 생각이 브레인스토밍을 가로막는 가장 큰 해독이다. 이것은 좋은 생각의 싹을 자기 자신이 자르는 것과 같다. 생각이 나지 않으면 그림으로 그려도 좋고, 완전한 생각으로 정리되지 않아도 좋다. 다만 중요한 것은 그저 말로만 자기 생각을 이야기하는 것이 아니라 그 집단에서 이야기된 내용을 글로 옮기는 것이다. 물론 이때도 띄어쓰기, 맞춤법 등은 아무런 문제가 되지 않는다.

브레인스토밍의 요령 몇 가지를 덧붙여 살펴보면 다음과 같다.

첫째, 떠오르는 대로 그것이 무엇이든 간에 말하라.

둘째, 절대 남의 의견에 대해서 평가하지 말라. "그게 말이나 돼?", "별로 새로운 것도 아니네." 이런 식으로 누군가가 말한다면, 이러한 평가와 비판은 바로 우리의 창조력을 갉아 먹는 좀벌레가 되어 더 이상 어떤 의견도 나올 수 없게 하기 때문이다.

셋째, 주어진 의견에 대해 가능한 한 발전적으로 변형시킬 수 있도록 노력하라.

넷째, 참고로 인원은 6~10명, 시간은 20~30분 정도가 가장 적당하다. 지루함을 줄 정도로 오래 지속되어서는 안 된다.

예시 1

자기가 초보운전자라고 상상하고 같은 뜻을 전달하는 다른 표현들을 생각해보자. 재미난 표현들이 많이 있을 것이다.

- 면허증 딴지 5분!
- 지금 연수중
- 그대는 올챙이를 보는 개구리
- 폭발물 운송 중!
- 아장아장 걸음마중
- 내 차 뒤를 따라 오는 당신은 진짜 초보?
- 왜 욕하는 거여?
- 지는 초본디유...
- 서겨.. 익셀레이터 밟으면 끽히고 서는 거 맞죠?
- 내는 초보인기라..
- 왕초보 운전
- 집으로 밥하러 가는 길입니다.
- 밥이 타고 있어 속도 탑니다. 비켜 주세요.
- 건들지 마. 이러는 나는 더 답답해
- 운전은 초보 마음은 터보 건들면 람보!
- 박 지 마
- 당신도 첨엔 초보였다!
- 나 –초보야... 부드럽게!
- 답답하시죠? 저도 답답합니다.
- 떳다! 왕초보!
- 건들지 마! 다쳐!
- 운전은 '물!' 성질은 '불!'
- 3시간째 직진중!!

위의 예시 가운데는 정말 엉뚱한, 어처구니없는 발상도 있다. 그러나 브레인스토밍이란 원래 머릿속의 모든 것을 몽땅 쏟아 놓는 것이다. 해서 브레인스토밍의 결과는 기발한 착상들로 가득차기도 한다. 위 예시 중에 가장 적합성이 있다고 생각되는 것은 어떤 것인가? 또 그것을 선택한 이유도 발표해보자.

글쓰기의 과정

연습 2

1. 여자(남자) 친구에게 가장 감동적으로 프로포즈를 하는 방법

2. 60억 원짜리 복권이 당첨된 사람이 스스로 복권을 찢게 만들려면?

주제 정하기

앞의 자유연상과 브레인스토밍이 글감을 찾기 위한 방법이라면 이 때 찾은 글감, 즉 결정된 글감이 바로 글의 소재, 제재, 주제가 된다. 먼저 소재, 제재, 주제의 각각의 개념부터 살펴보면, 소재는 글쓴이에 의해 가공되기 전의 원재료, 즉 자연 그대로의 재료를 말한다. 이에 비해 제재는 글쓴이가 특별히 관심을 가지고 주목하는 소재의 여러 속성이나 특성을 말한다. 그리고 글쓴이가 궁극적으로 말하고자 하는 중심생각을 주제라고 한다.

이 세 가지 요소는 글을 계획하는 단계에서 서로 밀접한 관련성을 가진다. 주제가 소재와 제재를 결정하기도 하고, 소재와 제재가 글쓴이가 이야기하고자 하는 중심 사상인 주제를 형상화하기도 하기 때문이다.

특히 주제와 제재는 글의 가치를 결정하는 중요한 요소가 된다. 글을 쓸 때 제재를 이용하여 독자적인 의미와 가치를 형상화 하는 것이 주제이기 때문이다. 이런 점을 고려하여 주제가 갖추어야 할 요소를 정리하면 다음과 같다.

무엇에 대해 쓸 것인가?

주제란 '글 속에 담긴 글쓴이의 중심생각'이다. 어떤 글이든 주제는 글의 핵심이다. 주제를 설정할 때 다음 사항들을 유의해야 한다.

1. 범위가 좁고 구체적이어야 한다.
2. 자신이 잘 알고 있는 내용이나 자기 경험의 범위 안에 있는 것이어야 한다.
3. 독자의 관심과 흥미에 맞아야 한다.

글을 쓸 때 필자 스스로 무엇을 쓸 것인지 주제를 선택할 수도 있지만, 자신의 의사와 관계없이 주제가 주어지는 경우도 있다. 어떠한 경우든 좋은 글을 쓰기 위해서는 필자는 주제가 지니는 가치와 중요성은 물론 주제와 직결되는 주요 문제나 내용 등을 정확하게 인식할 필요가 있다.

또한 주제를 정할 때 대체로 다음과 같은 단계를 거치게 된다.

글쓰기의 과정

❶ 막연한 주제 설정: 글을 쓰고 싶은 충동이나 혹은 요구를 받았을 때 써야 할 글의 중심 내용을 생각하는 단계

❷ 문제의 정리: 막연한 주제와 관련하여 본질적인 문제로부터 주변적인 문제에 이르기까지 생각나는 사항을 간단하게 정리하고 의문을 가져보는 단계

❸ 범위의 한정: 앞 단계에서 정리한 문제점 가운데 자신의 관심이 집중되는 것과 자신 있게 쓸 수 있는 문제를 선택하는 단계

❹ 한정된 주제 설정: 한정된 문제의 범위를 구체화하고 자신이 쓰고자 하는 핵심적인 내용을 집약하여 드러내주는 어구를 생각하는 단계

❺ 주제문의 작성: 한정된 주제에 대해 자신의 의견이나 태도를 밝히는 하나의 완전한 문장을 작성하는 단계

주제를 정하기 위해 관련된 제재들을 검토하는 과정에 화제를 탐색하게 된다. 주어진 주제를 해결하기 위해 스스로 화제를 선택해야 할 경우, 화제 선택의 제한이 없기 때문에 글을 쓰는 사람은 많은 대상을 통해 화제를 탐색하게 된다. 스스로 화제를 선택할 때 가장 많이 쓰는 방법이 앞서 살펴본 브레인스토밍이다.

예시 2

다음은 '미래사회'에 대한 글을 쓰기 위해 화제를 찾고자 브레인스토밍 과정을 거쳐 선택된 화제들이다.

인터넷산업, 비인간화, 인간관계 파괴, 컴퓨터, 지구촌, 국가정체성 약화, 다문화사회, 환경파괴, 가상세계, 인터넷, 네트워크, 효율성, 편리성, 인간과 기계의 접촉, 지구촌, 몰개성, 문화, 첨단기술, 바이오, 의학발달, 고령화, 저출산, 친환경, 적자생존, 정보화사회, 속도, 기계노동, 전자상거래, 디지털테크놀로지, 우주여행, 로봇, 집중화, 상상력, 정보, 가상현실, 인간복제, 통신료, 인터넷신문, 사이버세계, 지식사회, 디지털, 정보전쟁, 다국적기업, 불평등, 첨단통신, 기술문명, 사이버학교

이상의 선택된 화제로 주제를 구체화하기에는 너무 범위가 넓다. 그러므로 화제의 범위를 제한해야 한다. 좁은 화제일수록 주제가 명확해지며 글의 내용도 풍부해진다. 특히 글의 분량이 적을수록 화제를 좁힐 필요가 있다. 이때 특정 화제의 항목을 좁혀 한정하고 이에 따

른 하위항목을 설정하는 방법을 사용하면 편리하다.

예를 들자면, 위의 화제들 중 교육의 변화와 관련된 화제들만 선택한다는 것이다. 즉 새로운 학교, 전자책, 사이버교실, 홈스쿨, 비인간화, 지식중심사회 등의 화제만을 선택한다. 이렇게 한정된 화제에 대해 주제문을 작성해보면 자신이 무엇에 대해 글을 쓸 것인지 분명해진다. 주제를 정할 때 범위가 넓은 주제를 '가주제'라 하고, 범위가 '가주제'에 비해 좁고 한정된 주제를 '참주제'라 한다.

예시 3

가주제: 일본

문제정리: 역사교과서 왜곡, 일본 속의 한국문화, 경제 대국 일본, 일본 축구 강해졌다, 독도와 일본 외교, 우리말의 일본어 잔재 등

참주제: 교과서 왜곡

주제문: 우리는 일본의 역사 교과서 왜곡을 통해 일본을 바로 알고, 일본에 대한 경각심을 가져야 한다.

이 글을 읽을 독자는 누구인가?

좋은 글을 쓰려면 독자를 예상하고 이를 구체화하려는 노력이 필요하다. 예상독자의 요구를 정확하게 인식하게 되면 글의 목적이 분명해진다. 이때 예상독자가 누구인지 분명하게 인식할 수 있는 독자를 가시적 독자라 하고 그렇지 않은 경우를 불가시적 독자라 한다. 가시적 독자의 경우 다음의 사항들을 설정해야 한다.

1. 예상독자가 처해있는 구체적인 환경, 예를 들어 성별, 나이, 사회·경제·문화적 배경, 취미와 관심 등
2. 예상독자의 주제에 대한 관심이나 인지의 정도
3. 예상독자와 필자가 원활하게 소통할 수 있는 표현과 형식
4. 예상 독자가 나의 글을 읽으려는 목적

글을 쓸 때는 예상독자와의 관계를 인식하고 글의 종류, 내용의 조직방식, 표현 방식 등이 예상독자의 요구 및 수준에 맞는지 여부를 검토해야 한다. 불가시적 독자의 경우도 예상독자의 범위와 실체를 가능한 한 구체적으로 추정하는 것이 필요하다.

예시 4

> 벗들아, 과학과 현실의 이름을 들먹여가며 이 가엾은 수사학을 조롱하지 말아다오. 나는 마침내 내 생명만으로 자족할 수 없고, 생명과 더불어 아늑하지 못하다. 그리고 부자유만이 나의 과학이고 현실이다. 나는 나의 부자유로써 나의 생명을 증거할 것이다.
>
> 살아서 아름다운 것들은 나의 기갈에 물 한 모금 주지 않았다. 그것들은 세계의 불가해한 운명처럼 나를 배반했다. 그러므로 나는 가장 빈곤한 한 줌의 언어로 그 운명에 맞선다. 나는 백전백패할 것이다.
>
> 만경강 저녁 갯벌과 거기에 내려앉은 도요새들의 이야기를 쓰던 새벽 여관방에서 나는 한 자루의 연필과 더불어, 말하여질 수 없는 것들의 절벽 앞에서 몸을 떨었다. 어두워지는 갯벌 너머에서 생명은 풍문이거나 환영이었고 나는 그 어두운 갯벌에 교두보를 박을 수 없었다. 나는 아무것도 만질 수 없었다. 아무 곳에도 닿을 수 없는 내 몸이 갯벌의 이쪽에 주저앉아 있었다.
>
> 1999년 가을부터 2000년 여름까지 전국의 산천으로 끌고 다닌 내 자전거의 이름은 풍륜이다. 가을의 마지막 빛 속에서 풍륜은 태백산을 넘었다. 눈 덮인 소백·노령·차령산맥들과 수많은 고개를 넘어서 풍륜은 봄의 남쪽 해안선에 당도하였다. 거기에 원색의 꽃들이 피어있었다. 이제 풍륜은 늙고 병든 말처럼 다 망가졌다. 이 책을 팔아서 자전거 값 월부를 갚으려 한다. 사람들아 책 좀 사가라.
>
> – 김훈(2014), 『자전거여행』, 문학동네, 5.

위 글은 김훈의 『자전거여행』 서문이다. 예상 독자는 당연히 불가시적 독자이지만 서점에서 이 책을 손에 들고 살까말까 망설이는 어떤 독자라고 추정할 수 있다. 그리고 과학이 발달한 현실에서 비행기나 고속전철을 이용하여 여행을 즐기는, 과학의 이기를 사랑하는 독자를 마주하고 단도직입적으로 말을 건다. 작가는 그들을 향해 자전거로 국토순례를 하는 자신의 경험을 낱낱이 이야기할 터이니 내 글을 읽겠느냐고 말한다. 이와 같이 예상독자를 인식함으로써 글쓴이는 글의 목적과 내용, 표현을 조정할 수 있으며, 글쓴이와 독자는 공감을 확보할 수 있다.

글의 목적은 무엇인가?

글은 정보전달, 설득, 친교, 정서표현 등 어떤 경우에도 글을 쓰는 목적이 있다. 글의 목적은 크게 표현 동기와 전달동기에 따라 다음과 같이 나눌 수 있다.

> ❶ 표현의 동기에 따라: 문학적인 글, 시, 수필, 일기, 기행문, 감상문 등
> ❷ 전달의 동기에 따라: 정보전달의 글, 설득이나 논증을 위한 글, 설명문, 논설문, 평론, 논문 등

표현 동기가 중시되는 글은 생각이나 감정을 솔직하게 드러내는 것이 중요하다. 전달의 동기가 중시되는 글에는 정보전달의 글, 논증과 설득의 글 등이 있다. 이 경우 객관적이고 논리적으로 쓰는 것이 중요하다.

연습 3

1. 학교 홈페이지에 '대학생활과 복지'라는 글을 올린다면 어떤 글을 쓰고 싶은가? 제목이나 주제를 구체적인 한 문장으로 작성해 보자.

2. 필자가 이 글을 쓴 목적이 무엇이라고 생각하는지 한 문장으로 표현해보자.

가족의 위기를 풀기 위해서는 여러 가지 방법이 있을 수 있다. 여기서는 음식을 중심에 놓고 가족의 위기를 푸는 방법을 생각해 보고자 한다. 사실 가족의 위기를 가져오는 데 현대의 음식체계도 크게 작용했기 때문에 음식과 관련하여 가족의 위기를 푸는 방법은 적절한 방법의 하나이다. 현대의 음식체계는 가족의 중요성을 저하시키고, 가족의 안정성을 해치는 결과를 가져온 것으로 지적되고 있다. 미리 만들어지고 준비된 음식이 많아지고, 가족이 냉동식품이나 인스턴트식품, 패스트푸드에 대한 의존이 커지면서 가족의 음식에 대한 관여나 참여가 줄어들고, 가족식사도 줄어들고, 식사도 가족구성원 각각이 한 끼니를 때우는 형식으로 바뀌었다. 이러한 식사형태가 자리 잡게 되면서 가족의 안정성이 흔들리게 되었다.

수천 년 동안 음식은 가족의 공동유대를 가져오는 데 기여했다. 그러나 현대에 와서는 음식이 가족의 통합에 부정적으로 작용하게 된 것이다.

기존의 음식체계, 특히 패스트푸드 체계가 가족의 와해를 가져온다면, 패스트푸드에 반대하는 슬로푸드 운동이야 말로 가족의 안정에 기여할 수 있을 것이다.

슬로푸드에서 말하는 음식은 가족의 건강함과 관련하여 중요한 의미를 갖는다.

–김종덕(2010). 『슬로푸드 슬로라이프』. 한문화. 201.

2 내용 생성하기

내용 생성하기 과정은 전달하고자 하는 글의 주요 내용이나 아이디어를 만들어내는 단계로서 글의 핵심적인 부분이다. 글쓰기의 과정에서 흔히 무슨 말을 쓸까 고민하게 되는데, 이는 내용 생성 단계가 그만큼 중요하고 어려움을 말한다.

내용 생성하기에서 중요한 것은 내용 혹은 아이디어가 구체적이고 참신하거나 창의적이어서 독자의 머릿속에 인상적으로 오래 기억될 수 있는 것이야 한다는 점이다.

글감 모으기

'취재'란 신문 기자가 기사를 쓰거나, 작가가 창작을 위해 소재를 구하거나 연구자가 자기의 연구 주제에 대한 자료를 수집하는 과정에서 자료, 재료, 소재를 모으는 것을 말한다. 취재라는 용어는 재료를 수집한다는 의미이며, 이것은 우리의 글쓰기 과정에서 내용을 풍부하게 생성하는 한 방법이라 할 수 있다. 즉 글로 쓸 자료를 모으는 과정이 내용을 생성하는 과정의 기본 과정이라고 할 수 있다. 글감을 모으는 과정에서 몇 가지 고려할 사항을 살펴보면 다음과 같다.

1. 풍부하고 다양한 자료를 수집해야 한다는 원칙이다. 재료 수집은 체험, 관찰, 조사, 독서, 청취, 사유 등을 통해 우리의 일상적 삶과 연관되는 환경에서 되도록 깊고 의미 있는 자료들을 모아야 한다.
2. 풍부한 자료 중 반드시 출처가 확실한 자료를 취사·선택해야 한다. 재료가 제시하는 논리가 모호하다면 전체 글이 모호할 수밖에 없기 때문이다. 그러므로 자료는 합리적이어야 하며 논리적인 오류가 없어야 한다. 특히 논리적인 글이나 학술적인 글인 경우는 그 재료의 논리성에 따라 글의 타당성이 완전히 달라진다고 할 수 있다. 논리적인 글인 경우 사실에 근거한 제재와 추론이 가해진 제재를 구분하고, 자신의 경험이나 지식으로 판단하여 진실하다고 생각하는 제재를 선택하도록 하여야 한다.

③ 다양하고 풍부한 자료를 수집한 다음에는 그것을 내용의 중요도에 따라 분류하고 정리하는 단계가 요구된다. 아무리 좋은 자료가 수집되었다고 해도 자료를 목표한 논지에 제대로 구체화하지 못한다면 그 자료는 효용성을 잃게 된다.

④ 자료의 체계적인 분류를 위해 내용이 동일한 사항, 동일한 논점에 관한 것은 같은 항목으로 묶어 다른 사항과 구별해야 하고, 분류 체계의 대소를 결정해야 한다. 이때 유개념과 종개념에 관한 것으로 분류하는 것이 올바른 자료 정리의 방법이라고 할 수 있다.

체계를 세워 탐색하기

앞서 계획하기에서 살펴본 브레인스토밍의 결과를 두고 어떤 것이 가장 적절한지를 선택하는 과정에서 우리는 왜 그것이 적절한가에 대한 대답을 했어야 했다. 이러한 대답이 가능한 것은 이미 우리의 두뇌 활동 속에 어떤 체계가 있기 때문이다. 이러한 체계를 미리 생각한다면 더 많은 것을 생각해낼 수도 있다. 왜냐하면 이러한 체계가 사물을 여러 관점에서 볼 수 있게 하기 때문이다. 우리가 흔히 이야기하는 '육하六何'원칙도 이러한 사고체계의 가장 고전적인 방법이라고 할 수 있다.

그리고 우리가 글을 쓸 때 글의 내용을 전개시키는 방법으로 알고 있는 정의, 비교와 대조, 인과관계, 증거 보충, 분류, 예시 등의 방법 역시 체계적인 사고법의 일환이라고 볼 수 있다.

체계를 세워 자신의 생각을 탐색한다는 것은 그렇게 딱딱한 작업도 난해한 일도 아니다. 나의 머릿속에 있는 생각을 끌어낼 때, 왜 내가 그런 생각을 했는가 하는 부분을 설명해주는 하나의 장치일 뿐이다.

비교와 대조

내용생성 단계에서 어떤 대상의 특성을 설명하기 위해 다른 대상과의 비교와 대조를 활용하는 경우에 사용되는 모형이다. 일반적으로 비교는 공통점에 주목하고 대조는 차이점에 주목하지만, 대조라는 용어를 동반하지 않고 단독으로 쓰이는 문맥에서는 비교라는 용어 속에 공통점과 차이점이 모두 포함되어 있다. 이 방법은 다른 대상과의 관계를 통해 그 고유한 특성이 보다 분명히 드러나는 경우에 활용하면 된다.

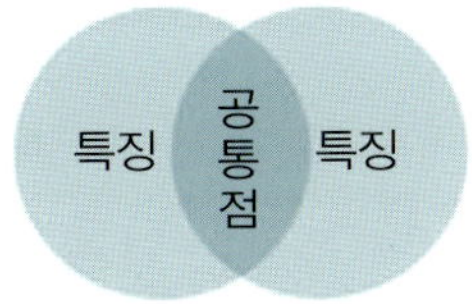

예시 2

> 중국의 담벽은 집보다도 높다. 아무리 발돋움해도 그 내부를 들여다 볼 수가 없다. 완전히 폐쇄적인 것이며, 외계와의 단절을 의미하는 성벽인 셈이다. 그러나 일본의 초가집에는 숫제 담이란 것이 없고, 설령 담이 있다 하더라도 내부가 환히 보이는 아주 낮은 담이다. 그것은 개방되어 있는 것이나 다름이 없다. 한편 우리나라의 담은 바로 폐쇄와 개방의 중간에 위치해 있다
>
> – 이어령(1986). '이것이 한국이다'.『흙속에 저 바람 속에 제1부』. 문학사상사. 67.

원인/결과, 문제/해결

원인과 결과 또는 문제 제시와 그 해결이라는 두 부분으로 이루어지는 문단 구성의 모형이다. 어떤 일의 원인이 되는 내용을 먼저 제시하고 그 결과 나타나는 현상을 제시하는 구성방식을 원인/결과 모형이라 한다. 그리고 어떤 문제점을 먼저 제시한 뒤 그 해결방안을 제시하는 구성방식을 문제/해결 모형이라 한다.

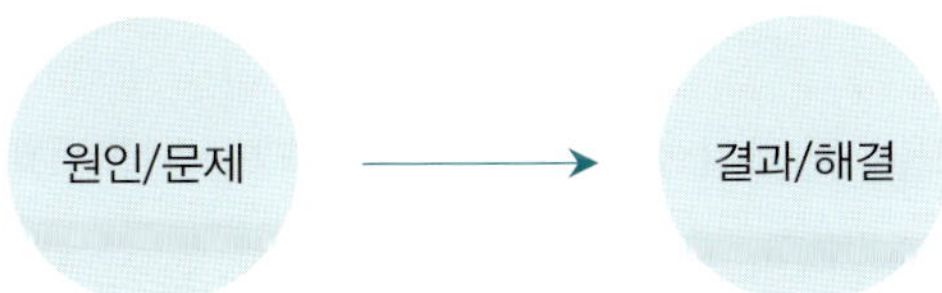

예시 3

> 두려움이란 무서운 놈이다. 게다가 더욱 가공할만한 것은 그것이 스스로를 증식시키는 방식이다. 오늘날 우리는 점점 더 심각하게 두려움에 이끌려 움직이는 사회 속에서 살아간다. 이는 부인하기 어려운 슬픈 현실이다. 전쟁과 테러의 두려움, 핵무기와 경제공황에 대한 두려움, 빈곤, 노화, 죽음의 두려움, 하나하나 예를 들자면 몇 쪽에 이를 정도다.
>
> 보험에서부터 방범사업에 이르기까지 우리의 국가경제를 이루는 기초분야는 그에 대한 방어책과 예방책 그리고 거기에 따르는 재료들과 온갖 상상력이 동원된 별별 발명품들을 우리에게 제공하며 이러한 두려움을 먹이로 삼고 있다. 두려움은 이제 성장산업이 되었다.
>
> – 크리스 메르코글리아노(2005). 공양희 역.『두려움과 배움은 함께 춤출 수 없다』. 민들레. 305.

단계적 순서

단계적 순서 모형은 첫째, 둘째, 셋째 등과 같은 말로 시작하는 구성 또는 일이 진행되는 순차에 따라 내용을 구성할 때 사용된다. 이때 독자는 단계 1을 읽으면서 자연스럽게 단계2와 3의 내용을 기대하게 된다.

예시 4

> 이러한 구성의 역할 지능을 정리하자면 다음과 같다.
> 첫째, 단편적 이야기의 발생(스토리)와 인과관계(플롯)에 의해 사건이 전개된다.
> 둘째, 주제를 보다 극대화하기 위한 치밀한 기법이다.
> 셋째, 소설의 다양한 재미와 정서적 예술미를 형성해 주는 필수 요건이다.
> 넷째, 논리적이며 지적인 예술 행동의 전형적인 구조이다.
> 결국 이러한 결론들을 종합하여 소설의 구성을 건축물에 비유해 본다면 지붕의 서까래나 기중의 얼거리에 해당된다고 하겠다.
> — 이재인·안남연 공저(1999), 『새소설학 강의』, 우석, 22.

연습 1

1. '우리나라는 통일이 되어야 한다.'는 주제에 대하여 원인/결과, 문제/해결의 모형으로 계획해보자.

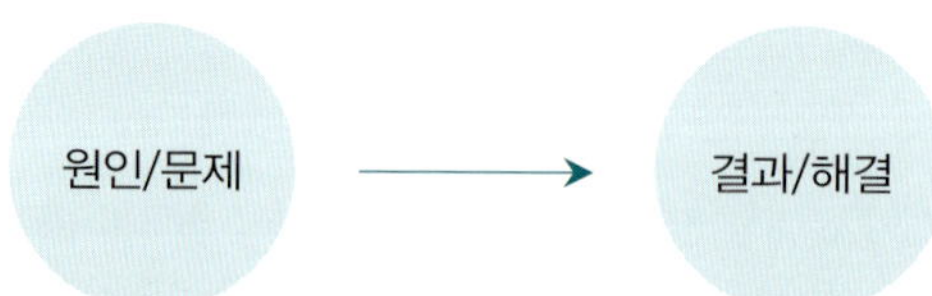

글쓰기의 과정

2. '나의 인생계획'을 단계적 모형으로 계획해보자.

단계1 → 단계2 → 단계3

3 내용 조직하기

좋은 글을 쓰기 위해서는 먼저 앞서의 과정에서와 같이 좋은 내용을 풍부하게 생각할 수 있어야 한다. 그러나 아무리 좋은 내용을 생각했더라도 그것을 글의 꼴을 갖춘 체계로 조직하지 못한다면 그 생각은 글로서는 가치가 없다고 할 수 있다. 잘 아는 우리 속담처럼 '구슬이 서 말이라도 꿰어야 보물'이라는 말이 이 경우에 그대로 적용되는 말일 것이다.

전체 글의 조직 알기

재미로 혹은 무슨 행사에서 3행시를 써 본 적이 있는가? 어떤 사물로 3행시를 짓기도 하고, 또 요즘은 무슨 유행처럼 이름으로 3행시 짓기도 많이 한다.

예시 1

> 가장 고전적인 이름 '홍길동'으로 3행시를 지어보자.
> 홍– 홍수로 개울물이 불어
> 길– 길이란 길이 모두 막히니
> 동– 동네가 섬처럼 가라 앉았네
>
> 홍– 홍길동이라고 합니다
> 길– 길동이라고 불러 주십시오
> 동– 동자만 부르지는 마시구요

이 정도만 해도 훌륭한 3행시다. 이렇게 3행시의 짧은 글을 지을 때에도 처음 시작과 끝이 맞지 않아 끙끙거리는 경우가 있다. 처음은 다소 넓고 포괄적으로 끝은 종합하며 요약적으로 글이 끝나야 하는데 그 원칙이 무너진다면 글은 일순간에 뒤죽박죽이 되어버린다.

이렇게 짧은 3행시에서도 지켜지는 원칙이 바로 글의 전반적인 체계, 즉 전체 글의 조직이라고 할 수 있다. 앞서 3행시에서도 보았듯이 가장 보편적으로 지켜지는 글의 전체적인 체계는 바로 '처음- 가운데- 끝'의 체계라고 할 수 있다. 이것을 글의 내용을 통해서 볼 때 '서론- 본론- 결론' 혹은 '서두- 본문-결말' 등의 용어로 설명하기도 한다. 이러한 구성을 전형적인 3단 구성이라고 이야기한다. 이 3단 구성에서 처음, 가운데, 끝은 각각 다음과 같은 성격을 가지고 있다.

처음(서두, 서론): 글 전체에 대한 안내 구실을 하는 부분으로, 흔히 화제를 도입하고 문제를 제기한다.
가운데(본문, 본론): 글의 중심 부분으로, 자신의 주장과 그것을 뒷받침할 근거를 제시하고 내용을 전개한다.
끝(결말, 결론): 주제를 선명하게 제시하여 마무리하는 부분으로, 논지를 종합하며 요약한다.

물론 4단 구성이나 5단 구성과 같이 좀 더 복잡한 형태의 구성법도 있으나 기본이되는 것은 위에 설명한 방식과 같은 3단 구성이다. 4단 구성은 흔히 '기起- 승承-전轉- 결結' 혹은 '서론- 발전- 전환- 정리'와 같은 개념으로 도식화된다. 이것은 앞의 3단 구성에서 가운데 부분을 둘로 나누었다고 생각하면 쉽게 이해가 될 것이다. 물론 더 복잡한 형태인 5단 구성도 3단 구성에서 처음이 둘로 나뉘거나 가운데가 셋으로 나뉘었다고 생각할 수 있다.

이렇게 간단한 몇 문장이 아니라 한 편의 완성된 글을 쓰기 위해서는 보다 세밀한 설계도가 필요할 것이다. 이러한 글의 설계도를 글의 개요라고 한다. 일단 개요는 글을 짜임새 있고 규모 있게 쓰게 하고, 글을 쓰는 도중에 엉뚱한 이야기로 흘러가 버리는 것을 방지하기도 한다.

이러한 개요 작성법의 하나로 조직도를 만드는 방법이 있다. 글의 조직도 작성은 글의 내용에 있어서 빠지거나 중복된 부분을 쉽게 파악할 수 있고 단락 간의 논리적 연관관계를 진단하고 상위 주제와 하위 단락들의 긴밀성을 정확히 진단하여 성공적인 내용을 생성하도록 돕는다. '자전거를 이용하자'는 주제를 나뭇가지 그림 형식으로 한 조직도로 구성해보자.

이렇게 조직도를 작성해봄으로써 서론, 본론, 결론에서 다룰 내용과 범위가 정리되고, 상위단락과 하위단락 간의 관련성과 상호균형도 진단할 수 있다.

비교적 짧거나 가벼운 내용의 글을 쓸 때에는 굳이 내용조직도를 만들 필요가 없다. 그러나 무거운 주제나 긴 글을 쓰는 경우는 글쓰기 계획을 도표로 작성하여 전략을 마련하고 거기에 따라 글을 쓰면 효과적이다. 이때 내용구조도는 체계적이고 효율적인 글쓰기에 큰 도움을 준다. 즉 내용-구조도는 작문의 계획하기와 내용 생성하기 단계에서 쓸 내용과 관련된 생각들을 정리하는 데 효과적으로 활용된다.

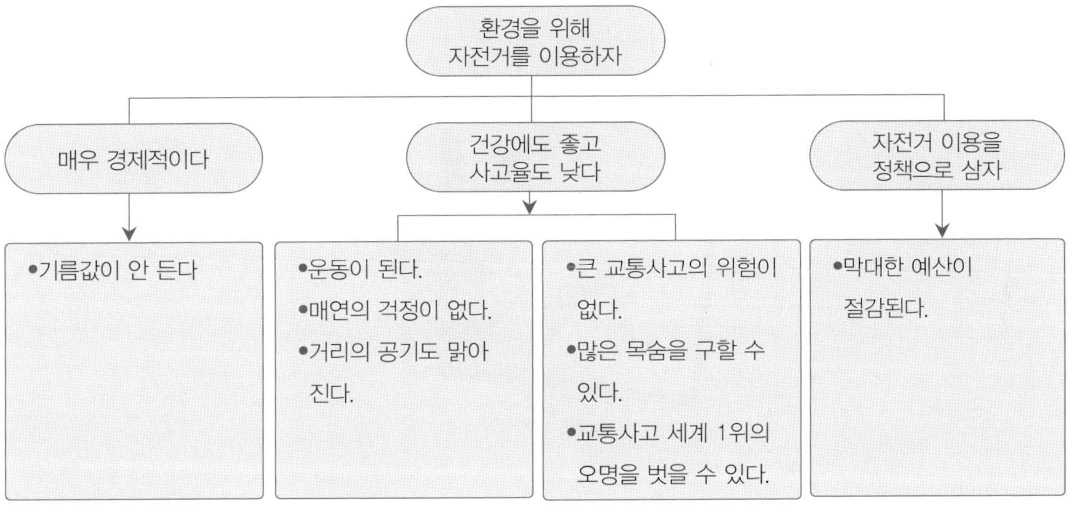

이러한 조직도의 방법 외에도 완결된 한 편의 글을 완성할 때 주로 쓰이는 개요 짜기의 방식은 서론- 본론- 결론을 중심으로 한 문단 개요의 방식이다. 이 문단 개요는 각 문단에 중심이 되는 화제를 제시하는 화제 개요 방식과 그 화제를 가장 잘 설명하는 중심 문장을 제시하는 방식인 문장 개요 방식이 있다.

화제 개요는 중심 생각을 화제(이야기의 제목) 형식으로 제시하는 방식으로서 각종 도서류의 목차와 유사한 형식을 띤다. 가령 '경상도 지방의 철새들'이라는 글을 작성한다면 본론 부분에 굳이 문장형으로 중심 내용을 적을 필요는 없다. 글쓴이의 주관적인 판단보다는 외형적 파악을 더 우선하는 개요 작성이 화제 개요이기 때문이다.

개요를 짤 때는 제일 먼저 주제문을 작성하는 것이 필요하다. 주제문에 명시된 구체적인 주제를 바탕으로 서론, 본론, 결론에서의 세부적인 내용이 결정되기 때문이다. 그 다음으로는 화제 개요의 방식을 택할 것인지, 문장 개요의 방식을 택할 것인지를 결정해야 한다. 어떤 방식으로든 개요에서 가장 중요한 부분은 본론이다.

실제로 우리가 글을 쓸 때 서론의 역할도 중요하지만, 이 부분 역시 본론을 위한 예비 과정이라고 볼 수 있다. 따라서 개요 짜기에서 본론 부분의 내용을 구체적으로 작성하는 것이 가장 중요하다. 화제 개요로 개요를 작성할 때 일반적으로 서론에서는 화제를 제시하고, 결론에서는 요약하고 마무리하는 것으로 정돈한다.

예시 2

제목: 저작권 문제

주제문: 저작권을 보호하고 사용자가 만족할 수 있는 합리적인 인터넷 자료 공유 방안이 필요하다.

Ⅰ. 서론: 인터넷 사용과 저작권 문제 제기

Ⅱ. 본론: P2P(개인간 정보 공유 방식)사용의 현황과 저작권 보호를 위한 합리적인 공유 방안

1. P2P(개인간 정보 공유 방식)의 현황
2. 불법 공유로 인한 피해 사례
3. 제도적 대안 마련의 필요성

Ⅲ. 결론: 불법 공유를 막는 방안의 필요성

문장 개요는 중심 생각을 문장 형식으로 제시하는 방식으로서 글쓴이의 주관적인 판단을 표현하기에 적합하다. 각 문단에서 가장 중요한 내용들을 문장으로 정리하는 방법으로 개요를 작성한다. 개요 짜기가 주로 실용문에 사용되고 실용문 중 논설문의 비중이 높은 것을 감안한다면, 실제 우리의 글쓰기 생활에서 화제 개요보다 문장 개요가 더 많이 사용되고 있다고 볼 수 있다. 문장 개요는 글쓴이의 주관적 판단을 표현하기에 더 적합한 개요 짜기라고 할 수 있다.

예시 3

제목: 저작권 문제
주제문: 저작권을 보호하고 사용자가 만족할 수 있는 합리적인 인터넷 자료 공유 방안이 필요하다.

Ⅰ. 서론: 인터넷 사용이 보편화되면서 저작권 문제가 제기되었다.
Ⅱ. 본론: P2P(개인간 정보 공유 방식) 사용의 현황과 저작권 보호를 위한 합리적인 공유 방안.
　1. 인터넷 게시물의 저작권 규제가 강화되면서 P2P(개인간 정보 공유 방식) 사용도 늘었다.
　2. P2P(개인간 정보 공유 방식) 사용이 늘면 저작권의 위축을 가져올 수 있다.
　3. 불법 자료 공유를 막기 위해서 제도적 방안 마련이 필요하다.
Ⅲ. 결론: 새 방안으로 문화콘텐츠와 소프트웨어 산업을 활성화하자.

이렇게 두 가지의 개요를 놓고 보았을 때, 두 개요는 내용면에서는 큰 차이가 없음을 알 수 있다. 그러므로 실제로 자신이 글을 쓰기 위한 밑그림으로 적합한 방식을 사용하면 된다는 것이다. 즉 중요한 것은 최종적인 글 자체이지 어떤 개요의 방식을 사용했는가 하는 것은 아니기 때문이다.

연습 1 '물부족' 문제에 대해서 다음과 같은 문장 개요를 작성할 수 있다. 다음의 문장 개요를 참고하여 '임신중절' 문제에 대한 문장 개요를 작성해보자.

제 목	물 부족 문제
주제문	물 부족 문제의 심각성을 재인식하고 물을 아껴 쓰자.
서 론	• 물 부족 문제의 심각성을 재인식해야 한다. • 물을 아껴 쓰자는 말은 무심한 일상구호가 아니라, 인류의 생존과 세계평화를 위협하는 심각한 문제와 결부되어 있다.
본 론	국내외 물 부족 실태와 문제점을 구체적으로 살펴보고, 그 대책을 강구할 필요가 있다. • 국내외 물 부족의 구체적 실태와 문제점을 알아본다. – 아프리카나 서아시아 등 국가 간 분쟁사태가 발생하고 있다. – 아프리카와 일부 아시아 지역의 사막화가 확산되고 있다. – 우리나라의 식수난 및 농업용수난이 심각하다. – 식수오염의 확산문제와 수질개선을 위한 과제를 해결해야 한다.

글쓰기의 과정

	• 물 부족의 원인은 무엇인가. – 한정된 강우량과 지하수 양에 비해 수요는 늘고 있다. – 일부 저개발 국가는 수자원 개발과 관리능력이 부족하다. – 우리나라는 물 부족 국가다. – 우리나라는 국민 1인당 물 소비량이 세계 1위다. • 국제적·국가적 차원의 수자원 관리 대책이 요구된다. • 물 절약 실천방안이 요구된다.
결 론	• 물 부족 문제의 심각성을 재인식하고, 온 국민과 세계인류가 물 절약과 수자원 보호운동에 적극 동참해야 할 것이다.

제 목	임신중절 문제
주제문	
서 론	• •
본 론	• – – – – • – – – – • •
결 론	•

내용 구성의 원리 알기

친구들과의 즐거운 술자리에서 술에 취한 친구가 이 얘기를 했다가 저 얘기를 했다가 할 때 우리가 느끼는 근본적인 감정은 바로 '짜증'일 것이다. 이것은 글에 있어서도 마찬가지이다. 이것은 바로 일관성과 통일성이 없다는 것인데, 이러한 일관성과 통일성이 결여된 이야기는 그 이야기를 듣는 사람에게나 읽는 사람을 불쾌하게 한다. 그러므로 글의 내용을 구성하는 가장 근본적인 원리는 바로 통일성과 일관성이라 할 수 있다.

일단 통일성과 일관성이 무엇인지부터 살펴보자.

통일성은 글의 각 부분이 글의 전체 주제를 잘 뒷받침해야 한다는 원칙을 말한다. 자기가 이야기하고자 하는 것이 무엇인지를 정확히 정하고, 이런 주제에 알맞은 제재를 정해서 자기가 이야기하는 주제가 확실히 드러나도록 해야 한다는 것이다.

짝사랑하는 여자 친구에게 자기가 얼마나 그녀를 사랑하는지를 고백하려고 한다면, 그 여자 친구가 호감을 가질만한 자기의 장점을 이야기해야 한다. 자기의 장점을 이야기하다가 갑자기 자기 친구의 장점을 이야기한다거나 자기의 단점을 이야기한다면 그 이야기는 통일성을 잃은 이야기가 된다고 할 수 있다.

일관성이란 '일정하고 뚜렷한 기준'을 가지고 각 문장을 구성하고, 각 문단을 이룬다는 것을 의미한다. 이때 일정하고 뚜렷한 기준이란 시간적인 질서, 공간적 질서, 또는 논리적 질서에 의해서 바르게 배열되는 것을 말한다.

우리가 글을 쓸 때 처음 계획은 이러한 일관성을 바탕으로 세우지만, 글을 써 나가면서 일관성을 잃는 경우가 많다. 주로 자기가 잘 아는 부분을 이야기할 때, 우리는 글의 전체 배열이나 자기가 생각하던 구성 원리를 잊고 자기가 잘 아는 부분에 매달려 그야말로 '잘 나가다가 삼천포'로 빠지는 경우가 많다. 흔히 '논점일탈'로 지적되는 이 부분들은 바로 이런 경우에 발생된다고 할 수 있다.

예시 4

대기오염은 인구 증가, 도시 집중, 공업 발달, 에너지 개발 등이 근본 원인이 되고 있다. 구체적으로는 석유·휘발유 등 화석연료의 사용, 특히 대규모 공장의 산업활동에서 일어나는 매연이 큰 부분을 차지한다. 따라서 대기

> 오염을 줄이기 위해서는 무엇보다 에너지 사용을 줄여 나가야 한다.
> 그러나 현대사회에서는 대기오염을 피하기 어렵다. 산업을 발달시키기 위해서는 에너지 사용이 계속 늘어날 수밖에 없다. 에너지 소비를 줄이고 공장 등의 매연을 최소화해야 하지만 그렇다고 차를 끌고 다니지 않을 수도 없고, 공장을 가동하지 않을 수도 없는 일이다.
>
> – 배상복(2006). 『글쓰기 정석』. 경향미디어. 93.

예시 4의 문단을 우리가 읽었을 때 어색한 이유는 일관성이 부족하기 때문이다. 이 글은 인구 증가, 도시집중, 공업 발달, 에너지 개발 등이 대기오염의 근본 원인이 되고 있다고 하고, 구체적으로는 석유·휘발유 등 화석연료의 사용, 특히 대규모 공장의 산업 활동에서 일어나는 매연이 원인의 큰 부분을 차지한다는 사실을 지적한다. 그러나 이러한 사실을 언급하면서 에너지 소비와 매연을 줄여야 한다는 논리로 이야기를 끝맺으면 되는 것을 현대사회에서 어쩔 수 없는 측면이 있다는 등의 이야기를 시작하면서 일관성이 결여되는 결과를 초래했다. 이러한 일관성의 결여로 인해 이 글은 논리성이 현저히 떨어진다.

또, 우리가 일관성을 잃는 대표적인 경우로, 너무나 도덕적인 상식에 얽매여 있다는 점도 빼놓을 수 없다. 우리가 너무나 지겨워하는 부모님의 잔소리를 생각하면 쉽게 이해가 될 것이다. 이런 현상은 우리가 쓰는 글에서도 나타나는데, 흔히 글은 자신의 도덕성을 보여준다는 일종의 이상한 강박관념을 가지고 있기 때문이다. 해서, 일관성을 가지고 글을 써 내려가다가도 도덕적인 문제가 나오는 부분에서는 갑자기 흥분하게 되고, 훈계조로 돌변하거나 다른 주장을 언급하게 되어 글의 일관성을 깨뜨리고 만다.

예시 5

> 대북 관계에서 궁극적인 목표는 통일이다. 통일을 지향하기 위해서는 여러 가지 과정이 필요하지만 경제적인 격차를 줄이는 것이 무엇보다 중요하다. 정치·제도적으로 통합된다 하더라도 경제적인 격차가 크면 갈등과 이질감에서 오는 통일의 부작용을 감당하기 어렵다.
> 현재 북한은 굶어 죽는 사람이 많이 발생할 정도로 극심한 경제난을 겪고 있으며, 자력으로 일어설 수 있는 가능성이 거의 없는 상태다. 그냥 두면 스스로 붕괴함으로써 우리가 감내하기 어려운 상황이 닥칠 수도 있다. 따라서 북한을 돕는 것은 동포애를 발휘하는 것일 뿐 아니라 우리 스스로를 위하고 통일을 앞당기는 일이므로 최대한 지원해야 한다.

> 하지만 우리 쪽이 너무 일방적으로 양보하고 저자세로 이끌려 가고 있다. 북한은 별로 변한 게 없으며 미사일 시험 발사, 핵실험 등으로 긴장만 고조시키고 있다. 지원 식량이 절실히 필요한 어린이들에게 가지 않고 군인들에게 지급되는 등 오히려 북한의 현 체계를 유지시키고 통치자들의 권력만 강화해 주는 결과를 가져오고 있으므로 대북 지원을 하지 않는 것이 좋을지도 모른다.
>
> – 배상복(2006), 『글쓰기 정석』, 경향미디어, 94.

이 글을 북한을 지원해야 한다는 입장에서 쓴다면 지원의 당위성으로 글을 이끌어 가야 한다. 즉 통일을 위해서는 경제적인 격차를 줄여야 하고, 북한의 심각한 경제난 등의 실상을 언급해 나가면 된다. 그리고 이런 사실의 언급이 지원의 필요성이나 당위성으로 마무리되어야 한다. 그러나 이 글에서는 이러한 지원이 오히려 북한의 체제를 강화할 뿐 아무 도움이 되지 않는다는 사실을 언급함으로써 글의 일관성을 해치고 있다.

문단 구성의 원리 알기

먼저, 문단이란 어렵게 생각할 것 없이 여러 문장이 모여서 자기가 생각하는 것이 무엇인지 중심 생각을 나타내는 것을 말한다. 여기에서 문단을 만드는 여러 문장 가운데 주인공에 해당하는 문장을 중심 문장, 혹은 주제 문장이라고 하고, 이 주제 문장이 정확하게 드러나도록 도와주는 문장을 뒷받침 문장이라고 한다. 그러므로 하나의 문단은 하나의 주제 문장과 몇 개의 뒷받침 문장으로 이루어져 있다고 할 수 있다.

그리고 하나의 문단을 이루기 위한 기본 요소를 세 가지로 나누어 볼 수 있는데, 먼저, 하나의 문단은 오직 하나의 중심 생각만을 포함해야 한다는 것이다. 문단은 생각의 단위이다. 중심 생각이 바뀌면 반드시 문단을 나누어야 한다. 이것을 반대로 생각하면 우리가 완성된 글을 읽을 때, 문단이 몇 번 바뀌었나를 보면 글쓴이의 생각이 몇 번 변했나를 알 수 있는 것과 같은 원리이다.

다음은 하나의 문단은 반드시 한 문단으로서의 통일성이 있어야 한다는 것이다. 이것은 앞서 우리가 글의 내용 구성의 원리에서 글 전체를 대상으로 살펴본 바와 같이 하나의 문단에서 하나의 중심 문장을 뒷받침해주는 뒷받침 문장들은 반드시 주제를 정확히 드러낼 수 있는 문장이 되어야 한다는 것이다.

마지막으로 하나의 문단은 일관성과 연속성이 있어야 한다는 것이다. 이 원칙 역시 우리가 앞서 살펴본 것처럼 중심 문장을 뒷받침 하는 뒷받침 문장들이 '잘 나가다가 삼천포'로 빠지는 논점 일탈을 범하지 않고 중심 문장을 정확하게 뒷받침 할 수 있도록 해야 한다는 것이다.

이러한 원칙을 가지고 구성된 문단을 가장 효과적으로 전개 시키는 방법은 글의 내용을 일반화하지 않고 구체화하는 방법이다. 다시 말해 한 가지 사실을 정확하게, 꼼꼼하게, 상세하게 논의하는 방법이라 할 수 있다. 쉽게 이야기해서 '일반적인 진술 - 구체적인 진술 - 더 구체적인 진술 - 좀 더 구체적인 진술'의 순서로 문단을 전개하면 글의 내용이 명확해진다고 할 수 있다.

문단은 하나의 주제 문장과 몇 개의 뒷받침 문장으로 이루어져 있다. 여기에서 주제 문장은 글의 중심 생각을 전달하고, 중심 생각을 뒷받침하는 방법을 제시하기도 한다. 그리고 무엇보다 중요한 것은 이러한 주제 문장의 위치에 따라 문단 구성의 방식이 달라진다는 것이다.

일반적으로 주제 문장이 글의 첫머리에 오는 방식을 두괄식, 글의 끝에 오는 방식을 미괄식, 그리고 처음과 끝에 모두 놓이는 방식을 양괄식 구성이라고 한다. 이것은 문단 구성의 형식적 기준으로 널리 사용되고 있다.

실제로 우리가 문단을 구성할 때는 통일성, 긴밀성의 요소와 더불어 강조점을 생각하여 문단을 구성하게 된다. 문단의 전체적인 배열 방법이라고 할 수 있는 구상의 종류에는 크게 전개적 구상과 종합적 구상으로 나눌 수 있다.

- 구상
  - 전개적 구상
    - ❶ 시간적 순서에 따르는 구상
    - ❷ 공간적 순서에 따르는 구상
  - 종합적 구상
    - ❶ 단계적 구상: 3단 구상, 4단 구상, 5단 구상
    - ❷ 포괄적 구상: 두괄 구상, 미괄 구상, 쌍괄 구상
    - ❸ 열거식 구상
    - ❹ 점층식 구상

- 윤용식 외(2005), 『글쓰기의 기초』, 152, 한국방송통신대출판부.

시간적 순서에 따르는 구상

사건의 시간적 순서에 따라 제재를 배열하고, 그것을 문단의 기본 구조로 삼을 때 이것을 시간적 순서에 따르는 구상이라고 한다. 역사 기행, 문학 기행 등 행동의 기록이나 회의 기록 등에 많이 활용된다. 또 연대기, 전기문 등의 작성에도 주로 이 방법이 사용된다.

예시 6

"지금 무슨 달인 줄 아노?"

"사월달이지 머꼬"

"오늘이 무슨 요일인지 아노?"

"금요일이지러"

"모레 공일 나 나무하러 갈 때 니도 또 따라 안 갈래?"

"그래 가꾸마 오빠야. 그런데 이제 쑥도 늙어서 못 뜯을 끼라 그자?"

"그래도 진달래는 다 안 졌을 끼라. 진달래꽃 따 묵고 칠기(칡)도 캐묵자이"

"찰칠기는 얼매나 맛있다고. 장터에는 벌써 칠기 장수가 많이 나왔더라"

"……" 분선이는 시무룩해진다.

"그런데 오메는 와 안오노. 언니가 이래 울어쌓는데"

분선이의 목소리가 점점 울먹해진다. 분선이는 다시 누나를 달래기 시작한다.

"언니야 내 노래 불러 주꾸마 울지 마라. 뜸북새 불러 주꾸마 울지 마래이"

그러는 분선이는 정말 기특하다. 분선이는 이제 얼마 있잖으면 사학년이 된다. 공부도 잘 한다. 나는 국민학교 때 늘 둘째를 했고, 분선이는 다섯째에서 맴돈다. 밥만 마음대로 먹을 수 있다면 나는 일등을 할 수 있고, 분선이도 부급장을 할 수 있을 거다. 동네 사람들은 분선이를 똑똑하고 귀여운 가시내라고 늘 칭찬한다. 말도 제대로 못하고 겨우 천천히 걷기밖에 못하는 아기 같은 누나를 분선이는 어머니처럼 보살핀다. 남들은 다 시집가도 언니는 누가 데리고 갈 사람도 없을 거라고 말하며 분선이는 곧잘 어른스럽게 혀를 찬다. 오줌을 함부로 흘린 누나의 누런 팬티를 어머니가 없을 때는 분선이가 빤다. 빨래 방망이를 톡톡 두드리며 분선이가 빨래를 할 때 그 곁에 앉아 히히 웃는 누나가 분선이에게는 항시 귀여운 모양이었다. 아버지도 어머니도 나도 달갑잖게 생각하며, 마을 사람들이 모두 누나를 싫어하지만 분선이만은 누나에게 천사같이 잘한다.

―김원일.(2016). '어둠의 혼'. 『어둠의 혼.개미귀신』. SR&B(새로본닷컴). 67.

공간적 순서에 따르는 구상

공간적 구상은 시간의 움직임과 관계없이 하나의 사물이 지닌 공간성을 기술하는 방법이다. 지리학, 지질학, 생물학이나 기계 공학 분야 등의 전문적 글쓰기에서 이 방법이 많이 활용된다. 지형지물의 지세, 생물의 형태, 기계의 구조 등을 기술하거나 설명할 때, 그리고 어떤 단체의 기구나 조직 등을 설명하고 기술하는 경우에 효과적인 방법이다.

모두가 알다시피, 시간과 공간은 항상 상호 보완적인 관계를 가지고 있다. 그런 점에서 전개적 구상이라는 큰 틀은 사물의 모습을 있는 그대로 헤아려 가는 과정이라고 할 수 있다. 이런 특징을 중심으로 하면, 시간적 순서에 따른 구상과 공간적 순서에 따른 구상을 전개적 구상이라는 용어 대신 '자연적 구상'이라고 부르기도 한다. 이와 같은 특징은 우리가 '종합적 구상'으로 부르는 틀 역시 글쓴이가 쓰고자 하는 것에 대해 인위적으로 논리를 세우는 것이라는 점을 살려 '논리적 구상'이라고 부르기도 한다.

예시 7

상노들이나 자는 방이라 하나 별장 전체를 그리 손색 있게 하는 방은 아니었다. 동향이어서 여름에는 늦잠을 자지 못할 것이 흠일까, 겨울에는 어느 방보다 밝고 따뜻할 수 있고 미닫이와 들창도 다갑창까지 들인데다 벽장문과 두껍닫이에는 유명한 화가인지 아닌지는 몰라도 낙관落款이 있는 사군자四君子며 기명절지器皿折枝가 붙어 있다. 밖으로도 문 위에는 추성각秋聲閣이라 추사체의 현판이 걸려 있고 양쪽 처마끝에는 파―랗게 녹슨 풍경이 창연히 달려 있다. 또 미닫이를 열면 눈 아래 깔리는 경치도 큰사랑만 못한 것 같지 않으니, 산기슭에 나붓이 섰는 수각水閣과 그 밑으로 마른 연잎과 단풍이 잠긴 연당이며 그리고 그 연당 언덕으로 올라오면서 무룡석으로 석가산을 모으고 잔디밭 새에 길을 돌린 것은 이 방에서 내려다보기가 기중일 듯싶었다. 그런데다 눈을 번뜻 들면 동편 하늘이 바다처럼 트이고 그 한편으로 훤칠한 늙은 전나무 한 채가 절벽같이 가려 섰는 것이다. 사슴의 뿔처럼 삭정이가 된 상가지에는 희끗희끗 새똥까지 묻어서 고요히 바라보면 한눈에 태고太古가 깃들이는 듯한 그윽한 경치이다

– 이태준(2006), '까마귀',『까마귀』, 문학과지성사, 42.

단계적 구상

단계적 구상이란 3단 논법, 4단 논법 등으로 이미 보편화되어 있는 글쓰기의 구성 방법을 말한다. 그 중 3단 논법은 서론-본론-결론, 도입-전개-정리 등으로 글의 구조를 삼분화하는 것이다. 이 방법은 가장 고전적인 구상의 방법이며, 가장 안정감을 주는 글의 체계라고 할 수 있다. 학술 논문의 경우에도 본론을 몇 개의 소항목으로 쪼개기는 하지만 대체적으로 삼단 논법을 취하고 있고, 짧은 리포트를 작성하는 경우에는 대개 이 방법을 취하게 된다.

이에 비해 4단 논법은 원래 한시의 절구나 율시의 작법에서 유래한 것으로 소위 '기起-승承-전轉-결結'로 사분되는 구상의 방법이다. 삼단 구상이 '서론, 본론, 결론'의 교과서적 논리에 충실한 것이라면, 4단 구상은 거기에 변화를 첨가하여 독자들이 흥미를 가지는 부분을 보충한 것이라고 할 수 있다. 그 부분이 바로 '전轉'의 부분이라 할 수 있다. 실제의 문장에서는 대개 '그러나', '그렇다고 하지만', '한편으로는' 등의 말로 시작된다.

예시 8

> 박경리의 '김약국의 딸들'은 통영을 공간적 배경으로, 구한말부처 1930년대까지를 시간적 배경으로 삼아 전통적으로 관약방을 경영하던 집안의 김성수가 상업 자본주의의 물결이 밀려옴에 따라 대구 어장을 경영하면서 파산·몰락해 가는 과정을 담은 장편소설이다.
>
> 이 작품에는 도처에 살인, 질병, 피살, 자살 등 죽음이 나오는데, 이러한 죽음은 억울함에 근거한 한의 정서를 유발하고 있다. 그리고 이러한 한은 운명론적 사고와 연관되면서 삶의 비극성을 강화하는 요인으로 작용한다.
>
> 이 작품은 가족사 소설로서의 특성을 가지고 있음에 따라 초기의 자전적인 성격에서 벗어나 가족이나 사회 제도 더 나아가서는 역사에 대한 탐구로 넘어가는 가교 역할을 떠맡고 있다. 결국 '토지'라는 한국 문학의 거재한 뿌리를 창조해 내는 자양분 역할을 하게 된다.
>
> – 박태상(2000). '삶의 비극성이 가져다 준 깊이'. 『한국방송통신대학술지논문집』29, 95.

포괄적 구상

포괄적 구상은 3단 구상의 한 변형의 형태라고 할 수 있다. 이 구상에서는 결론에 해당하는 부분이 어디에 오느냐에 따라 두괄식 구상, 미괄식 구상, 쌍괄식 구상으로 나눈다.

다음 예시는 주제문이 글의 가장 마지막에 있는 미괄식 구상의 한 예이다.

예시 9

1998년도에 등장한 김대중 정부로 대표되는 '국민의 정부'의 출현과 그 직전인 80년대 말의 구소련연방의 붕괴로 동구권의 몰락은 탈이데올로기와 민족주의의 부활을 가져왔으며, 특히 우리나라에는 시민 권력 등 새로운 정치 환경의 조성, 햇볕 정책에 의한 남북 대화의 재개, 재벌에 의한 경제 집중 현상의 구조 변경, 노사간의 새로운 관계 정립, IMF 난국을 극복하기 위한 개방적 경제 구조의 구축, 국민 PC 시대 등 멀티미디아 시대의 도래, 공정거래의 확립과 소비자 중심으로의 구매 패턴의 조정, 유통 체계의 다양화 현상, 인터넷 운동 등 첨단 정보 혁명에 따른 대중화 현상의 확산, Y세대로 대표되는 개성이 강하고 이기적이며 모럴이 자유로운 새 인물상의 출현 등 가히 혁명적인 변화의 물결이 우리 주변에 넘실거리고 있다. 이처럼 21세기 한국사회는 90년대와는 확연하게 다른 새로운 현상이 나타나고 있다. 그 요인은 역시 정치적인 현상과 밀접한 연관이 있을 것이다.

– 박일문(1996), 『장미와 자는법』, 문학수첩, 57.

열거식 구상

열거식 구상은 전통적인 단계식 구상과는 조금 다른 구조를 가진 구상이다. 이 구상은 자신의 의견을 충분히 진술한다든가, 중요하다고 생각되는 문제를 특별히 몇 가지 밝힐 때 사용된다. 문제들 사이의 관련이 긴밀할 필요도 없고 논리적 연관성이 반드시 필요한 것도 아니기 때문에 이러한 구상의 방법을 카탈로그식 구상이라고도 한다.

예시 10

누누이 강조해 왔듯이, 뿌리 뽑힌 적이 없는 '그들'은 아직도 강하다. 400년 전 세계 전 지역에 물건을 운반할 항구를 만들고 철도를 깔았듯이 지금 그들은 금융망과 정보망을 앞장서서 깔고 있다. 위성 방송을 주도하고 있으며 금융 관리도 여전히 그들 손에 들어있다. 문화적 원리는 쉽게 변하지 않는다. 콜럼버스의 후예답게 그들은 낯선 곳을 그냥 두지 못한다. 개척자와 탐험가의 후예답게, 발명가들의 후예답게, 탄광을 세우고 철도를 깐 목수들의 후예답게 그들은 원활한 자본의 유통과 정보 교류망을 깔기 위한 새 지도를 만들고 있는 것이다. 이러한 움직임에 유색 인종이 포함되어 있지 않은 것은 아니다. 그러나 이 움직임은 콜럼부스를 만들어 낸 그들 문화의 연장선에서 이루어지고 있고, 세계의 주도적 원리는 아직도 서구가 주도해 온 근대적 원리의 연장선상에서 이루어지고 있다.

– 조한혜정(1994), '보편성의 그늘에서 벗어나기', 『글 읽기와 삶 읽기2 탈식민지 시대 지식인』, 또하나의문화, 105.

점층식 구상

점층식 구상이란 중요성이 덜한 것에서부터 더한 것으로 점차 나아가는 방법인데, 가장 강조되거나 중시되는 부분이 맨 끝에 온다. 혹은 반대의 경우로 가장 중요한 것은 맨 먼저 기술하고 가장 덜 중요한 것을 나중에 기술하는 경우도 있다. 이런 경우 우리는 '점강식 구상'이라고 부른다.

예시 11

방이 넘쳐난다. PC방과 게임방, 노래방, 비디오방, 휴게방, 만화방.... 어느새 '방'은 사람의 거처란 의미와 함께 돈되는 신업종의 뜻까지 걸머졌다. '방'구석을 헤매는 젊은 '방돌이'에 이들이 만들어가는 '방문화'까지 무엇이 한국의 젊은이를 '방'으로 끌어들이는가.

'방'은 밀실이다. 화려한 도시 네온사인과 대비되는 어두침침한 조명. 2~3평의 좁은 공간이 '방'의 트레이드 마크. '방'은 탈선과 일탈의 이미지로 10대와 20대를 유혹한다.

'방'은 한편에서 정보화 사회의 최첨단 기지다. 더 많은 정보를 위해 이제 왁자지껄한 '광장'에 나갈 필요가 없어졌다. 거미줄처럼 얽힌 정보 네트워크가 밀실에 숨어서 세상과 만나는 걸 가능하게 했다. 얼마 전에는 정부가 PC방을 인터넷 교육장으로 활용하자고 나섰을 정도다. 하지만 통신이 원활해진다고 의사소통이 잘 되는 건 아니라는 게 '방'의 역설. 바로 이 지점에 '방'이 부른 개인주의와 소외가 있다. 사람들은 '광장'에서 사라진 젊은 세대의 모습에서 대화하지 못하는 요즘 세태를 읽는다.

'방'은 우리가 가진 이중성의 상징이다. 문화평론가 김지룡씨는 이렇게 말한다. "90년대 방 문화는 남의 시선에서 자유롭지 못한 사회의 특성을 보여준다. 개방적인 신세대 성의식과 유교적 사회 의식이 만들어낸 불협화음이 바로 비디오방이다. 골방에 박혀 마이크 잡고 고함을 질러대는 노래방 문화도 남의 눈을 의식하는 양반문화가 만들어냈다." 속마음을 감추는 우리의 뇌구조가 '방'이란 기형아를 낳았다는 분석이다. 방문화의 뒤를 캐면 자본이란 배후 세력이 버티고 있다. 좁은 도시에서 가장 효율적으로 이윤을 극대화하는 공간 활용법이 바로 '방'이기 때문이다. 한동안 도심에는 노래방, 비디오방이 번성했고 지금은 PC방의 전성시대다. 이윤에 따라 생성, 소멸하는 이런 '방'들은 자본의 힘을 보여주는 증거다. 자본이 노리는 다음 '방'은 과연 무엇인가?

– 강준만(2003), 『대중문화의 겉과 속』, 인물과사상사, 103.

글쓰기의 과정

연습 2

'나의 대학 생활'이라는 제목으로 글을 쓰려고 한다. 쓰고자 하는 주제를 작성하고, 단계적 구상의 방법과 열거적 구상의 방법을 이용하여 글의 개요를 작성해보자.

4 표현하기

지금까지 살펴본 글쓰기의 과정을 다시 한 번 확인해보면 다음과 같다. 먼저 무엇을 쓸 것인가 주제를 선정하고, 그 주제를 잘 드러낼 수 있는 제재를 모은 후, 어떤 글을 쓸 것인가에 대한 전체 개요, 즉 글의 설계도를 작성하는 것이다. 이렇게 짜인 글의 설계도에 따라 글을 직접 쓰는 과정이 바로 이 장의 내용이라고 할 수 있다.

표현하기 과정

자, 그럼 글을 써 보자. 먼저 좋은 글을 쓰기 위해 우리가 제일 먼저 해야 할 일은 글의 소재를 찾는 일이다. 좋은 소재를 찾기 위해서는 우리의 일상생활에 대한 관찰과 그 관찰에서 떠오르는 생각들을 메모를 해 두는 것이 중요하다.

무엇을 쓸 것인지에 대한 주제가 정해지고, 그 주제를 글로 풀어 나가기 위한 예비적인 절차로서 구상과 개요 작성의 과정이 끝나면 글쓰기 작업이 시작된다. 여기에서 글을 써 가는 과정에서는 무엇보다도 글쓰는 이의 생각을 정확하고 논리적으로 표현하고 기술하는 것이 중요하다는 사실을 인식해야 한다.

또한 중요한 사실 한 가지는 글을 쓸 때는 항상 그것을 읽는 이를 전제로 하고 써야 한다는 것이다. 아무리 훌륭하고 가치 있는 생각이라도 읽는 사람을 전제로 하지 않고 씌어졌다면 그 글은 아무짝에도 쓸모없는 글이 되기 때문이다. 따라서 글을 쓸 때는 그 글이 읽는 이에게 제대로 이해될 것인가, 그리고 어떤 효과를 미칠 것인가에 대한 문제를 늘 염두에 두고 글을 써야 한다.

표현하기 과정은 내용 생성하기와 내용 조직하기에 이어 실제로 글을 쓰는 단계로서 이들은 거의 동시에 이루어지기도 한다. 이 단계에서 우리는 주제를 일관성 있게 표현하되, 어떻게 표현하여야 독자가 자신의 주장에 따를 것인가를 생각하는 것이 중요하다. 주제나 독자의 입장을 고려하여 어떤 어조가 좋은지, 어떤 문체로 쓰는 것이 효과적인지 등에 대해서도 미리 생각해야 한다.

글쓰기의 과정

❶ 장르에 따라 집필 방식이 달라지므로 어떤 종류의 글로 쓸 것인가를 확인한다.

❷ 작자의 독자에 대한 목소리voice, 어조tone, 자세stance를 결정한다.

목소리는 작가의 독자에 대한 태도의 문제이다. 가볍고 부드럽고 친근하게 말하는 목소리, 차분하고 냉정하고 객관적이고 중립적인 목소리, 독자에게 풍부한 자료들을 제시하며 작자의 주관적인 견해를 나타내는 목소리, 전문 분야에서 최고의 가치로 믿어지는 권위를 암시하면서 정중한 문체로 말하는 목소리 등이 있다.

어조란 작자의 메시지에 대한 태도이다. 같은 주제라도 작자가 어떤 태도를 견지하느냐에 따라 어조가 달라지는데 긍정적인 어조, 부정적인 어조, 풍자적인 어조, 감상적인 어조, 진지한 어조, 주관적인 어조, 객관적인 어조 등을 고려할 수 있다.

자세란 작자가 독자에 대해 취하는 태도이다. 작자가 어떤 목소리, 어조로 말하느냐에 따라, 독자 및 메시지에 대해 어떤 태도를 견지하느냐에 따라 작자의 자세가 결정된다.

❸ 어떤 문체를 선택할 것인가를 결정한다.

문체란 글 속에 나타나는 작자의 독특한 개성이다. 문체는 문장의 길이에 따라, 수식어의 다소에 따라 나누어 선택할 수 있다. 이런 문제는 하찮은 것 같지만, 실제로 글을 쓸 때에는 매우 효과적인 도구가 될 수 있다.

❹ 어떤 양식으로 기술할 것인가를 정한다.

글의 서술양식이란 글의 목적이나 방법에 따라 달라지는 서술상의 특성이다. 이는 서술 목적이나 방법에 따라 글도 설명·논설·묘사·서사문으로 나뉘지만 실제 글쓰기에서 어느 하나만 쓰이는 경우는 드물다.

❺ 어떤 수사법을 어떻게 구사할 것인가도 중요하다.

수사법이란 글을 효과적으로 쓰기 위한 기교를 말한다. 수사법에는 비유·강조·변화법 등이 있는데 이러한 것들을 유용하게 써서 표현의 효과를 높일 수 있다.

전체적인 맥락의 표현

서두와 결말의 표현 전략

글의 첫머리와 결말도 전체적인 글의 짜임에 영향을 미치므로 전략이 필요하다. 서두는 경험적 일화의 소개, 시사적이거나 일반적인 사실의 언급, 경구 혹은 잘 알려진 명제의 제시, 수사적 표현으로 시작하기, 질문 또는 단정적 주장의 문제제기 등 다양한 방법으로 시작하는데 항상 본론에서 펼쳐질 내용을 고려해야 한다.

결말을 효과적으로 쓰기 위해서는 본론을 요약하거나 대안 제시하기, 경구 또는 잘 알려진 명제 이용하기, 선택적 판단 및 부연하기, 문제 상황 환기시키기 등을 활용하는 것이 좋다.

통일성과 연결성

한 편의 글을 쓸 때, 글 전체의 통일성뿐만 아니라 단락 안에서 문장의 연결성도 고려해야 한다. 통일성 있는 글을 쓰기 위해서는 글 전체가 하나의 주제를 향해 일관성을 유지하도록 해야 한다. 그리고 단락 간의 논리적 연관관계를 유지하도록 해야 하며 뒷받침 문장들이 각 단락의 소주제문과 긴밀한 연관성을 유지해야 한다.

연결성을 확보하기 위해서는 단락 수준에서 문장들을 효과적인 순서로 배치해야 하며, 문장 간의 논리적 연관관계를 고려하여 흐름이 자연스럽도록 서술해야 한다. 이를 위한 적절한 접속사나 연결어를 사용하면 된다.

일관성과 완결성

이상과 같은 조건을 충족하여 표현된 글은, 서두의 문제 제기와 본론의 충실한 설명, 선명한 결말의 주장이 확보되어 글 전체의 논리적 통일성이 확보된 글이다. 그리고 묻고 답하는 서두와 결말의 호응관계를 통해 글 전체가 하나의 주제를 향한 일관성을 유지해야 한다.

또한 글의 완결성을 높이기 위해서는 서두에서의 문제제기와 본론의 충실한 설명, 결말에서의 선명한 주장이 갖추어져 글 전체의 논리적 통일성이 있어야 한다. 또한 묻고 답하는 서두와 결말의 호응관계를 통해 글 전체의 주제적 일관성이 확보되어야 하며, 소주제문을 뒷받침하는 본론 단락의 예시 등이 단락 간의 연결성을 보조해 주도록 해야 한다.

글쓰기의 과정

연습 1

1. '역사교과서를 국정화 하는 것은 역사에 대한 편협한 시각을 가지게 한다'는 주제에 대해 내용구조도를 작성해 보고 시사적인 화제를 언급하여 글의 서두 부분을 작성해보자.

2. 이 글에서 일관성이 상실된 부분을 지적해보고 왜 그렇게 되었을지 말해보자.

"과학의 목적을 인류 공동체의 공존에 두어야 할 것이다. 그러므로 자유롭게 연구한 결과를 여러 학자로 구성된 심의위원회에 제출하도록 절차를 만들어야 한다. 모든 가능성을 검토하고 이용 범위에 엄격한 제한을 둔 후에 이용하는 것이 이롭기 때문이다. 과학자들은 연구할 때 이런 것을 바탕으로 인류에 대한 사명감을 잊지 말아야 한다. 이것을 소홀히 하여 과학 기술이 인류에게 여러 모로 피해를 끼친 것이다."

5 고쳐쓰기

글쓰기 과정의 마무리 단계는 '퇴고'의 단계이다. 퇴고란 마지막으로 한 번 더 글을 점검하는 것을 말한다. 그런 점에서 퇴고야말로 글을 완성시키는 최후의 작업이라고 할 수 있다.

퇴고의 목적은 글을 좋게 다듬는 것이다. 좋게 다듬는다는 것은 글의 형식과 내용 모두에 관련된 것이라고 할 수 있다. 그런 점에서 글의 내용과 형식에 맞는 세밀한 평가의 기준을 살펴볼 필요가 있다.

퇴고의 기준

먼저 글의 내용과 관련한 퇴고의 기준으로 ❶독창성, ❷주제 선정의 적절성, ❸논리적이고 효과적인 구성, ❹문단 구성의 긴밀성, ❺내용의 정확성과 풍부성, ❻소재 선정의 합리성 등이 기준으로 제시될 수 있다. 다음으로 글의 형식과 관련된 기준으로는 ❶문장의 문법성, ❷맞춤법, ❸어휘와 용어 선정의 적절성 등을 기준으로 삼을 수 있다.

글의 전체 맥락을 고려하는 가장 일반적인 퇴고의 기준 원칙으로 ❶부가의 원칙, ❷삭제의 원칙, ❸구성의 원칙이라는 세 가지 원칙이 있다. 정확하고 올바른 퇴고를 위해서는 대체로 다음의 세 가지 원칙을 충실히 따르는 것이 바람직하다.

❶ 부가의 원칙

부가의 원칙이란 쓰인 글에 있어서 빠진 부분과 부족하다고 느껴지는 부분을 찾아 보완하는 것을 말한다. 즉, 빠진 것이나 모자란 것을 덧붙여서 글의 흐름을 자연스럽게 하고 내용을 풍부하게 하는 것이다.

❷ 삭제의 원칙

삭제의 원칙은 글에 불필요한 부분이 들어가 있거나 지나치게 많이 들어가 있는 것들을 찾아 삭제하는 것을 말한다. 이러한 삭제의 과정을 거침으로써 문장은 긴장미와 압축미를 지닐 수 있게 된다.

❸ 구성의 원칙

구성의 원칙은 쓰인 글의 순서를 바꾸어 놓았을 때 더욱 효과적일 수 있는 부분이 없는가를 살펴보고 문장 구성을 변경하여 주제 전개의 양상을 부분적으로 다듬는 것을 의미한다.

고쳐쓰기의 방법

고쳐 쓰기의 방법에는 다른 사람에게 자기 글을 읽혀서 의견을 제시하게 하고 토의 과정을 거쳐 점검 내용을 수정하는 경우도 있고, 글쓴이 스스로 자기 글을 고쳐 쓰는 경우도 있다.

자기 글을 스스로 고쳐 쓰는 방법은, 먼저 초고 작성 후 충분한 여백을 두고 인쇄한 후 그 글을 소리를 내어 읽어보기, 그리고 고쳐 쓰기가 필요하다고 생각되는 부분에 표시를 한 후 습관적인 실수가 반복되지 않았는지 확인하는 과정을 거치게 된다.

이때 첨삭에 필요한 메모를 따로 작성하여 고쳐 쓴 내용과 대조하면서 작업을 하면 더 정확한 고쳐 쓰기를 할 수 있다. 이러한 퇴고의 원칙에 따라 어휘와 표현의 부분을 다듬어보고, 우리가 익숙하게 사용하고 있는 표현들 중 잘못된 것들을 고쳐보자.

고쳐쓰기의 실제

부정확한 어휘

우리가 글을 쓸 때 익숙한 표현에 빠져 정확한 단어가 아닌 대충 비슷한 단어를 쓰는 일이 있다. 우리가 자주 사용하는 표현들 중 부정확한 어휘를 사용하는 경우를 보자.

예시 1

- 난이도가 어렵다
- 오염도가 높다

여기에서 '난이도'는 쉽고 어려운 정도이다. 그러므로 어렵다는 의미로는 '난도가 높다'라고 해야 한다. '난이도'는 쉽고 어려운 정도라는 의미로서 '난이도를 재다'와 같이 쓰면 정확하다. '오염도'는 '심하다'와는 잘 어울리지 않으며 '오염도가 높다'와 같이 써야 한다. 더 자연스러운 표현으로 '오염이 심하다'와 같이 쓰는 것이 가장 낫다.

이와 같이 정도나 비율 등을 나타내는 말의 의미를 정확히 몰라 서술어를 잘못 쓰는 일이 흔하다. 아래 예들도 오른쪽과 같이 고쳐야 한다.

예시 2

- 잠재력이 높아졌다 → 커졌다
- 합격 비율이 늘었다 → 높아졌다
- 발생 빈도가 매우 드물다 → 낮다
- 생활 수준을 증대시킨다 → 높인다
- 금속은 경도가 모자라기 때문이야 → 낮기

이렇게 단어의 구체적인 의미를 정확히 이해하면 이러한 잘못을 크게 줄일 수 있다. 다음에 역시 단어를 잘못 사용한 글이다.

예시 3

- 우리 학교 발전의 장본인 → 주인공
- 역사적 과제에 큰 행보를 남기셨습니다 → 발자취
- 독재자이며 군사 쿠데타를 일으킨 인물로 비평받기도 한다 → 비판/비난
- 이러한 인물들을 기꺼이 보내주기로 한 것은 우리 사회의 자신감이 그만큼 성숙했다는 반증으로 여겨진다. → 증거
- 내가 교사로서 30여 년을 봉직하게 된 이유는 초등학교 6학년 담임 선생님의 한마디였다. → 계기

'장본인'은 흔히 범죄 등 부정적인 경우에 쓰는 말이다. 이 말을 공로가 있는 주인공의 뜻으로 쓰면 곤란하다. '행보'는 비유적으로 업적이라는 의미로 쓰이기도 한다. 그러나 '행보를 남기다'는 표현은 없다. '발자취(족적)를 남기셨습니다'와 같이 써야 할 것이다.

'비평'은 '비판'과 의미가 다르다. 위 예는 '비판' 혹은 '비난'으로 써야 어울린다. '반증'은 반대가 되는 증거라는 의미이므로 위 예문에는 부적합하다. '증거'라고 해야 한다. 담임선생님의 한 마디는 '이유'가 아니라 '계기'라고 해야 자연스럽다.

중복 표현

글을 쓸 때 우리는 의미가 중복되는 표현을 쓰는 일이 많다. 이것은 군더더기가 되어 문장 읽는 데 명쾌함을 느끼지 못하고 답답한 느낌을 준다. 퇴고의 원칙 중 삭제의 원칙을 활용하여 중복되는 표현 역시 삭제할 필요가 있다.

예시 4

- 상을 수상하다.
- 과반수가 넘다.
- 수확을 거두다.
- 회의를 품다.
- 스스로 자각하다.
- 남은 여생
- 따뜻한 온정

'수상하다'에는 이미 '상'의 의미가 들어 있다. '과반수'에는 이미 '넘다'는 의미가 들어 있다. 그러므로 '상을'과 '넘다'는 의미상으로 중복된 표현에 불과하다. '수상하다' '과반수이다'로 충분하다. 다만 좀 생소하게 느껴지면 '상을 받다' '반수를 넘다'와 같이 쓰면 될 일이다.

또한 '수확을 거두다', '회의를 품다', '스스로 자각하다', '남은 여생', '따뜻한 온정' 등은 우리가 흔히 쓰는 표현이지만 의미적으로 중복되는 군더더기 성분들이 들어 있다. '수확하다' '회의하다', '자각하다', '여생', '온정'만으로도 충분하다.

표현기법과 문체

❶ 지나치게 난해한 표현

지나치게 어려운 단어를 쓸 필요가 없다. 어려운 한자어 등을 쓰면 글의 수준을 높이고 필자가 돋보인다고 생각하는 일이 있으나 오히려 쉽고 명확한 단어를 쓴 글이 좋은 글이다.

예시 5

- 정서적 체험을 확충한다 → 정서적 체험을 넓힌다
- 자기를 칭할 때 → 자기를 가리킬 때
- 차량 실내에서 발생하는 휴지 → 차량 실내에서 생기는 휴지
- 새 시대가 도래하였다 → 새 시대가 왔다
- 사람들이 다수 발생하고 있는데 → 사람들이 다수 생겨나고 있는데

이와 같이 누구나 잘 아는 쉬운 단어를 골라 쓰는 것이 글쓰기에서 중요하다. 글은 곧 자기 생각을 전달하는 것이므로 독자가 잘 이해하도록 쓰는 것이 무엇보다 중요한 것이다.

② 지나치게 구어적인 표현

아무리 쉬운 단어를 골라 쓴다고 해도 글의 품위를 무시할 수는 없다. 때로는 지나치게 구어적인 단어를 사용함으로써 글의 품격을 떨어뜨리는 일이 있다.

- 영화 중반에 이우진이 날리던 대사 → 하던
- 성형 수술을 받은 이에게 자연 그대로가 아니라는 이유로 욕할 수 있을까? → 비난할
- 사회적으로도 외모가 너무 딸리면 인정받기가 힘들다는 게 현 추세이다 → 떨어지면
- 남성들의 의식 수준을 확 바꿔 버릴 만한 획기적인 방안은 아니다 → 크게 바꿀
- 화석연료를 무지막지하게 많이 써왔다는 것이다 → 매우
- 이 말에 뭐가 비합리적이냐고 발끈하실 분이 계실 것이다 → 화내실

'날리던', '욕할', '딸리면' 등은 일상 언어생활에서도 문제지만 글로써 나타날 경우에도 큰 문제라고 할 수 있다. 글 전체의 신뢰성을 떨어뜨리고 만다. '하던', '비난할', '떨어지면' 등 보다 품위 있는 말을 골라 써야 할 것이다.

또 위의 예처럼 '확 바꿔 버릴', '무지막지하게', '발끈하실' 자체가 품위 없는 말이라고 할 수는 없다. 이 말들도 적절한 상황에서는 아무 문제없이 쓰일 수 있다. 그러나 적어도 위 문장들에서는 별로 격조 있는 표현이 아니다. '크게 바꿀', '매우', '화내실' 정도라면 글의 품격을

살릴 수 있을 것이다.

참고문헌

김훈(2014), 『자전거여행』, 문학동네.

김종덕(2010), 『슬로푸드 슬로라이프』, 한문화.

이어령(1986), '이것이 한국이다', 『흙속에 저 바람 속에 제1부』, 문학사상사.

크리스 메르고글리아노(2005), 공양희 역, 『두려움과 배움은 함께 춤출 수 없다』, 민들레.

이재인·안남연 공저(1999), 『새소설학 강의』, 우석.

배상복(2006), 『글쓰기 정석』, 경향미디어.

윤용식 외(2005), 『글쓰기의 기초』, 한국방송통신대출판부.

김원일,(2016), '어둠의 혼', 『어둠의 혼.개미귀신』, SR&B(새로본닷컴).

이태준(2006), '까마귀', 『까마귀』, 문학과지성사

박태상(2000), '삶의 비극성이 가져다 준 깊이', 『한국방송통신대학술지논문집』29.

박일문(1996), 『장미와 자는법』, 문학수첩

조한혜정(1994), '보편성의 그늘에서 벗어나기', 『글 읽기와 삶 읽기2; 탈식민지 시대 지식 인』, 또하나의문화.

강준만(2003), 『대중문화의 겉과 속』, 인물과사상사.

글쓰기를 위한 문법 3

1. 글의 효과를 위한 문법적 선택
2. 문장의 구조와 맞춤법 점검
3. 문단 만들기

'맞춤법'이나 '언어 규범'은 표준적인 것과 표준적이지 않은 것을 구분하는 기준의 역할을 하지만, '문법'은 인간이 언어를 사용할 수 있는 능력, 혹은 언어의 형태와 의미가 어떤 식으로 관련되는지를 설명하는 것에 더 관심을 둔다. 문법은 우리가 글을 쓸 때 선택할 수 있는 적절한 패턴들의 집합을 의미한다.

제3장 글쓰기를 위한 문법

1 글의 효과를 위한 문법적 선택

많은 사람들이 '문법'은 언어 표현의 옳고 그름을 구분하게 해 주는 '규칙'이라고 생각한다. 하지만 문법을 반드시 언어 표현의 적절성을 판단하는 기준으로만 이해하는 것은 바람직하지 않다. '맞춤법'이나 '언어 규범'은 표준적인 것과 표준적이지 않은 것을 구분하는 기준의 역할을 하지만, '문법'은 인간이 언어를 사용할 수 있는 능력, 혹은 언어의 형태(표현)와 의미(내용)가 어떤 식으로 관련되는지를 설명하는 것에 더 관심을 둔다. 문법은 우리가 글을 쓸 때 선택할 수 있는 적절한 패턴들의 집합을 의미한다. 물론, 어떤 경우에 우리는 완전히 잘못되었다고 말할 수 있는 이상한 구조의 문장들을 보기도 한다. 하지만, 바른 글을 쓰는 것과 더 좋은 글을 쓰는 것은 서로 다른 층위의 활동이다.

> "올해 달성해야 될 것은 이것이다" 하는 것으로 정신을 차리고 나아가면 우리의 에너지를 분산시키고 해낼 수 있다는 그런 마음을 가져야 될 거라고 생각합니다.

예컨대, 위의 문장은 누가 봐도 올바른 문장이라 하기 어렵다. 이 문장이 정상적인 문장이 아니라고 판단할 수 있는 이유는 이 문장이 정상적인 사고를 담고 있지 않기 때문이다. "정신을 차리고 나아가면 에너지를 분산시키게 된다."라는 말은 논리적으로나 상식적으로 이해하기 어렵다. 정신을 차리면 정신적 에너지가 집중되는 것이 논리와 상식에 맞다. 또한 "해낼 수 있다는 그런 마음을 가져야 될 거라고 생각한다."라는 표현이 담고 있는 복잡함은 '해낼 수 있다는 마음을 가져야 한다.'처럼 고쳐서 보다 간결하고 명료하게 다듬을 수 있다. 이처럼 올바른 문장과 표현을 만들기 위해 알아야 할 내용은 11장에서 살펴보도록 하고, 이 장에서는 더 좋은 효과를 위한 선택의 문제에 대하여 알아보도록 하겠다.

많은 경우 우리는 어떤 생각을 표현할 때 어떤 언어의 형식을 선택할지 고민하게 되는데, 그것이 바로 실제로 글을 쓸 때 가장 많이 겪게 되는 어려움들이라고 할 수 있다. 글을 쓰는 사람 치고, 단지 자기가 쓴 글이 문법적으로 틀리지 않았다는 것만으로 만족하는 사람은 없을 것이다. 글을 쓰는 것이 무엇인지 아는 사람이라면 더 재미있고, 독자에게 관심을 불러일으키면서 효과적인 단어와 문법적 구조를 선택하기 위해 심혈을 기울인다.

활동 1 효과적인 표현 선택하기: ㄱ~ㄷ의 세 가지 표현들 중 하나를 선택해야 한다면 무엇을 고르겠는가? 다른 학생들과 함께 토론해 보자.

ㄱ 일하기 싫어증에 빠진 대한민국

ㄴ 일하기 싫어하는 대한민국

ㄷ 일하기 싫어하는 병에 걸린 대한민국

ㄱ~ㄷ의 세 가지 표현들 중에 어떤 것이 특별히 문법적으로 잘못되었다고 말하기는 어렵다. 다만, 세 가지 중에서 어떤 것을 선택하느냐에 따라서 글이 독자에게 주는 효과는 크게 달라질 수 있다. ㄱ은 '일하기 싫어증'과 '실어증'의 음운적 유사성에 착안하여 글쓴이가 전달하고자 하는 내용에 독자가 흥미를 느낄 수 있는 표현을 선택하였다. 그리고 '-에 빠진'이라는 은유적인 표현은 ㄴ의 직설적인 표현보다 생생하고 풍부한 이미지와 의미를 전달할 수 있다. 이처럼 문법적인 선택을 옳고 그름의 영역이 아닌 효과의 측면에서 탐구한다면, 자신만의 문법에 대한 지식을 글쓰기에 보다 적극적으로 활용할 수 있는 도구로 발전시켜 나갈 수 있게 될 것이다. 글쓰기의 과정을 세분화하면, 결국 집필의 과정에서 어떤 표현이나 구조적 패턴을 선택하느냐가 최종적인 글의 모습을 결정하게 된다. 따라서 글쓰기란 다양한 가능성 속에서 가장 좋은 선택을 만들어가는 과정이라고 해도 과언은 아닐 것이다. 그 선택은 단어와 관

용어와 같은 구, 문장, 그리고 문장 이상의 다양한 층위에서 복합적으로 이루어진다.

가장 적절한 단어 선택하기

전통적인 문법책들은 대부분 문법적인 구조를 분석하는 데 치중하며, 단어의 선택을 문법의 영역에서 잘 다루지 않는 경향이 있다. 하지만, 단어에 대한 지식도 인간의 언어 능력에 속하는 중요한 요소이며, 언어 표현을 선택할 때 고려해야 할 핵심적인 요인이기 때문에 중요하게 다룰 필요가 있다. 또한, 적절한 단어나 표현을 선택하는 능력은 좋은 작가가 갖추어야 할 필수적인 덕목이기도 하다.

언어의 형식, 즉 표현은 그것을 통해 나타내고자 하는 개념과 해석을 반영한다. '땅과 바다'라는 표현과 '대지와 바다'라는 표현 중 어떤 것이 더 적절한가? 이 선택은 글을 쓰는 이가 어떤 개념을 전달하고자 하느냐에 따라 달라질 수 있다.

활동 2 적절한 단어 선택하기: ㉠~㉤에서 어떤 것을 글의 제목으로 정하고 싶은가? 그 이유는 무엇인가?

㉠ 땅과 바다 ㉡ 대지와 바다 ㉢ 육지와 바다 ㉣ 뭍과 바다 ㉤ 토지와 바다

'땅', '대지', '육지', '뭍', '토지'는 모두 비슷한 의미의 단어들이지만 저마다 그 대상에 대한 관점과 해석의 차이를 내포하고 있다. '땅'이 '하늘'과 대조되는 틀에서 발생하는 개념이라면 '육지'는 '바다'와 대조되는 틀 속에서 존재하는 개념이라 할 수 있다. 또한, '육지'는 '섬'을 포함하지만, '뭍'은 일반적으로 '섬'이 아닌 '본토'를 나타낸다. '토지'는 소유의 대상이 되는 땅으로 인식되지만 '대지'는 대자연의 일부로 존재하는 땅의 의미로 인식될 가능성이 높다. 이처럼 유사한 의미를 가진 단어들이라 할지라도 그것이 불러일으키는 틀과 해석은 미묘한 차이를 발생시킬 수 있으므로, 글의 의미를 섬세하게 조정하기 위해 적절한 단어를 선택할 수 있는 능력을 키우는 것은 매우 중요하다.

다음 사진은 '루빈의 꽃병'으로 잘 알려진 형상을 최근에 3D 프린터로 다시 제작한 것이다. 이 한 장의 사진에서 어떤 사람은 서로 마주보고 있는 두 사람을 볼 수도 있고, 사람이 아

닌 꽃병을 볼 수도 있다. 이처럼 같은 것을 관점에 따라 다른 것으로 해석하는 것이 가능하기 때문에 같은 내용을 다룬 글이라도 글쓴이의 표현 방식에 따라 전혀 다른 개념과 해석을 전달할 수 있다.

물이 반쯤 담긴 컵을 보았을 때, 어떤 사람은 "컵에 물이 반이나 남았다"라고 말하는 반면, 어떤 사람은 "컵에 물이 반밖에 안 남았다"라고 말하는 경우가 있다. 동일한 대상에 대하여 전자는 긍정적 인식을, 후자는 부정적 인식을 표출하고 있는 것이다.

사람들은 대개 살아가면서 특정한 경험과 해석을 공유하게 되고, 이러한 과정을 반복하면서 고정관념의 두꺼운 틀을 다져나가게 된다. 하지만, 세상은 계속 변하고 있고 새로운 것을 요구하고 있으며, 새로운 관점을 필요로 하고 있다. 나이가 들면서 더 많이 새로운 것을 받아들이고 만들어내는 사람들이 있는가 하면 새로운 것들을 모두 거부하며 자신이 쌓아온 경험과 생각의 성에 갇혀 인생을 마감하는 사람들도 있는데, 글을 쓰는 것도 마찬가지다. 글을 창의적으로 쓴다는 것은 글을 통해 새로운 생각과 해석을 만들어낸다는 것을 의미한다. 이를 위해서는 관습에 매몰되지 않으면서 끊임없이 새로운 해석과 표현의 방법을 탐색하고 그런 노하우들을 관리하고 활용하기 위한 노력을 쉬지 말아야 한다.

'어린이'라는 단어가 지금은 모두에게 익숙하지만, 이 단어는 원래 어린 사람을 가리키는 마땅한 말이 없다는 것을 안타깝게 여긴 소파 방정환 선생이 처음으로 만든 말이다. 옛날의 어린이는 지금처럼 보호와 관심의 대상이 아니었기 때문에 '어린이'라는 말이 만들어지기 전까지 '아해', '어린놈', '애새끼'처럼 어감이 좋지 못한 표현들이 사용되는 경우가 많았다. 언어는 단순한 기호일 뿐만 아니라 정신적인 실체이자 실체에 대한 이해를 어느 정도 결정해 주는 역할을 한다. '어린이'에 대해 어떤 표현을 쓰느냐에 따라서 그 대상에 대한 실제의 이해는 크게 달라지고, 그것이 나중에는 어린이를 대하는 태도에도 영향을 줄 수 있다. 우리는 5세~9세 사이의 아이를 볼 때 주로 어떤 표현을 쓰고 있는지 한 번 생각해 보자.

활동 3 다음 글에서 '어린이'를 더 적절한 다른 표현으로 바꿀 수 있는지 생각해 보자.

생명은 어릴수록 귀엽고 아름답다.
어린이는 신이 만든 최고의 작품이다.
어린이는 미美의 극치요 아름다움의 정상이다.
어린이의 맑은 눈동자는 수정처럼 아름답다.
어린이의 고사리 같은 손은 볼수록 귀엽다.
어린이의 부드러운 피부를 보라, 희고 연하고 따뜻하고 보드랍다.
어린이가 평화스럽게 잠자는 모습은 흡사 어린 천사와 같다.
어린이의 맑은 웃음 속에는 아름다운 천국의 표정이 있다.

> 눈에 넣어도 조금도 아플 것 같지 않은 그 귀여운 모습.
> 소꿉장난에 일심분란一心不亂으로 열중하는 어린이의 정열.
> 자유자재로 상상화를 그리는 어린이의 분방한 천재성.
> 어린이는 분명히 신神의 귀여운 자녀다.
> 세상에 동안童顔처럼 좋은 얼굴이 없다.
> 동안은 아무리 보아도 물리지 않는다.
> 어린이는 아직 더러운 때가 묻지 않았고,
> 죄와 악의 어두운 그림자가 끼지 않았다.
>
> – 안병욱의 수필 〈어린이 예찬〉 중에서

같은 헤어짐이지만, '이별'과 '작별', '고별', '석별', '결별' 등이 불러일으키는 경험의 틀은 서로 다르다. '작별'은 인사를 나누고 헤어지는 상황을 떠오르게 하지만, '고별'은 작별이 보다 공식적으로 이루어지는 상황을 불러일으킨다. 또한 '석별'은 헤어짐에 대해서 당사자들 서로가 애틋한 감정을 가지고 있음을 알려주고, '결별'은 의도적으로 철저히 관계를 끊은 심각한 상황을 떠올리게 한다.

활동 4 '석별', '결별', '고별', '이별', '작별' 중에서 다음 ㉠~㉢의 ( )에 들어갈 적절한 단어를 골라보자.

㉠ 1999년 빅딜 이후 사실상 전경련에 발을 끊었던 구본무 회장이 ( )을 택했다.
㉡ 향기로운 새 날을 위하여 ( )의 잔을 든다.
㉢ 제8대 유엔 사무총장직에서 12월 31일 10년 만에 퇴임하는 반기문 유엔 사무총장은 12월12일 미국 뉴욕 유엔본부에서 열린 유엔총회에서 193개 회원국을 상대로 ( )연설을 했다.

단어의 선택은 해석과 태도를 결정짓는 데서 그치는 것이 아니라, 사회적 차별이나 편견을 불러일으키고 고착화시키는 요인이 될 수도 있기 때문에 단어의 선택에 대한 각별한 인식이 요청되는 경우들이 있다. 이와 관련된 한 가지 예를 살펴보면, 한때 장애우권익문제연구소를 중심으로 '장애우障碍友'라는 용어가 널리 퍼졌으나, 이 용어는 1인칭으로 쓸 수 없다는 문제가 제기되었으며, 단어 자체의 뜻이 장애인에 대한 시각을 제한한다는 비판이 제기되기도 했다. 장애인차별금지추진연대 대표인 박김영희는 JTBC와의 인터뷰에서 "장애우는 장애인을 타

자화하는 것이다. 누구의 친구라고 불리는 게 아니라 존재를 분명히 밝히고 장애를 가진 사람으로서의 정체성을 가지기 위해서 '장애우'가 아니라 '장애인'으로 불려야 한다."라고 밝힌 바 있다. 또한 한국장애인단체총연합회에 따르면 장애인들은 '장애우'를 '장애인'이라는 용어보다 훨씬 싫어한다.

활동 5 다음 자료는 차별적 언어 표현을 고친 예들이다. 이와 같은 변화를 요청하는 이유가 무엇인지 생각해 보자.

정신 지체 (X) ☞ 지적 장애 (O)
간질병자 (X) ☞ 뇌전증 환자 (O)
불구자 (X) ☞ 신체장애인 (O)
장님, 소경, 애꾸눈, 외눈박이, 사팔뜨기 (X) ☞ 시각장애인 (O)
병신, 앉은뱅이, 외팔이, 난쟁이, 절름발이, 불구 (X) ☞ 지체장애인 (O)
귀머거리, 벙어리 (X) ☞ 청각장애인 (O)
정상인 vs 비정상인 ☞ 장애인 vs 비장애인

활동 6 다음 자료가 차별적 언어 표현인지 생각해 보고, 차별적 언어 표현인 경우 어떻게 고치면 좋을지 토론해 보자.

개미허리, 명품복근, 성형녀
된장녀, 홀아비, 김여사
처녀작, 처녀항해, 처녀비행
집사람, 안사람, 바깥양반
다소곳하다, 가녀리다, 앙칼지다

보다 정확하고 효과적인 표현을 위해, 더 나아가서 타인의 인격과 품위를 존중하고 사회적인 공정성을 실현하기 위해 적절한 단어를 선택하는 힘을 기르는 것은 매우 중요하다고 할 수 있겠다.

효과적인 비유 활용하기

은유를 포함한 비유적인 표현은 문학적인 글에만 사용되는 것이 아니라 일상적인 의사소통에서도 광범위하게 사용될 수 있다. 과거에는 비유적인 표현이 의미 전달의 정확성을 훼손시키거나 왜곡시킨다는 우려가 있었지만, 최근에는 인간의 사고와 의사소통 방식이 본질적으로 비유적이라는 주장이 설득력을 얻어가고 있다. "이별의 시간이 다가오고 있다."와 같은 시간적 개념은 공간적인 이동에 기대지 않고 표현하거나 생각하는 것이 불가능하다. 분자생물학 분야에서도 DNA와 관련된 다양한 개념들을 정보, 신호 전달, 번역, 편집과 같은 은유적인 개념에 기대어 표현하고 있다. 만약 비유적인 표현을 금지한다면 의사소통은 더 정확해지는 것이 아니라 의사소통의 가능성이 제약되는 결과가 초래될 것이다.

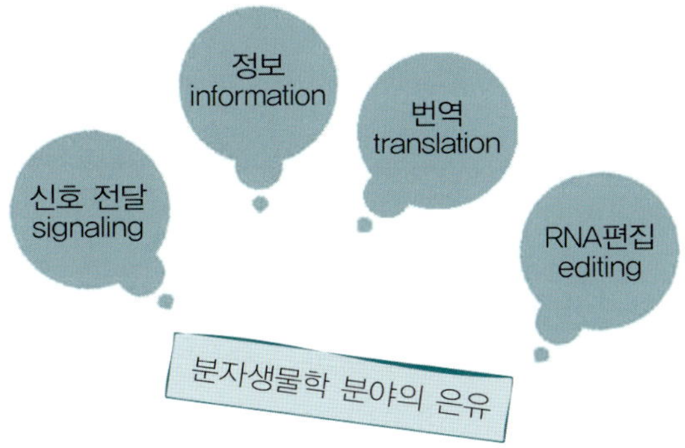

활동 7 다음 표현들이 사용하고 있는 은유적 표현들의 효과가 무엇인지 생각해 보자.

ㄱ 울타리가 농장을 돌아 집까지 달려간다.

ㄴ 고속도로가 산을 자르고 지나간다.

ㄷ 통증은 대퇴 전면부를 따라 내려가 하퇴를 거쳐 발바닥까지 퍼지며

ㄹ 찌가 슬그머니 잠겨드는 걸 보고 낚싯대를 챘더니 '덜컥!' 바늘이 박히는 느낌이 온몸으로 퍼졌다.

ㄱ은 울타리가 실제로 농장을 돌아 이동하면서 움직인다는 것을 뜻하지 않는다. 하지만 울타리를 보는 사람의 시선이 그런 움직임을 경험하기 때문에 이와 같은 가상적인 이동은 자연

스럽게 느껴진다. ㉡도 마찬가지다. 고속도로는 실제로 공간 이동을 하지 않지만, 고속도로를 관찰하는 우리의 눈은 고속도로를 따라 움직이며 그것이 마치 산을 자르는 것처럼 느끼게 된다. ㉢과 ㉣처럼 통증이나 느낌도 마치 몸을 관통하며 이동하는 물질처럼 개념화된다.

활동 8 비유를 사용하여 다음 예문들의 표현 효과를 살려 다시 써 보자.

㉠ 참을 수 없는 고통이 온몸에 느껴졌다.
㉡ 오래된 철길이 벌판의 이쪽 끝과 다른 끝을 연결하고 있다.
㉢ 강물 위에 다리가 놓여 있다.
㉣ 김 비서는 매우 명석한 두뇌와 정확한 기억력을 소유하고 있다.

은유는 우리에게 익숙하거나 시각과 청각 등을 통해 쉽게 지각할 수 있는 개념에 기대어 생소하거나 지각하기 어려운 대상을 이해하기 쉽게 만들어준다. 그러므로 은유는 어떤 목표 개념을 더 쉽고 정확하게 이해할 수 있는 지름길을 열어주기도 하지만, 대상의 본질에 대한 왜곡을 발생시킬 수도 있다. 흔히 인간의 두뇌를 컴퓨터에 비유하곤 하지만, 컴퓨터는 기본적으로 모든 것을 기호로 표시하는 정확성이 높은 저장 장치 덕분에 이진법과 알고리즘을 사용하여 반복적이고 정확한 연산을 빠르게 수행하는 반면, 인간은 기호가 아닌 신체의 경험과 유연한 기억을 사용하여 직관적이고 창의적인 사고를 수행한다. 따라서 바둑이나 체스와 같은 경우의 수를 다루는 게임에서는 컴퓨터가 유리하지만, 그 외의 영역에서 컴퓨터와 인간은 비교하기 어렵다. 구글은 2012년 유튜브 영상 1,000만 개를 통해 강화학습을 거친 고성능 컴퓨터에게 동영상이 고양이 얼굴인지 아닌지를 식별하도록 학습시켰지만, 컴퓨터는 뇌 역할을 하는 중앙처리장치(CPU) 1만6000개를 활용해 약 75%의 정확도 밖에 달성하지 못했다. 컴퓨터는 엄청난 속도의 연산 능력을 가지고 있지만, 경우의 수를 다루는 영역 밖에서는 고양이와 개를 구분하는 간단한 작업도 제대로 처리하지 못하는 것이다. 그러므로 "김 비서는 고성능의 CPU를 탑재하고 있다"와 같은 은유는 컴퓨터와 다른 특성을 가진 인간의 능력을 왜곡하거나 은폐시키는 부작용을 낳을 수도 있다.

활동 9 다음 글에 사용된 은유적 표현들을 모두 찾아보고, 그것이 적절한 효과를 발생시키고 있는지 평가해 보자.

> 잘 닦은 잿빛 눈동자가 불만을 보였다. 소름이 달렸던 자리로 솜털이 바짝 일어섰다. 찬수는 간신히 평소처럼 웃었다. 언젠가부터 묘한 연민이 새어나오기 시작한 눈을 거울처럼 마주하고 있는 영수의 눈에 접속시켜 두었다. 영수는 말을 삼켰다. 목구멍 어딘가에 깔깔한 느낌이 들러붙어 불편하게 했다. 하지만 핏기가 가셔 거의 새까매진 얼굴을 마주하고 있으니 아무런 말도 뱉을 수가 없었다. 마지못해 건넨 말에 희미한 안도가 피었다.

활동 10 다음 자료에서 은유적으로 사용되는 바둑 용어들을 찾아보고, 바둑 용어를 사용한 문장을 만들어 보자.

> ㄱ 김 의원은 사드의 국내 배치 결정에 대해 "정부의 패착이자 실수"라며 반대 입장을 분명히 밝혔다.
> ㄴ 아무리 머리를 쥐어짜도 인구 문제를 해결할 묘수가 없다.
> ㄷ 강물 위에 다리가 놓여 있다.
> ㄹ 김종민은 "녹차라떼 녹차 빼고 주세요"라는 무리수 개그를 투척했다.

글쓰기를 위한 문법

연습 1 적절한 어휘와 효과적인 비유를 사용하여 다음의 장면들을 묘사해 보자.

고속도로 무료통행 직후 중국의 고속도로 톨게이트

인도네시아의 화산재

필리핀의 감옥

표현의 해상도 조절

일반적으로 우리는 해상도가 높은 영상을 선호한다. 해상도가 높은 TV나 스마트폰이 잘 팔리는 이유다. 글에도 해상도가 있다. 어떤 부분을 더 상세하게 기술할수록 더 현장감과 생동감이 커지기 때문에, 상황에 맞는 적절한 수준의 상세함을 만들어내는 방법을 알아둘 필요가 있다.

'딸기 주스'는 '주스'보다 상세성이 높고, '주스'는 '음료수'보다 상세성이 높다. 또한, '달리다', '기다' 등은 '움직이다'보다 상세성이 높다. 또한 '손가락'은 '손'보다, '손'은 '팔'보다 좁은 범위를 나타낸다. 상세성과 범위 수준의 차이는 수사학적으로 다른 효과를 발생시킨다. ㉠과 ㉡은 똑같은 장면을 묘사한 두 개의 다른 표현이지만, ㉠은 ㉡에 비해 대상이나 행동에 대한 묘사의 상세성이 더 높고, 더 미세한 범위를 다루고 있어 현실감을 높여준다.

> ㉠ 그녀는 튤립 모양의 잔을 긴 손가락으로 감싸듯 잡은 채로 부르고뉴 레드를 홀짝였다.
> ㉡ 그녀는 손으로 잔을 붙잡고 포도주를 마셨다.

활동 11 Ⓐ와 Ⓑ는 코넌 도일의 소설 '바스커빌 가의 사냥개'의 한 장면을 원작과 약간 다르게 고친 글이다. Ⓐ와 Ⓑ 중에서 어느 것이 원작에 가깝다고 생각되는가? Ⓐ와 Ⓑ 중에서 어느 것이 더 현장감을 높여주고 있으며 그 원인은 무엇이라고 생각되는가?

Ⓐ

㉮ 홈즈는 의자에 등을 기대고 주저앉더니 손가락 끝을 맞대며 할 수 없다는 듯이 눈을 감았다. 모티머 의사는 서류를 밝은 쪽으로 돌리고서, 떨리는 높다란 목소리로 다음과 같은 괴상한 옛날이야기를 읽기 시작했다.

㉯ 공포에 짓눌린 그녀는 드디어, 어떤 용감하고 민첩한 사내라 할지라도 주저할 만한 일을 감행했다. 즉 남쪽 벽을 덮고 있던–지금도 덮고 있는–담쟁이덩굴을 타고 처마 밑으로 해서 내려와 집 쪽으로 달려간 것이다. 바스커빌관에서 그녀 아버지의 농원까지는 15킬로미터나 떨어져 있었는데 그 사이엔 황무지가 있었다.

㉰ 그러나 이 악마도 무서워하지 않는 세 주정꾼들의 머리끝을 쭈뼛하게 한 것은 처녀의 시체도 아니요, 그 옆에 쓰러져 있는 휴고 바스커빌의 시체도 아니었다. 형태는 사냥개이면서도 이 세상의 어떠한 사냥개보다도 덩치가 큰 새까만 짐승이 휴고의 시체를 내려다보며 그의 목구멍을 물어뜯고 있는 것을 보았기 때문이었다. 그리고 그 짐승이 이글거리는 눈과 피가 뚝뚝 떨어지는 턱을 그들에게 돌렸을 때, 그들은 공포의 외마디 소리를 지르고 죽을힘을 다하여 비명을 지르며 황무지로 도망쳤다.

글쓰기를 위한 문법

Ⓑ

㉮ 홈즈는 의자에 앉더니 할 수 없다는 듯이 눈을 감았다. 모티머 의사는 떨리는 목소리로 다음과 같은 괴상한 옛날이야기를 읽기 시작했다.

㉯ 공포를 느낀 그녀는 드디어, 아주 용감한 일을 감행했다. 즉 남쪽 벽을 덮고 있던 어떤 덩굴을 타고 내려와 집으로 달려간 것이다. 바스커빌관에서 그녀 아버지의 농원까지는 15킬로미터나 떨어져 있었는데 그 사이엔 황무지가 있었다.

㉰ 그러나 이 세 주정꾼들의 머리끝을 쭈뼛하게 한 것은 커다란 사냥개였다. 덩치가 큰 새까만 짐승이 휴고의 목구멍을 물어뜯고 있는 것을 보았기 때문이었다. 그리고 그 짐승이 그들에게 고개를 돌렸을 때, 그들은 비명을 지르며 황무지로 도망쳤다.

활동 12 다음 글을 상세성이 더 낮은 글과 상세성이 더 높은 글로 고쳐 보고, 그 결과 어떤 효과가 발생하는지 이야기해 보자.

어느 날, 동물원장인 내 친구와 조련사 등 동물원 식구들은 초조한 기색으로 사자 우리 앞을 서성이고 있었다. 암사자의 출산이 임박해 있었기 때문이다. 출산의 고통으로 암사자는 성난 발톱과 어금니를 드러내며 울부짖었고, 종종 쇠창살 밖의 인간들을 향해 격렬하게 돌진했다. 사자가 몸을 날려 쇠창살에 부딪칠 때마다 동물원에 울려 퍼지는 쩡쩡거리는 무서운 쇳소리는 동물원의 모든 사람들을 공포의 도가니에 몰아넣기에 충분했다.

활동 13 다음 글의 상세성 수준을 조정하여 현실감이 높아지도록 고쳐 보자.

날씨가 흐린 어느 날, 은행에서 돈을 찾아 밖으로 나오던 김 박사는 문밖에서 기다리고 있던 강도에게 돈을 빼앗기고 오른쪽 어깨와 손목에 자상을 입는 전치 3주의 부상을 입었다.

적절한 문법적 범주와 구조 선택하기

글을 쓸 때 어떤 문법적 범주를 선택하느냐에 따라 실체와 실체들 간의 관계가 부각되는 방식이 달라질 수 있다. 예컨대, 동사인 '폭발하다'는 사건이 발생하는 과정을 부각시키는 반면, 명사인 '폭발'은 사건의 분리성과 개별성을 부각시킨다.

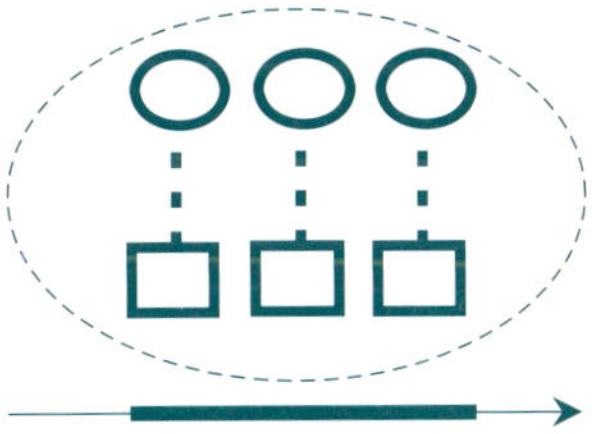

ⓐ 동사

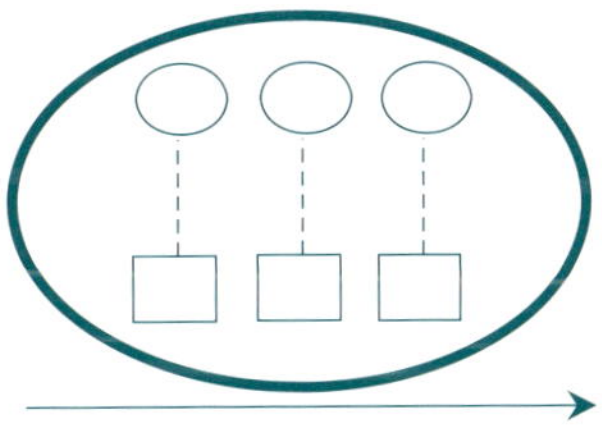

ⓑ 명사

아래의 예문 ㉠, ㉡에서 사건을 동사로 표현한 문장과 명사로 표현한 문장의 효과를 비교해 보자. 명사는 지시 사건을 전체 사건을 시간의 흐름에 따라 전개되는 과정으로 파악하지 않고 분리된 하나의 고정된 대상으로 파악하게 하는 효과를 만든다. 따라서 '김 씨의 출근'은 김 씨가 출근했다는 사실에 독립적인 가치를 주고 그것을 부각시킨다.

> ㉠ 사고 직후 김 씨가 출근해서 사람들을 놀라게 했다.
> ㉡ 사고 직후 김 씨의 출근은 사람들을 놀라게 했다.

또한 아래 예문에서 '그대가 여기 있음'과 같은 명사화는 사건을 분리된 대상으로 부각하여 그것의 독립적인 가치에 대한 인식을 증폭시킨다.

> ㉠ 그대가 여기 있어서 얼마나 기쁜지 모르겠다.
> ㉡ 그대가 여기 있음이 얼마나 큰 기쁨인지 모른다.

글쓰기를 위한 문법

다음의 ㉠, ㉡처럼 문장을 용언으로 끝마치는 것과 명사로 마무리하는 것 역시 수사학적으로 다른 효과를 유발한다.

> ㉠ 무능한 인간 밑에서 살아가는 개가 충격적인 고백을 한다. 그 개는 태어나고 얼마 되지 않아 머리가 둥근 아이에게 입양되었다고 한다.
>
> ㉡ 무능한 인간 밑에서 살아가는 개의 충격 고백… 태어나고 얼마 되지 않아 머리가 둥근 아이에게 입양되었다.

㉠에서 두 문장이 동등하게 순차적으로 해석되는 것과 달리, ㉡의 후반부에는 바로 이어지는 고백의 내용이 나올 수 있다. ㉡의 명사 '고백'은 이어지는 독백에 의해 그 내용이 구체적으로 밝혀진다. 그로 인해 ㉠의 두 번째 문장에는 간접 인용법이 사용되었고 ㉡에는 인용법이 사용되지 않았다. 이는 인용법이 사용되지 않고도 고백한 내용에 직접 접근하게 해주는 징검다리의 역할을 '고백'이라는 명사가 제공하고 있기 때문이다.

우리는 여기서 문장을 동사나 형용사로 끝맺는 것과 명사로 끝맺는 것이 어떤 효과의 차이를 가져오는지 살펴보았는데, 이는 어떤 문법 범주를 선택하느냐에 따라서 다른 효과가 나타난다는 것을 보여주는 수많은 예들 중 하나일 뿐이다.

활동 14 다음 글의 첫 번째 문장 종결부를 명사로 바꾸어 보고 어떤 효과가 생기는지 이야기해 보자.

> 길고긴 2차 세계대전이 끝나고 마침내 독일이 패망했다. 독일의 과학기술과 무기 제조기술은 소련과 미국을 거쳐 유럽과 세계로 퍼져나가게 되었다.

글쓰기의 효과를 위해 문장 구조를 선택할 때 무엇을 주어, 혹은 화제로 선택하느냐는 가장 중요한 문제라고 할 수 있다. 아까 '루빈의 꽃병'을 통해 본 것처럼, 하나의 문장도 더 중요하게 부각되는 부분과 그것의 배경으로 물러나 주변적인 역할을 하는 부분으로 나누어질 수 있다. 일반적으로 주어는 그 문장에서 가장 중요하다고 여겨지는, 부각되는 부분을 나타낸다. 아래 제시된 세 개의 문장 ㄱ~ㄷ은 주어로 선택된 부분이 서로 다르지만 같은 비슷한 내용을 가지고 있다.

> ㄱ 우리 민족이 이처럼 훌륭한 역사와 문화를 발전시킬 수 있었던 원동력은 무엇일까?
>
> ㄴ 무엇이 이처럼 우리 민족이 훌륭한 역사와 문화를 발전시킬 수 있었던 원동력이 되었을까?
>
> ㄷ 이처럼 훌륭한 역사와 문화가 우리 민족의 것이 될 수 있게 해준 원동력은 무엇일까?

ㄱ에서는 '우리 민족', ㄴ에서는 '무엇', ㄷ에서는 '이처럼 훌륭한 역사와 문화'가 가장 관심을 받는 요소로 부각되어 주어로 선택된 것이다. 일반적으로 한 편의 글은 여러 개의 문장이 이어져서 만들어지기 때문에 각각의 문장이 주어로 무엇을 선택하는지는 글의 전체 요소들을 퍼즐 조각처럼 구성하고 연결하는 데 매우 중요한 요인이 된다.

활동 15 다음 글의 (　　)에 들어갈 알맞은 문장의 구조는 ㄱ~ㄷ 중에서 어떤 것인가?

> 보통 커피를 마시면 잠이 달아난다고 한다. (　　　　　　　　　　　　　　　　　　).
> 이것은 몸에 좋지 않다. 생체의 에너지 생성 회로에 필요 이상으로 자극을 주어 일시적으로 원기가 생기는 것에 불과하기 때문이다. 심장의 근육에 부하가 걸려 부정맥을 초래할 수 있으며 또한 에너지를 과잉 생산하기 때문에 흥분이 가라앉으면 피로를 느끼게 된다.

ㄱ 카페인에 중추신경을 흥분시키는 성분이 있기 때문이다.
ㄴ 중추신경을 흥분시키는 성분이 카페인이기 때문이다.
ㄷ 중추신경은 카페인의 성분에 의해 흥분되기 때문이다.

피동은 문장에서 부각되는 요소인 전경과 배경을 역전시켜 문장의 구조를 전환시켜 주는 효율적인 문법적 선택의 하나이다. '사자가 코끼리를 물었다.'라는 문장은 '사자'에 일차적인

글쓰기를 위한 문법

관심을 둔 것인데, 코끼리를 더 부각시키기 위해서는 '코끼리가 사자에게 물렸다'라는 피동표현을 선택하면 된다.

ⓐ

ⓑ

행위의 주체보다 행위를 입는 대상이 더 많은 관심을 받아 주어로 선택된 것을 피동이라 한다. '모기가 철수를 물었다.'는 ⓐ처럼 모기가 화자의 일차적인 관심을 받는 경우에, '철수가 모기에게 물렸다.'는 ⓑ처럼 철수가 화자의 일차적인 관심을 받는 경우에 적절히 사용될 수 있다.

– 정병철(2016), "동기화에 기초한 피동 표현의 교육 내용 연구", 『청람어문교육』 57, 166.

동사 어근에 '-이-, -히-, -리-, -기-' 가 붙어 만들어진 피동문은 '-어지다'가 붙어 만들어진 피동문과 의미 차이가 있다. 아래의 ㉠처럼 '-이-, -히-, -리-, -기-'가 붙어 만들어진 피동문은 주어가 아무런 행위의 의지를 나타내지 않지만, ㉡과 같은 '-어지다' 피동은 주어의 의도가 개입된 행위를 나타낼 수 있다.

㉠ 철수가 나뭇가지에 긁혔다. / *긁어졌다.
㉡ 철수는 팔이 길어서 등이 잘 긁어졌다. / *긁혔다.

또한, '-게 되다' 피동은 외부의 영향에 의해 발생하는 상태의 변화를 나타내는 데 적절하게 사용된다.

식물을 키우는 사람은 익히 아는 사실이지만, 식물은 시들기 전에 정기적으로 물을 줘야 한다. 시들고 난 뒤에 물을 줘도 원기를 회복하지만 그런 일이 되풀이되면 점점 식물은 약해져서 결국은 말라 비틀어져서 죽게 된다.

술을 마시면 날숨을 통해 알코올이 배출되며 이에 따라 호흡할 때마다 목과 코의 점막에서 수분이 증발하게 된다.

다양한 피동의 방식들은 형식에 따라 의미가 다르기 때문에 미묘한 의미의 차이를 잘 드러낼 수 있도록 적절하게 선택되어야 한다.

2 문장의 구조와 맞춤법 점검

글이 필자의 생각을 정확하게 표현하기 위해서는 적절한 구조를 가지고 있어야 한다. 언어는 형태와 의미의 결합체이기 때문에, 먼저 문장이 올바른 구조를 갖추고 있어야 그 문장으로 적절한 내용을 전달하는 것이 가능해진다. 건강한 몸에 건강한 정신이 담길 수 있는 것과 같이, 적절한 문장 구조를 만들 줄 아는 능력은 필자의 생각이 왜곡 없이 잘 담긴 글을 쓰기 위해 기본적으로 요청되는 덕목이다. 그리고 띄어쓰기를 포함한 맞춤법도 독자가 글의 내용을 빠르고 정확하게 이해할 수 있게 해주는 글쓰기의 기본 요건이다.

활동 1 아래 광고의 문장에서 잘못된 점이 무엇인지 찾아보고, 적절하게 고쳐 보자.

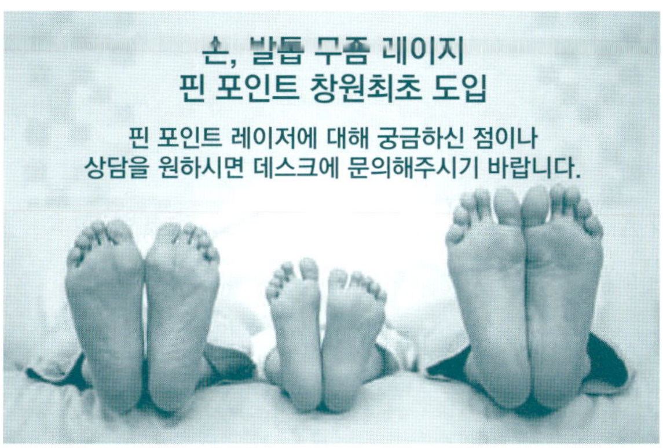

문법적으로 어느 정도 예민한 감각이 있는 사람이라면, 이 광고에서 이상한 부분을 금방 찾아낼 수 있을 것이다. 첫째, '창원최초'라는 표현은 띄어쓰기를 적용하여 '창원 최초'라고 고쳐쓰는 것이 맞다. '창원 최초'는 한 단어가 아니기 때문이다. 둘째, "핀 포인트 레이저에 대해 궁금하신 점이나"는 "핀 포인트 레이저에 대해 궁금한 점이 있으시거나" 정도로 고쳐쓸 필요가 있다. 고치기 전의 문장은 '궁금한 점'과 관련된 적절한 서술어가 들어 있지 않아 문장이 불완전하게 마무리되었기 때문이다.

문장 성분과 서술어의 관계가 적절한지 점검하기

올바른 구조의 문장을 쓰기 위해서는 언제나 문장 성분과 서술어의 관계가 잘 맺어져 있는지 점검하는 습관을 지닐 필요가 있다. 보통 한 문장에는 하나 이상의 서술어가 있으며, 그 서술어는 주어, 목적어, 보어, 부사어와 같은 다양한 문장 성분과 적정한 관계를 맺으며 결합한다. 예를 들어, '먹다'라는 서술어에는 주어인 '먹는 사람', 목적어인 '먹는 음식'이 적절하게 결합되어야 한다. 하지만, 글을 쓸 때 문장 성분들 간의 관계를 적절하게 표시하지 못하여 어색한 문장이 만들어지게 되는 경우가 적지 않다. 이런 오류는 무심코 글을 쓸 때 실수로 생기기도 하지만, 평소에 문장 성분들 간의 관계를 제대로 살피지 않거나 그 관계를 정확하게 파악하는 통찰력이 없어서 반복적으로 발생하기도 한다.

활동 2 다음 문장에서 문장 성분 간의 관계가 어색한 부분을 찾아 올바르게 고쳐 보자.

> 이렇듯 오토파지는 다양한 질병과 연결되어 있으며 오토파지 기능 개선만으로도 질환 호전 및 치료 가능성이 입증되면서 오토파지 작동 기전을 표적으로 하는 약물들을 개발하기 위해 많은 과학자들과 기업들이 연구를 진행하고 있다.

위 문장에서 '오토파지 기능 개선만으로도 질환 호전 및 치료 가능성이 입증되면서'는 '오토파지 기능 개선만으로도 질환 호전 및 치료가 가능하다는 것이 입증되면서'로 고쳐야 한다. 서술어 '입증되면서'에 알맞은 주어, 즉 입증된 내용은 '오토파지 기능 개선만으로도 질환 호전 및 치료가 가능하다는 것(사실)'이기 때문이다.

활동 3 다음 문장에서 서술어와 문장 성분 간의 관계가 잘못된 부분을 모두 찾아서 바르게 고쳐 보자.

> 국가는 청소년 게임 중독 상담소를 운영 확대하는 것이, 가정에서는 자녀에 대한 더 많은 관심이 이 문제의 해결점이 될 수 있을 것으로 본다.

활동 3의 문장에서는 '상담소를 운영 확대하는 것'과 '자녀에 대한 더 많은 관심'이 하나의 서술어와 관련된 대등한 두 개의 주어인데, 두 주어의 형식과 내용이 서로 너무나 이질적이다. 두 번째 주어를 '자녀에게 더 많은 관심을 베푸는 것'으로 바꾸면 두 주어의 형식과 내용이 비슷해진다. 그리고 이 문장의 서술어인 '본다'는 주어와 적절히 호응할 수 있도록 피동표현인 '보인다'로 고쳐야 할 것이다.

글쓰기를 위한 문법

활동 4 다음 문장에서 서술어와 문장 성분 간의 관계가 잘못된 부분을 모두 찾아서 바르게 고쳐 보자.

> 부모는 아이들의 사고 능력 발달이나 적성, 또는 재능의 발견을 위하여 노력한다.

활동 4의 예문에서는 서술어 '위하다'의 목적어인 '사고 능력 발달'과 '적성, 또는 재능의 발견'이 서로 이질적이다. 사고 능력 발달은 그 주체가 '아이들'이지만, 적성이나 재능을 발견하는 것은 그 주체가 부모이기 때문이다.

활동 5-1 다음 문장들을 밑줄 친 부분과 서술어의 관계에 유의하여 바르게 고쳐 보자.

> 박찬호 선수의 국내 복귀에 대해 이야기 하려고 모인 자리에서 모든 구단장들이 프로야구의 흥행과 박찬호 선수의 업적이 있으므로 특별법을 제정해야 한다는 입장을 밝혔습니다.

활동 5-2

> 이렇게 정부는 이 지표에 따라 우리나라를 물 부족 국가로 단정짓고 이 지표의 유용성에 대한 많은 문제 제기가 있었다.

불필요하게 중복되는 표현 피하기

글에서 같은 단어나 형태가 중복되는 것은 가급적 피하는 것이 좋다. 다음 글을 보면 '실시간으로'와 '인터넷으로'에 조사 '으로'가 두 번 반복되었다. 여기서 조사 '으로'는 의미상으로는 적절하게 쓰였지만, 한 문장에 두 번 반복되었기 때문에 어색한 느낌을 준다. 각각의 언어표현은 서로 다른 의미를 전달하고자 하는 동기로 사용되기 때문에 동일한 표현의 반복은 독자에게 혼란과 피로감을 줄 수 있다.

> 국민건강보험공단과 같은 기관에서 실시간으로 전화나 인터넷으로 상담을 해줄 수 있는 사이트를 개설하여 소비자들의 상태를 확인해 준다면 소비자들은 더 옳은 판단을 할 수 있게 될 것이다.

다음은 앞의 글을 동일한 표현이 반복되지 않도록 고친 것이다. '실시간으로'를 '실시간'으로 바꾸고 위치를 배열함으로써 문장이 더 자연스러워졌다.

> 국민건강보험공단과 같은 기관에서 전화나 인터넷으로 실시간 상담을 해줄 수 있는 사이트를 개설하여 소비자들의 상태를 확인해 준다면 소비자들은 더 옳은 판단을 할 수 있게 될 것이다.

활동 6 동일한 표현이 반복되는지에 유의하여 다음 문장을 적절하게 고쳐서 써 보자.

> 이에 반해 반대측은 일반의약품이 시중 판매되면 의약품 오남용 문제가 발생할 수 있고, 이에 따른 부작용에 관한 문제가 발생할 수 있다고 주장한다.

글쓰기를 위한 문법

활동 6의 예문에서는 '문제가 발생할 수 있-'이라는 표현이 불필요하게 반복되고 있다. 뿐만 아니라 '부작용에 관한 문제'에서 '에 관한'이라는 표현이 부정확하게 사용되었으므로, 이것을 '와 관련된'으로 고치는 것이 좋다.

활동 7-1 동일한 표현이 반복되는지에 유의하며 다음 문장들을 적절하게 고쳐 보자.

실제로 몰디브와 같이 해수면 아래로 나라가 잠겨 사라질 위기에 처한 나라들이 있다.

활동 7-2

어린이에게 '지식' 그 자체보다 '지식을 어떻게 얻는가?'를 가르쳐 주는 것이 아이의 미래를 위한 것이 될 것이다.

활동 7-3

원전의 사고의 발생 가능성이 낮아졌다고 해서 사고가 발생하지 않으리라는 보장은 없다.

활동 7-4

이로 미루어 보았을 때, GMO 식품이 우리에게 미치는 영향이 좋지 않을 것이라는 것을 알 수 있다.

구성 요소들을 적절하게 배열하기

글을 쓸 때는 문장 성분들 간의 올바른 관계를 고려하는 것도 중요하지만 문장을 구성하는 요소들 간의 배열이 적절한지도 꼼꼼히 확인해 보아야 한다. 다음 글을 보면 문장 성분들 간의 관계가 잘못된 것 같지는 않은데 무언가 쉽게 이해되지 않고 어색한 느낌이 든다. 그것은 바로 구성 요소들 간의 배열이 자연스럽지 않기 때문이다.

> 온난화론자들은 이러한 현상들이 인간 활동에 의해 지구 온난화가 가속화되어 발생한다고 주장하는 반면 반온난화론자들은 인간 활동과 지구 온난화는 무관하다고 주장한다.

앞의 예문에서 '인간 활동'은 '지구 온난화의 가속화'의 원인이고 '지구 온난화의 가속화'는 '이러한 현상들'의 원인이기 때문에 '인간 활동 → 지구 온난화 → 이러한 현상들'의 일관성 있는 흐름으로 원인과 결과를 배열하는 것이 더 자연스럽다. 다음은 이러한 점을 고려하여 위의 예문을 수정한 것이다.

> 온난화론자들은 인간 활동에 의해 지구 온난화가 가속화되어 이러한 현상들이 발생한다고 주장하는 반면 반온난화론자들은 인간 활동과 지구 온난화는 무관하다고 주장한다.

활동 8-1 구성 내용들 간의 적절한 배열 관계를 고려하여 다음 문장들을 고쳐 보자.

> 이에 반대하는 사람들이 생각하는 지구 온난화의 원인은 위 내용으로부터 기후 변동 주기라는 것을 알 수 있다.

활동 8-2

> 동화책보다 영어책이나 수학책 같은 각종 아이들을 위한 교육용 도서가 더 많이 눈에 들어왔다.

활동 8-3

최근 보건복지부가 일반의약품의 판매를 슈퍼마켓과 편의점에서 할 수 있도록 허가하여 논란을 빚고 있다.

'은/는'과 '이/가'의 정확한 구분

'은/는'과 '이/가'는 서로 바꿔서 쓸 수 있는 경우도 있지만, 그 의미는 서로 다르다는 것을 인식할 필요가 있다. 기본적으로 '는'은 필자가 어떤 대상에 능동적으로 관심을 가지고 접근하면서 그 관심을 증폭시켜 나가는 경우에 사용되기 때문에, 주어뿐만 아니라 목적어, 부사어 등 다양한 성분이 '는'과 결합할 수 있고, '는'은 화제 표시나 대조, 강조의 기능을 할 수 있다는 점에서 '가'와 다르다. 다음 자료에서 ㉠의 '가'는 '엄마'가 주어라는 것을 표시하는 데서 그치지만, ㉡의 '는'은 '엄마'에 대한 능동적인 관심을 이끌어 화제로 만들어준다. ㉢에서는 '오늘'에 '은'이 결합하여 '오늘'을 더 부각시켜준다. 여기서 '은'의 사용으로 인해 엄마가 다른 날에는 아마 오실 거라는 추론을 하게 된다. ㉣에서 '는'은 엄마와 아빠를 대조하는 기능을 하고 있다.

㉠ 엄마가 오늘 안 오신다.
㉡ 엄마는 오늘 안 오신다.
㉢ 엄마는 오늘은 안 오신다.
㉣ 엄마는 오늘 안 오시고, 아빠는 오신다.

'이/가'는 말하는 사람이 예상하지 못했던 현상을 나타낼 때 사용되기 때문에 새로운 정보를 나타내는 표지라고 말하기도 한다. 다음 자료에서 '이/가'는 모두 예상하지 못했거나 새로운 정보와 결합하고 있으며, 이때 '이/가'를 '은/는'으로 바꾸면 문장이 어색해진다.

ㄱ 바다를 찾고 있는데, 갑자기 호수가 나타났다.
ㄴ 책을 읽고 있었는데, 불이 꺼졌다.
ㄷ 밥을 먹는데, 숟가락이 떨어졌다.
ㄹ 철수: 누가 그랬니? 영수: 영희가 그랬어.

하지만, 주어가 질문의 답이나 새로운 정보로 주목을 받는 요소가 아니고 단순히 뒤따르는 내용이 설명하는 대상이 되는 경우에는 '이/가'가 아닌 '은/는'이 사용되는 것이 자연스럽다.

ㄱ 호수는 언제나 그곳에 있었다.
ㄴ 한강은 흘러간다.
ㄷ 음악은 나의 인생이다.

활동 9 '은/는'과 '이/가'의 의미 차이에 유의하여 다음 문장을 적절하게 고쳐 보자.

우리가 소비자의 입장이기에 불법 다운로드를 하여 무료로 손쉽게 컨텐츠를 얻기를 원한다.

위의 문장에서 '우리'는 질문의 답이나 새로운 정보로 주목을 받는 요소가 아니기 때문에 '우리는'으로 고치는 것이 자연스럽다.

한편, 문장 A가 문장 B에 종속적으로 연결되어 있는 경우에 문장 A의 주어는 '이/가'가 아닌 '은/는'으로 표시되는 것이 자연스럽다. '은/는'은 한 문장에 하나밖에 없는 화제를 표시하기 때문에, 종속절에 있는 주어에는 결합될 수 없고 주절에서만 사용될 수 있다.

철수는 영희의 레포트를 대신 써 주어서, 영희가 매우 기뻐했다.
(철수는 영희의 레포트를 대신 써 주어서: A / 영희가 매우 기뻐했다: B)

↓

철수가 영희의 레포트를 대신 써 주어서, 영희가 매우 기뻐했다.

활동 10 '은/는'과 '이/가'의 특성에 유의하여 다음 문장을 적절하게 고쳐 보자.

> 이렇게 정부는 이 지표에 따라 우리나라를 물 부족 국가로 단정짓고, 물이 부족하므로 수자원을 개발하여야 한다는 논리로 비약시킴에 따라, 많은 전문가들이 이 지표의 유용성에 대해 문제를 제기했다.

문장의 적절한 연결과 마침

좋은 글을 쓰기 위해서는 글을 이루는 문장들 간의 연결 관계가 적절하게 표시되어야 하고, 하나의 문장이 끊어져야 하는 부분이 어딘지도 면밀히 살펴야 한다. 다음 문장은 세 개의 문장으로 구분되어야 하는 내용들이 모두 뭉뚱그려져 있어서, 구성 내용들 간의 구분이 명확하지 않을 뿐 아니라 그것들이 서로 어떤 관계를 맺고 있는지도 이해하기 어렵다.

> 현대 사회에 정보의 격차가 있는데, 컨텐츠도 돈 없으면 이용하지 못하는 상황이면, 사회적 불평등을 초래할 수 있다.

다음은 위의 문장을 적절하게 고친 하나의 예시이다. 적절한 문장으로의 변환이 어떤 과정을 통해 이루어졌는지 살펴보자.

> ⓐ현대 사회에는 정보의 격차가 있다. ⓑ컨텐츠도 돈 없으면 이용하지 못하는 상황이 많이 발생하기 때문이다. ⓒ이러한 정보의 격차가 존재한다면, 그로 인해 사회적 불평등이 초래될 수 있다.

먼저 이 문장을 구성 내용에 따라 ⓐ, ⓑ, ⓒ의 세 문장으로 나눈다. 내용을 잘 분석해 보면, ⓑ는 ⓐ의 현상이 발생하는 원인이기 때문에 '-기 때문이다'로 이런 관계를 표시해 준다. 그리고 ⓐ의 내용은 사회적 불평등이 생기는 조건이므로ⓒ에 '이러한 정보의 격차가 존재한다면' 이라는 말을 넣어 ⓐ와 ⓒ의 관계를 표시해 줄 수 있다.

아래의 문장도 역시 너무 많은 내용들이 한 문장으로 연결되어 있어 구성 내용들 간의 관계를 고려하면서 문장을 적절히 나누어 주는 것이 좋다. 문장을 나눌 때는 문장과 문장, 그리고 문장의 구성 요소들 간의 관계를 어떻게 맺어줄지를 동시에 생각해야 한다.

> 우라늄은 석유, 석탄과 달리 전 세계 곳곳에 매장되어 있으며, 매장량도 많아 단가가 저렴해 많은 연료비를 절감할 수 있다.

앞의 문장은 크게 우라늄의 매장량이 많다는 내용 ⓐ와 우라늄을 에너지원으로 이용하면 연료비를 절감할 수 있다는 내용 ⓑ로 구분할 수 있다. 이어서 ⓐ는 ⓑ의 원인이 되므로 '따라서'라는 연결 표지를 사용하여 그 관계를 명확하게 나타내주면 될 것이다. 다음은 이런 과정을 통해서 고친 문장의 예시이다.

> ⓐ우라늄은 석유, 석탄과 달리 전 세계 곳곳에 많은 양이 매장되어 있어 단가가 저렴하다. ⓑ따라서 우라늄을 에너지원으로 이용할 경우 많은 연료비를 절감할 수 있다.

활동 11 문장의 적절한 연결과 마침을 고려하여 다음 글을 적절하게 고쳐 보자.

> CCTV는 우리가 생활하는 어느 곳에나 자리 잡고 있어서 CCTV 설치가 신경 쓰이고 부담을 주는 것은 사실이다. 그리고 CCTV 영상의 관리도 중요하다. CCTV에 찍힌 영상물은 사생활을 침해할 수 있다. 그렇다고 사생활 침해와 인권만을 내세워 CCTV 설치를 무턱대고 반대할 수도 없다.

중의적 해석이 발생하지 않는지 살피기

어떤 경우에 필자는 독자의 관심을 끌거나 풍자, 해학과 같은 문학적 효과를 얻기 위해 의도적으로 다양한 해석이 발생하도록 글을 꾸미는 경우가 있다. 다음은 회사원들이 보고 교훈을 얻을 만한 영화를 소개하고 해설하기 위해 오시이 마모루 감독이 펴낸 책의 한국판 번역서 제목이다. 여기서 '영화'는 극장에서 보는 영화가 아닌 '부귀영화'의 영화로도 해석될 수 있어 독자의 흥미를 유발하고 여러 가지 생각에 잠기게 하는 효과가 있다.

> 무슨 영화를 보겠다고 회사를 다니나

하지만, 일반적인 경우에 의도하지 않았던 중의성이 발생하는 것은 피하는 것이 좋다. 독자가 글을 어떻게 해석해야 할지 고민에 빠지게 된다면, 필자가 글을 통해 이루고자 하는 목적이 달성되기 어렵기 때문이다. 다음 예문을 살펴보자.

> 우리는 아이들의 사고 능력 발달을 위해 조기 교육을 하지 않는다.

위의 문장은 아이들의 사고 능력 발달을 위해 조기 교육을 한다는 말인지, 아니면 하지 않는다는 말인지 파악하기가 어렵다.

활동 12 다음 예문들이 어떤 중의적 해석을 발생시키는지 말해 보고, 중의성이 발생하지 않도록 고쳐 보자.

1. 귀여운 동생의 병아리가 자고 있다.
2. 아내는 나보다 아기를 좋아한다.
3. 철수와 영희는 내년에 결혼을 할 것이다.
4. 나는 친구에게 오렌지와 귤 두 개를 주었다.
5. 그 사람은 건방지게 인사를 하지 않았다.

혼동하기 쉬운 맞춤법 정리

1. '–던지'와 '–든지'

얼마나 울었던지 눈이 퉁퉁 부었다.
공부를 하든지 말든지 알아서 해라.

2. '안되다'와 '안 되다'

저 사람은 참 안됐다.
집이 아직 완성이 안 되었다.

3. '못되다'와 '못 되었다'

아직 결혼을 못한 것은 성격이 못되었기 때문이다.
호랑이는 사람이 못 되었다

4. '왜'와 '웬' ☞ '웬'은 '어찌 된'이라는 의미이다.

그건 왜인지 알 수 없다.
웬 사람이 이렇게 말이 많은가?

5. '되–'와 '돼–' ☞ '돼–'는 '되어–'를 줄인 말이다.

선생님이 되려고 합니다.
선생님이 됐습니다(되었습니다).
먼저 인간이 돼라(되어라).

글쓰기를 위한 문법

6. '–데'와 '–대'

그 사람은 안 보이던데.

그 사람은 내가 싫지 않대.

7. '걷잡다'와 '겉잡다'

일이 걷잡을 수 없게 커졌다.

겉잡아 3일은 걸릴 것 같다.

8. '그러므로'와 '그럼으로(써)'

철수는 남자다. 그러므로 군대에 간다.

철수는 열심히 일해서 돈을 번다. 그럼으로써 가족을 부양한다.

9. '늘이다'와 '늘리다'

끈을 더 길게 늘였다.

먹는 양을 더 늘렸다.

10. '부딪치다'와 '부딪히다'

화물차와 트럭이 부딪쳤다.

여객선이 잠수함에 부딪혔다.

11. '안치다'와 '앉히다'

밥을 안쳤다.

상전을 윗자리에 앉혔다.

12. '반드시'와 '반듯이'

반드시 살아서 돌아오너라.

그는 의자에 반듯이 앉아 있었다.

13. '률'과 '율' ☞ 받침이 있는 말 다음에는 '률', 모음과 'ㄴ' 받침 뒤에는 '율'

법률 / 취업률 / 공정률 / 명중률 / 합격률
원주율 / 선율 / 출산율 / 비율 / 규율

14. '량'과 '양' ☞ 한자어 뒤에는 '량', 고유어와 외래어 뒤에는 '양'

노동량 / 분량 / 강우량 / 할당량
구름양 / 칼로리양 / 알칼리양

띄어쓰기의 원리

1. 조사는 그 앞의 말에 붙여서 쓴다.

그는 "알았다"라고 말하며 얼굴을 붉혔다.
민수는 반성하기는커녕 오히려 화를 냈다.
나도 너만큼 절실하다.

2. 의존 명사는 그 앞의 말과 띄어서 쓴다.

허기를 면할 만큼만 먹어라.
하고 싶은 것을 하고 살아라.
떠난 지 사흘 만에 돌아왔다.
세 번째 받은 청혼이었다. ('번째'는 의존명사임)

3. 두 말을 열거하거나 이어주는 다음의 말들은 띄어서 쓴다.

국장 겸 과장 / 열 내지 스물 / 청군 대 백군 / 책상, 걸상 등이 있다 / 이사장 및 이사들

글쓰기를 위한 문법

4. 보조용언은 띄어서 쓰는 것이 원칙이지만, 붙여서 쓸 수도 있다. 왼쪽과 오른쪽 둘 다 허용	
날이 저물어 간다. 힘으로 막아 냈다. 부탁을 거절해 버렸다. 비가 올 듯하다. 그 일은 할 만하다. 일이 될 법하다. 비가 올 성싶다. 아는 척한다.	날이 저물어간다. 힘으로 막아냈다. 부탁을 거절해 버렸다. 비가 올듯하다. 그 일은 할만하다. 일이 될법하다. 비가 올성싶다. 아는척한다.

5. 보조용언의 앞말이 조사가 있거나 합성동사인 경우 띄어서 쓰는 것만 허용한다.	
굵어도 보고 약을 발라도 보았다. 무작정 달려들어 보았다. 강물에 떠내려가 버렸다. 곧 올 듯도 하다. 잘난 체를 한다.	~~굵어도 보고 약을 발라도보았다. 무작정 달려들어보았다. 강물에 떠내려가버렸다. 곧 올 듯도하다. 잘난 체를한다.~~

6. 의존 명사 '양, 척, 체, 만, 법, 듯' 등에 '–하다' 나 '–싶다'가 결합하여 된 보조 용언(으로 다루어지는 것)의 경우도 앞말에 붙여 쓸 수 있다.	
학자인 양한다. 모르는 척한다. 놓칠 뻔했다.	학자인양한다. 모르는척한다. 놓칠뻔했다.

활동 13 다음 예문에서 띄어쓰기가 잘못된 부분을 찾아서 고쳐 보자.

1. 이와 같은 개인적인 생각으로 자가진단을 하여 생기는 문제도 무시할 수 없다.
2. 반대하기 보다는 문제의 발생을 막는데 힘써 더욱 좋은 방안을 낼 수 있을것이라 본다.
3. 부모들은 어릴때부터 교육이 중요하다고 말하면서 사교육에 의존한다.
4. 그 사람의 첫번째 이름은 가온이었다.
5. 자식들의 학력이 자신들의 학력인 것 처럼 생각한다.
6. 그러므로 의약품 안전 관리는 약국에서 해야한다.
7. 대형마트에서 약 판매가 이루어 질 텐데, 그렇게 되면 소규모 상권이 위협을 받을 것이다.
8. 나도 너 만큼 잘 할 수 있다.
9. 나무는 커녕 풀 한 포기 없었다.
10. 그는 “다 되었다.” 라고 웃으며 말했다.

3 문단 만들기

긴밀성: 적절한 방식으로 문장 이어주기

하나의 글은 특정한 중심 생각을 가진 문단들로 이루어지고, 하나의 글은 조직화된 여러 개의 문장으로 이루어진다. 기계의 부품들이 서로 적절하게 연결되어 있어야 올바르게 작동할 수 있듯이, 하나의 문단을 이루는 문장들도 서로 적절하게 연결되어야 문단이 중심 생각에 기여할 수 있다. 따라서 한 문단을 이루는 문장들은 서로 연결되어 있고 특정한 흐름으로 진행하고 있어야 한다. 아래의 글을 보면, 문장들이 일정한 흐름과 방향에 따라 순서대로 연결되어 있는 것을 확인할 수 있다.

> 나는 누구나 구입할 수 있는 가격대의 컴퓨터를 만들기 위해 고민했다. 그리고 책에서 뭔가 실마리를 찾으려고 노력했던 것 같다. 당시에는 인터넷이라는 게 존재하지 않았다. 부품들을 구해다가 그걸 어떻게 연결해야 원하는 것을 손에 넣을 수 있을지 고심했다. 결합된 부분들이 너무 많으면 그 설계는 폐기해 버렸다. 작고 짧고 단순해야 했다. 사물을 단순화시켜 바라보는 것, 그것이야말로 내 창조성의 가장 큰 원동력일지도 모른다.
>
> – 허버트 마이어스·리처드 거스트먼(2008), 강수정 역, 『크리에이티브 마인드』, 에코리브르, 154.

위의 글에 드러나는 사고의 흐름은 대략 다음과 같다. 위의 글이 적절하게 이어진 것 같은 느낌을 주는 이유는 이처럼 자연스러운 생각의 흐름을 타고 있기 때문이다.

> 저렴한 컴퓨터를 만들기 위해 고민했다 → 먼저 책에서 방법을 찾으려 노력했다 → 왜냐하면, 당시에는 인터넷이 없었으니까 → 무작정 부품들을 구해서 연결해 보았다 → 그러다 보니 작고 단순할수록 좋다는 것을 깨달았다 → 사물을 단순화시켜 보는 것은 창조성의 원동력이다

이처럼 좋은 글, 좋은 문단은 기본적으로 그것을 이루는 문장들이 자연스러운 생각의 흐름을 반영해 줄 때 만들어질 수 있다. 필요한 경우 '그리고', '그런데', '그러나', '그래서' 등과 같이 다양한 연결표지(접속사, 혹은 접속부사)를 통해 문장들 간의 연결 관계를 더 뚜렷하게 표시해주거나 보완해 줄 수 있다. 하지만, 좋은 흐름을 가진 글은 필요한 부분에서만 적절히 연결표지를 사용하는 것으로 족하며, 연결표지를 너무 과도하게 사용하거나 적절치 않게 사용하면 오히려 글이 어색해질 수 있다.

아래의 두 글 ㄱ과 ㄴ을 보면, ㄱ이 다양한 연결표지들을 성실하게 활용했음에도 불구하고 연결표지들을 생략한 ㄴ이 더 자연스럽게 느껴진다.

ㄱ 그는 어리둥절한 눈빛으로 내가 하는 행동을 바라보았다. <u>그리고</u> 그는 웃음을 지었다. <u>그런데</u> 나는 그 웃음의 의미를 알지 못했다. <u>그리고</u> 우리는 각자의 목적지를 향해 떠났다.

ㄴ 그는 어리둥절한 눈빛으로 내가 하는 행동을 바라보았다. 그는 웃음을 지었다. 나는 그 웃음의 의미를 알지 못했다. 잠시 후 우리는 각자의 목적지를 향해 떠났다.

기본적으로 우리는 특별한 연결표지가 없어도 이어진 문장들을 최대한 적절하게 연결시켜 해석하고 통합된 의미를 추론할 수 있는 인지적 능력을 가지고 있다. 따라서 아래와 같이 뚜렷한 연결표지를 사용하지 않은 글이 오히려 더 자연스럽게 읽히는 경우도 있다.

뭐라 뭐라고 혼자 중얼거리던 아주머니가 새로운 돌멩이를 가지고 온다. 이번에는 단단한 대리석 조각이다. 언뜻 보기에도 꽤 강력한 힘을 발휘할 것 같다. 아주머니는 그 돌을 우리에게 보이며 이번에는 문제없을 것이라는 듯 싱긋 웃는다. 도리 없이 우리도 따라 웃는다. 달리 무슨 방법이 있겠는가?

하지만, 논리성을 중시하고 문장 간의 관계를 명확히 표시해 주어야 할 필요가 있는 글에서는 연결표지들을 보다 적극적으로 사용하기도 한다. 아래의 글은 천안함 사건의 원인을 규명하는 것을 목적으로 쓴 글이므로 문장들 간의 관계를 연결표지를 통해 자세히 드러내고 있다.

하지만 나는 이 보도야말로 천안함 사건의 핵심을 찌른 가장 중요한 열쇠라고 직감했다. 그리고 그 진실을 밝히기 위해 오랫동안 많은 시간과 노력을 쏟아 부었다. 결국 그 실체가 세상에 드러나게 된다. 먼저 보도 내용을 보자. 그런데 이것만으로는 결과를 이끌어내기에 부족해 보였다. 연결고리가 없었다. 뭔가 결정적인 증거가 있어야 했다. 그래서 우선 한 준위의 작업에 대한 단초를 얻기 위해 검색을 해 보았다.

활동 1 다음 글에서 문장의 연결이 자연스럽지 않은 이유를 생각해 보고, 같은 내용을 연결이 자연스러운 글로 고쳐서 써 보자.

요즘 많은 청소년들이 늦게까지 게임을 한다. 그로 인해 충분한 수면이 이루어지지 않으며 그것은 다음날 수업 시간에까지 영향을 준다. 그렇다면 어떤 방법으로 해결해야 할까? 정부에서 내놓은 대책은 '셧다운제'였다. 이미 우리나라는 학원, 노래방, PC방, 찜질방 등 청소년을 위한 셧다운제가 적용되고 있는 곳이 많다. 또한 어느 정도의 효과를 보고 있다. 같은 맥락으로 인터넷에서도 효과를 볼 수 있을지도 모른다고 보는 것이다.

응집성: 일관성 있고 하나의 주제로 통일된 문단 만들기

한 편의 글은 하나의 주제를 가지고 있다. 한 권의 책도 하나의 목적이나 주제를 가지고 있으며, 그것을 이루는 장과 하위의 절들을 가지고 있다. 하나의 글을 이루는 문단들도 각각 하나의 주제를 가지고 있기 때문에, 하나의 문단이 가진 중심 생각은 대부분 하나의 주제문으로 표현할 수 있다. 다음 글의 두 문단 Ⓐ와 Ⓑ가 각각 어떤 주제문으로 요약될 수 있는지 생각해 보자.

> Ⓐ 역사적으로 윌리엄 틴데일만큼 영어 성경에 큰 영향을 준 인물은 없었고 그만큼 큰 희생을 치른 사람도 없었다. 그는 문자 그대로 자기 생명을 바쳤다. 그 성경으로 말미암아 나무에 묶인 채 교살되었고 그 몸은 화형에 처해졌던 것이다.
>
> Ⓑ 존 위클리프는 틴데일에 앞서 150년 전에 이미 성경을 번역했지만, 그 성경은 중세 영어로 씌어 있어서 초서의 『캔터베리 이야기』처럼 오늘날에는 읽기가 어렵다. 위클리프와 초서 이전에는 린디스판 복음서의 라틴어 행간에 옛 영어 번역문이 삽입된 적이 있었다. 그리고 735년에 영국사의 아버지라고 불리는 비드라는 수도사가 생애 말기에 요한복음을 옛 영어로 번역하기도 했었다.

Ⓐ는 "윌리엄 틴데일이 영어 성경에 가장 큰 영향을 끼친 인물이다."라는 문장으로 요약될 수 있고, Ⓑ는 "틴데일에 앞서 영어 성경을 번역한 사람들도 있지만, 현대 영어 성경에는 틴데일만큼 영향을 끼치지 못했다."라는 문장으로 요약된다. 각 문단의 주제문은 개별 문단뿐만 아니라 문단들이 이어진 전체 흐름을 봐야만 온전하게 파악할 수 있다. 동일한 Ⓐ의 주제문은 그것에 이어지는 Ⓑ의 내용에 따라 달라질 수도 있다. 다음 예문을 보면 Ⓐ의 내용은 위의 글과 같지만, Ⓑ의 내용이 달라졌다. 이렇게 Ⓑ의 내용이 달라짐으로 인해 글의 흐름이 바뀌어 Ⓐ의 주제도 달라진다. Ⓑ는 여러 내용을 포함하고 있지만, 결국 위클리프가 틴데일보다는 희생을 치르지 않았다는 말로 귀결된다. Ⓐ와 Ⓑ는 어떤 인물이 더 희생했는지를 다루는 흐름을 보이고 있기 때문에, 이를 고려하면 아래 글 Ⓐ의 주제문은 "틴데일이 영어 성경 번역을 위해 가장 많이 희생한 인물이다." 정도로 파악될 수 있다.

> Ⓐ 역사적으로 윌리엄 틴데일만큼 영어 성경에 큰 영향을 준 인물은 없었고 그만큼 큰 희생을 치른 사람도 없었다. 그는 문자 그대로 자기 생명을 바쳤다. 그 성경으로 말미암아 나무에 묶인 채 교살되었고 그 몸은 화형에 처해졌던 것이다.
>
> Ⓑ 존 위클리프(John Wycliffe, 1320~1384)는 영국의 기독교 신학자로 옥스퍼드 대학을 졸업하였으며, 라틴어로 된 성서를 영어로 번역하여 마침내 1382년에 완성하였다. 위클리프는 성경이 '국민의, 국민에 의한, 국민을 위한 정부'를 만들어낼 것이라고 주장했는데, 오늘날 사람들은 이 말의 저작권이 링컨에게 있는 것으로 알고 있다. 그가 죽은 후 31년이 지난 1415년, 콘스탄츠 공의회에서 그는 이단으로 판결하고 그의 무덤을 파헤치기로 결정했지만, 그가 살아 있는 동안에는 틴데일만큼 고생을 겪지는 않았다.

글쓰기를 위한 문법

활동 2 다음 문단을 읽고 중심 생각을 파악하여 주제문을 써 보자.

> 창조성에는 사실상 뚜렷한 정의가 없다. 일정한 기질이나 스타일을 공유한 예술가들이 함께 모이는 경우도 있지만, 창조성은 전부 제각각이다. 미술계에서는 그런 모임에 추상표현주의라거나 다다이즘 따위의 이름을 붙일 때도 많다. 하지만 같은 유파 안에서도 사고방식과 화풍과 재료와 그 밖의 모든 점에서 어찌나 각양각색인지, 그들의 창조 활동을 정의하려는 시도는 하나같이 공허하기만 하다.

한 문단은 하나의 중심 생각으로 요약되기 마련이다. 반대로, 한 문단을 쓸 때는 그 문단의 주제문을 중심으로 그것에 기여할 수 있는 내용의 문장들이 그 문단에 포함되어 효과적으로 배열되어야 한다. 한 문단에 포함된 문장들 중에 중심 생각에서 벗어난 것이 있거나 주제에 기여하지 않는 것이 있을 때 그 문단은 일관성을 잃게 되고 통일성과 응집성이 무너지게 된다. 그러므로 한 문단 안에서 서로 충돌하거나 중심 생각에서 멀어져 방황하는 문장이 있지 않은지 세심하게 확인해 볼 필요가 있다.

활동 3 다음 문단을 읽고 글의 일관성을 해치는 부분이 있다면 찾아서 이야기해 보자.

> 찰스 다윈은 1859년 펴낸 『종의 기원』에서 생존 경쟁을 통한 자연선택이 생물종의 진화를 결정한다고 주장했다. 다윈의 진화론은 당시 '자유주의'와 같은 사회철학에도 큰 영향을 미쳤고, 허버트 스펜서는 진화의 생존경쟁이 인간에게도 적용되기 때문에 약자를 돕는 복지 정책은 자연법칙에 위배된다는 주장을 펼쳤다. 마침내 1883년, 우생학을 창시한 다윈의 사촌 프랜시스 골턴은 인위적인 결혼을 통해 천재를 배출해야 하고 월급이 적은 사람들의 출산을 제한해야 한다고 주장하기에 이른다. 이러한 우생학은 독일과 미국에도 퍼지는데, 그 결과는 끔찍했다. 제1차 세계대전 독일 우생학자들은 아리안 민족의 우월성을 강조하는 태도를 드러냈으며, 독일 민족이 가장 우수하다고 주장했고, 이런 주장은 나치즘의 형성에도 중요한 몫을 하게 된다. 그렇다면, 우리도 우수한 한국인의 혈통을 보존하고 발전시키기 위한 방안을 모색해야 할 것이다.

효과적인 문단 구성의 원리: 실패가 두렵지 않은 글의 구성법

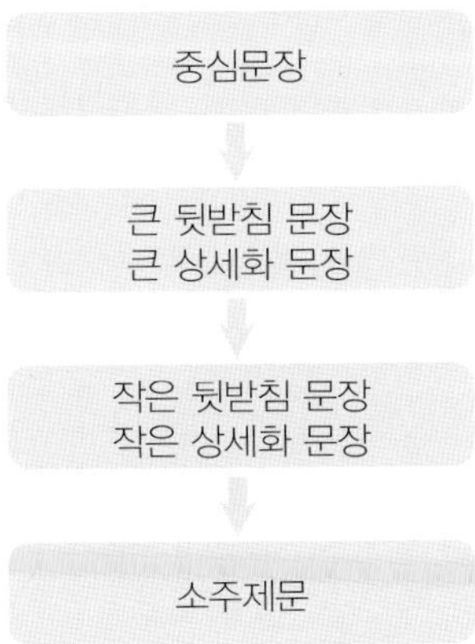

문단을 구성하는 방식은 사람에 따라 다를 수 있지만, 소설가를 제외한 위대한 고전의 작가들의 글을 조사한 결과 중심 생각(main idea)이 먼저 제시되고 세부 사항(details)이 이를 뒷받침하는 구조로 문단이 진행된다는 것을 발견했다(Sparks 1982). 실용적인 글에서는 아래 그림과 같이 문단의 중심 생각이 담긴 문장을 가장 앞에 제시하고 이를 뒷받침하거나 상세화 하는 문장들을 뒤에 덧붙여나가는 '두괄식'의 구조가 가장 많이 사용된다.

필자의 견해나 입장이 들어 있는 중심 문장이 제시된 후에는 이를 뒷받침하거나 상세화 하는 내용들이 이어지는데, 뒷받침하는 문장과 상세화 하는 내용은 더 일반적인 것 뒤에 더 세

글쓰기를 위한 문법

부적인 것으로 전개된다. 문단이 끝날 때는 중심 생각을 한 번 더 언급하면서 필자의 주장, 혹은 생각을 강조하는 것도 효과적일 수 있다. '걸으면서 담배를 피우는 것은 좋지 않다'라는 주제 문장을 가지고 있는 아래 문단을 살펴보자.

> ❶ 걸으면서 담배를 피우는 것은 좋지 않다. ❷ 담배를 피우는 사람의 뒤를 지나가는 사람은 자신이 원하지 않는 담배 연기를 마시면서 불쾌감을 느낄 뿐 아니라 건강에도 손해를 본다. ❸ 걸으면서 담배를 피우는 것은 본인에게도 좋지 않은데, 그 이유는 가만히 서있을 때보다 폐의 활동이 활발해져 폐의 말단 세포까지 니코틴과 타르가 스며들기 때문이다. ❹ 그러므로 담배를 꼭 피우고 싶다면 돌아다니며 피우는 것보다 앉아서 피우는 것이 자신과 남을 위해 좋다.

위 글에서 필자의 주장을 담은 주제 문장은 ❶이며, ❷와 ❸은 그 주장에 대한 근거이다. 필자의 주장은 뒷받침 문장들에 의해 강화되는 과정을 거쳐 ❹에서 다시 한 번 강조되고 있다. 하지만 실제로 다양한 글을 쓰는 경우에 이와 같은 단순한 패턴이 그대로 나타나는 경우는 매우 드물다.

활동 4 다음 문단에서 ❶~❺의 각 문장들은 어떤 방식으로 구성되어 있는가? 여기서 중심 문장은 무엇인가? 이어진 다른 문장들은 중심 문장과 어떤 관계를 이루는가?

> ❶ 모든 제품은 안전해야 한다. ❷ 안전의 기준은 목적에 따라 달라질 수 있다. ❸ 한 예로 기계적인 동작이 필요한 기기에 대해서는 물리적 관점에서의 안전이 기준이 될 수 있으며, ❹ 식료품에 대해서는 첨가물의 유해성과 관련된 안전 기준이 수립되어야 한다. ❺또 한 어린 아이들이 가지고 놀 장남감은 아이들의 입에 닿아도 인체에 해가 없는 물질로 만들어야 한다.

위 문단의 중심 문장은 ❷이다. ❸~❺는 목적에 따라 안전의 기준이 달라지는 각각의 예들을 상세하게 설명하고 있다. 이와 같은 짧은 문단에서는 굳이 중심 생각을 한 번 더 제시할 필요가 없다. ❶은 ❷라는 중심 문장이 성립할 수 있는 배경, 혹은 전제의 역할을 한다. 모든 제품은 안전해야 하기 때문에 안전의 기준을 다양하게 마련해야 하는 것이다. 이와 같은 문단의 구조를 그림으로 나타내면 아래와 같다.

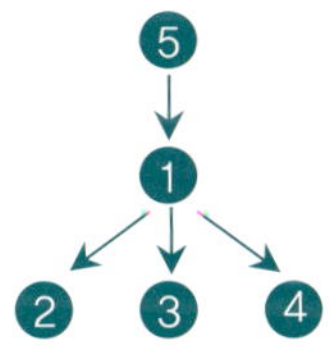

뒷받침 문장들은 중심 생각과 관련된 개념의 정의나 분석, 예시, 경험, 세부 사항, 근거, 이유, 비교 등을 통해 화제를 더 자세히 설명하거나 입증하거나 풍부하게 만들어 준다.

활동 5 다음 문단에서 각 문장들은 어떤 방식으로 구성되어 있는가? 여기서 중심 문장은 무엇인가? 이어진 다른 문장들은 중심 문장과 어떤 관계를 이루는가?

❶ 비록 신경세포는 한 번 죽고 나면 재생되지 않지만 인간이나 동물의 뇌는 성인이 된 뒤에도 기능이나 구조가 얼마든지 변할 수 있다. ❷ 그런데 이제는 누구나 알고 있는 이 사실이 실험을 통해 검증된 것은 불과 40여 년 전인 1978년의 일이다. ❷-① 미국 UC 샌프란시스코의 마이클 머제니치(Michael Merzenich) 교수는 올빼미원숭이의 오른손 중지를 칼로 자른 뒤 중지 대신 검지와 약지를 계속 사용하게 했다. ❷-② 그러자 놀랍게도 원래 원숭이 뇌에서 중지를 담당하던 영역을 검지와 약지가 대신 사용하는 현상을 관찰할 수 있었다. ❸ 이처럼 뇌의 기능이 뇌를 어떻게 사용하느냐에 따라 바뀌는 현상을 '신경가소성(Neuroplasticity)' 또는 '뇌 가소성(Brain Plasticity)'이라고 한다. ❸-② 후천적으로 시력을 잃어버린 이후 청각이나 촉각과 같은 다른 감각이 더 발달하는 것도 모두 신경가소성 때문이다. ❸-② 신경가소성은 뇌의 기능뿐만 아니라 구조를 바꾸기도 한다. ❸-③ 반복해서 특정한 뇌 기능을 자주 사용하면 이를 관장하는 해당 뇌 영역에 있는 신경세포의 축삭돌기를 감싼 지방질 조직인 수초가 발달하고, 이는 신경세포의 정보 전달 속도를 더욱 빨라지게 한다. ❹이런 훈련이 지속적으로 반복되면 뇌의 특정한 영역의 부피가 커지거나 대뇌피질의 두께가 두꺼워지기도 하고 뇌 영역 사이를 연결하는 신경섬유의 수가 증가하는 등의 드라마틱한 변화도 일어난다.

– 임창환(2017), 『바이오닉맨』, MID, 32~33.

문단이 길어지는 경우 그 구조는 훨씬 더 복잡해진다. 마치 장기의 말이 어디로 진행할지 예상하기 어려운 것처럼 다음에 어떤 문장이 올지는 필자만이 알고 있다. 실전적인 글은 정해진 루트가 없다. 필자는 독자가 무엇을 궁금하게 여길지, 어떤 정보가 독자의 이해를 돕는 데 필요할지를 상상하면서 문단을 전개하기 때문에 그 구조에는 필자와 독자의 내면적인 대화가 깃들어 있다고 할 수 있다. 한편으로 필자는 독자를 위해 자신이 다루는 문제에서 중요하다고 생각되는 개념이나 내용에 대해서 더 상세한 설명을 제공하고자 노력한다.

위 문단에서 중심 문장은 ❶이다. 신경세포는 한 번 죽고 나면 재생되지 않지만 기능이나 구조가 얼마든지 변할 수 있다는 것이다. 그렇다면 그것은 언제, 누구에 의해, 어떻게 증명되었는가? 이는 독자라면 누구나 궁금해 할 수 있는 질문이며, ❷와 ❷-①, ❷-②에서는 이 질문에 대해 단계적으로 상세하게 설명하고 있다. 그리고 ❸에서는 주제 문장에서 중요한 개념인 '신경가소성'에 대하여 정의하고 ❸-①, ❸-② ❸-③에서 신경가소성의 작용 양상을 더 자세히 설명한다. 이와 같은 신경가소성에 대한 상세한 설명은 주제 문장에 다시 이어진다. ❹에서는 문단의 주제가 한번 더 강조된다.

활동 6 다음의 문장들을 재배열하여 하나의 문단을 만들어 보자. 그리고 완성된 문단에서 중심 문장을 찾아보자.

가

❶ 감정표현을 할 때 왼쪽 얼굴의 근육이 훨씬 민감하게 반응한다.
❷ 특별히 왼쪽에 자신 있기 때문일까?
❸ 반면 남성의 경우 감정을 잘 드러내지 않는 경향이 있기 때문에 왼쪽 얼굴을 보이는 경우가 상대적으로 적다.
❹ 이 때문에 여자들은 사진을 찍을 때 무의식적으로 왼쪽 얼굴을 보인다.
❺ 왼쪽 얼굴은 감정 표현을 관장하는 우뇌의 지배를 받기 때문에 오른쪽에 비해 감정변화가 쉽게 나타난다고 한다.
❻ 모나리자 초상화를 비롯해 초상화나 사진 속 주인공들은 대부분 왼쪽 얼굴을 보여준다.

나

❶ 승용차나 고속버스, 비행기 등 고속으로 달리는 것에는 안전벨트가 필수품처럼 붙어 있다.
❷ 기차에만 안전벨트가 없는 이유는 무엇일까?
❸ 기차는 엄청나게 무겁기 때문에 트럭이나 승용차와 부딪쳐도 충격이 매우 작다.
❹ 달리는 차에 탄 사람이 위험해지는 것은 충돌로 인해 속력이 갑자기 줄어들기 때문이다.

❺ 그러나 기차는 상대적으로 아주 작고 가벼운 자동차가 부딪친다고 해서 속도가 줄지 않는다.
❻ 기차의 경우 급브레이크를 밟아도 제동거리가 길어 자동차끼리 부딪쳤을 때와 같이 충격이 크지 않다.
❼ 따라서 기차 안에서는 굳이 안전벨트를 할 필요가 없다.

참고문헌

정병철(2011), "수사학적 문법의 인지적 토대", 『청람어문교육』 44, 청람어문교육학회.

정병철(2016), "동기화에 기초한 피동 표현의 교육 내용 연구", 『청람어문교육』 57, 청람어문교육학회.

정병철(2017), 『한국어 문법 교육의 인지적 토대』, 서울:박이정.

임창환(2017), 『바이오닉맨』, MID.

허버트 마이어스·리처드 거스트먼(2008), 강수정 역, 『크리에이티브 마인드』, 에코리브르.

글쓰기의 방법과 유형 4

1. 정확한 설명문
2. 효과적인 논증문
3. 실감나는 묘사문
4. 역동적인 서사문

글쓰기는 자기표현의 수단이다. 인간은 누구나 자신의 삶이나 의견을 다양한 방법을 통해 표현하고자 한다. 자기표현에 대한 가장 확실한 방법은 글쓰기이다. 글쓰기는 자신의 경험과 감정, 지식과 사상 등을 표현할 수 있을 뿐만 아니라 다른 사람에게도 전달할 수 있게 한다.

제4장 글쓰기의 방법과 유형

1 정확한 설명문

어떤 문제에 대한 의문점을 명백하게 풀이해 줌으로써 구체적이고 상세한 내용을 이해할 수 있도록 하는 글쓰기의 유형을 설명문이라고 한다. 설명문은 읽는 사람이 명백하게 이해할 수 있도록 하는 데에 그 목적이 있다. 좀 더 자세히 이야기하면 설명문이란 어떤 사물이나 사실(시사상식, 과학, 문화)에 대하여 자기가 알고 있는 내용(사실, 정보, 지식)을 글을 읽는 사람이 알기 쉽게 설명하여 알려 주는 글이다. 따라서 설명문은 어떤 것의 성질·형태·구성·조직·유래·역사·업적·쓰임·목적·원인·결과·짜임새·사용법 등이 그 내용에 포함된다.

설명문을 쓸 때는 먼저 주관적인 감정이나 주장 등을 자제해야 한다. 예를 들어 "봄이 되자 다투어 꽃들이 피고 있다. 마치 천사들의 잔치같이. 이 꽃 잔치 앞에서 터뜨리는 '아! 아!' 한마디 감탄사"와 같은 글은 글쓴이의 주체하지 못하는 감정을 밖으로 드러내는 경우 이 글은 설명문이 아닌 감상문에 가까운 글이 되어 버린다. 설명문은 관찰자의 시점에서 객관적으로 쓰는 글이라는 점을 명심해야 한다.

설명문을 쓸 때 내용을 보다 쉽게 풀이하고 쉽게 설명하기 위해서는 적절한 설명의 방법을 택하는 것이 중요하다. 설명의 방법에는 정의, 예시, 비교, 대조, 분류, 구분, 분석 등의 방법이 주로 쓰인다.

지정과 정의

지정은 설명 방식 가운데 가장 간단한 것으로 '무엇은 무엇이다'라는 형식을 띤다. 마치 손가락으로 가리키듯이 그 대상을 언어로 직접 지적하는 것이다. '이것은 무엇이냐?'와 같은 질문에 '그것은 무엇이다'라고 대답하는 형식이다.

예시 1

❶ 소설 '토지'는 박경리의 작품이다.
❷ 가수 싸이의 대표적인 히트곡은 '강남스타일'이다.

❶은 소설 '토지'가 누구의 작품인가에 대한 대답이고, ❷는 가수 싸이의 대표적인 히트곡이 무엇이가에 대한 답변으로 모두 지정에 속한다. 지정은 이렇게 아주 간단한 방식으로 개념을 설명해 주는 방법이다.

지정과 비슷하지만 그 성격이 다소 다른 설명 방법으로 정의가 있다. 글을 쓸 때 어떤 사물이나 개념의 뜻을 분명히 밝혀 규정하는 설명의 방식을 '정의'定義라고 한다. 정의를 할 때는 보통 정의할 사물이나 개념의 사전적인 의미를 먼저 기술하고 글쓰는 이는 이 대상을 어떻게 규정하고 글을 기술할 것인지를 밝히면서 글을 전개해 나가야 한다.

예시 2

유전자는 유전 형질을 발현시키는 인자를 말한다. 우리 인간은 각 특성마다 하나가 아닌 두 개의 값을 가지고 있는데, 하나는 어머니에게서 그리고 나머지 하나는 아버지에게서 물려받는다. 두 값을 대립 형질alleles 또는 대립 유전자라고 하는데, 같은 특성에 대해 두 개의 대립 형질이 서로 다르면 그들 중 하나가 규칙에 의해 우세하게 된다.

– 앤드류 롤링스 공저(2004), 송기범 역, 『게임기획개론』, 제우미디어, 28.

이렇게 정의에 의한 설명을 통해 우리는 유전자란 무엇인가 하는 부분을 이해할 수 있다. 더불어 유전적 특징이 어떻게 구성되며, 유전적 특징을 어떻게 갖게 되며, 그것이 어떻게 드러나, 다음 세대로 어떻게 전해지는지 등을 덧붙여 설명함으로써 유전자에 대한 독자의 이해를 돕는다.

연습 1

1. 다음을 지정의 방법으로 설명해 보자.

- 글쓰기 담당 교수님은 누구인가?

- "진달래꽃"은 누구의 작품인가?

2. 다음을 정의의 방법으로 설명해 보자.

- 선생님

- 컴퓨터

예시와 과정

글쓰기의 방법 중 구체적 사실을 들어 어떤 대상을 설명하는 글쓰기 방식을 예시例示라고 한다. 글을 구성하는 각 단락은 여러 개의 문장으로 구성되는데, 단락은 그 단락의 핵심 생각이 되는 문장, 곧 주제문을 중심으로 구성된다. 그런데 주제문은 단락의 핵심 생각을 나타내는 만큼 얼마간 추상적일 가능성이 많다. 따라서 쉽고 정확하게 뜻을 전달하기 위해서는 부연 설명을 하거나 구체적 사례를 제시함으로써 그 내용을 뒷받침해 주는 경우가 많다. 이때 손쉽게 쓸 수 있는 설명의 방법이 바로 예시라고 할 수 있다.

예시 3

> 나비 효과는 '초기조건에의 민감한 의존성'이라는 전문용어를 얻었다. 초기조건에의 민감한 의존성이란 개념이 완전히 새로운 것은 아니다. 그것은 전래민요에도 나타나 있다.
>
> 못이 없어 편자를 잃었다네.
> 편자가 없어 말을 잃었다네.
> 말이 없어 기수를 잃었다네.
> 기수가 없어 전투에 졌다네.
> 전투에 져서 왕국을 잃었다네.
>
> – 제임스 글리크(1993), 박배식 옮김, 『카오스–현대과학의 대혁명』, 동문사, 24.

위의 예시와 같이 설명의 방법 중 예시는 낯설거나 어려운 용어를 쉽게 이해할 수 있도록 하는 것에 그 목적이 있다. 위의 경우에도 전래 민요를 예로 들어 '초기 조건에의 민감한 의존성'이라는, 일반인에게는 낯선 전문용어를 쉽게 풀어 설명하고 있다.

과정은 시간적으로 계속되는 행동, 즉 움직임에 관련되지만, '무엇이 일어났는가?'보다는 '어떻게 일어났는가?', '어떻게 만드는가?', '어떻게 작용하는가?' 또는 '그것을 하는 데 필요한 절차는 무엇인가?'라고 하는 '어떻게'에 설명의 초점을 맞추는 방법이다.

예시 4

타입 툴로 문자를 입력하거나 수정하는 방법은 다음과 같습니다.

먼저 툴 박스에서 타입 툴을 선택합니다. 그 다음에 문서상에서 문자를 입력하기 원하는 부분을 클릭합니다. 그러면 커서가 깜박입니다. 워드를 사용하듯 키보드로 문자를 입력하면 입력된 문자는 이미지 위에 나타납니다.

마우스로 끌어당기면 워드프로세서에서처럼 입력된 문자를 선택할 수 있습니다. Shift키를 누른 채로 화살표 키를 사용해도 됩니다.

그리고 메뉴의 Type→Font를 선택하면 시스템에 등록되어 있는 글꼴(서체)들이 나열되는데, 이 때 원하는 글꼴을 선택하면 글꼴이 변경됩니다. 또한, 문자의 크기도 조절될 수 있습니다. 문자의 크기를 조절하려면 메뉴에서 Type→Size를 선택한 뒤 조절하면 됩니다.

– naver.com, '일러스트레이터' 설명.

이렇게 문자를 입력하거나 수정하는 과정을 소상하게 설명하는 위의 경우처럼 과정에 의한 설명 방법은 주로 단계별로 제시된다.

연습 2

1. 다음을 예시의 방법을 이용하여 글로 써 보자.

• 환골탈태換骨奪胎

• 문학의 영원한 주제는 사랑이다.

2. 다음을 과정의 방법을 이용하여 글로 써 보자.

• 부모님께 스마트폰의 '카카오톡의 사진 전송 기능'을 '과정'의 방법을 통해 설명하라.

비교와 대조

어떤 판단을 하거나 결정을 내려야 할 때 우리는 둘 이상의 대상을 어떤 기준에 따라 서로 견주어 보는 것이 보통이다. 둘 이상의 대상을 서로 견주어 보는 것은 판단이나 결정에 효과적일 뿐만 아니라 어떤 대상의 속성을 이해하는 데도 효과적이다.

둘 이상의 대상을 서로 견주어 어떻게 같은지, 혹은 어떻게 다른지를 보여줌으로써 어떤 대상을 설명하게 하는 방법을 '비교'라고 한다. 또 두 대상의 같은 점보다는 다른 점에 주목하여 설명하는 방식을 '대조'라고 한다.

예시 5

- 비교에 의한 설명

법은 필요악이다. 법은 우리의 자유를 막고 때로는 신체적 구속을 하는 식으로 강제력을 행사하는 일이 많다. 이런 점에서 법은 달가운 존재가 아니며 기피와 증오의 대상이 되기도 한다. 그러나 법이 없으면 안전한 생활을 할 수 없게 되는 것이 우리 사회의 현실이고 보면 법은 없어서는 안 될 존재이다. 이와 같은 법의 양면성은 울타리와 비교될 수 있다. 울타리는 우리의 시야를 가리고 때로는 바깥 출입의 자유를 방해하는 점에서 답답한 존재다. 그러나 부질없는 낯선 사람의 눈총을 막아 주고 악의에 찬 침입자를 막아서 가정의 안전하고 포근한 삶을 보장하는 점에서 울타리는 고마운 존재이다. 법은 이런 울타리처럼 달갑지 않은 면이 있으면서도 우리 사회에 없어서는 안 되는 필요성을 지니는 것이다. – 서경환(1999), "법은 필요한가", 『문장연습』, 고려대학교출판부, 83.

예시 6

- 대조에 의한 설명

일본의 식문화는 나열하는 도시락 문화이기 때문에 음식물을 고체와 액체로 구별하고 가능한 한 양념도 적게, 있는 그대로의 형태를 나열하는 것이다. 따라서 생것, 회 등이 많다. 그러나 한국은 섞는 것이고 비비는 것이기에 탕이 되고 국이 된다.

이러한 나열하고 비비는 차이에서 일식은 목기를 쓰는 게 편리하지만 한식에서는 목기가 불리하다. 따라서 한국에서는 자기가 많이 사용된다. 자기는 여름에는 좋으나 따뜻하게 음식을 보존하는 데는 불리하다. 이에 따라 한국에서는 겨울용으로 놋그릇을 사용한다. 말하자면 한국에서는 겨울용과 여름용의 이중 구조를 갖고 있지만, 일본에서는 이러한 번거로움이 없다. – 이어령 외(1993), 『한·일 문화의 동질성과 이질성』, 신구미디어, 87.

이렇게 비교와 대조의 설명 방법을 사용할 때에는 두 사물을 견주는 기준을 잘 설정해야 한다. 두 대상의 공통점 또는 차이점을 잘 보여줄 수 있는 기준을 정해야만 효과적인 설명을 할 수 있기 때문이다. 또한 비교와 대조의 설명 방법은 서로 관련성이 있는 대상들에 대해서만 사용할 수 있다. '돌과 하늘', '비행기와 김치' 등과 같이 아무런 관련성이 없는 대상들은 비교와 대조의 설명 방법을 쓸 수 없다.

연습 3 남자와 여자의 사고 유형에 대해 비교와 대조의 방법으로 설명하라.

남자와 여자의 차이(과제)

분류와 분석

어떤 대상을 이해하는 효과적인 방법 가운데 하나는 '사람·개·곰·고래 등은 포유류에 속하고, 뱀、악어 등은 파충류에 속하고...' 등과 같이 어떤 대상을 구성하는 요소들을 일정한 기준에 따라 묶어 보거나, '시는 형식에 따라 정형시·자유시·산문시로 나눈다'와 같이 어떤 대상을 일정한 기준에 따라 몇 갈래로 나누어 보는 것이다. 구성 요소들을 일정한 기준에 따라 묶어 설명하는 방식을 '분류'라고 하고, 일정한 기준에 따라 나누어 설명하는 것을 '분석'이라고 한다. 흔히는 이를 구별하지 않고 '분류'로 통칭하기도 한다. 이와 같이 분류나 분석의 설명 방식은 어떤 대상을 구성하는 요소들 사이의 다양한 관계를 파악함으로써 그 대상을 체계적으로 이해할 수 있게 해 준다.

특히 분류나 분석의 설명 방법에 있어 중요한 요소는 그 기준이 단일해야 한다는 것이다. 다음의 두 글을 비교해 보자.

예시 7

❶ 국수는 칼국수, 메밀국수, 콩국수, 가락국수, 비빔국수 등으로 나뉜다. 칼국수는 칼로 썰어 만든 국수를 말한다. 메밀국수는 메밀가루로 만든 국수를 말하고, 콩국수는 콩국에 말아서 만든 국수를 말한다. 가락국수는 가락을 굵게 뽑아 만든 국수를 말한다. 그리고 비빔국수는 국물 없이 고기나 나물 따위와 여러 가지 양념을 넣어 비벼서 만든 국수를 말한다.

❷ 대표적인 가루붙이 음식인 국수는 만드는 방법에 따라서 세 가지로 나뉜다. 칼로 썰어 만드는 칼국수, 반죽을 틀에 넣어 뺀 틀국수, 손으로 만든 손국수가 그것이다. 수타手打 자장면에 쓰이는 국수가 손국수인 것이다. 또 굵기에 따라서는 굵게 뽑은 가락국수와 가늘게 뽑은 실국수가 있다. 우동은 일본말이니까 앞으로는 가락국수라고 하자.

– 장승욱(2004), 『재미나는 우리말 도사리』, 하늘연못, 48.

위의 글 중 ❶은 좋은 글이라고 보기 어렵다. 여러 가지 기준을 동시에 적용하다보니 (예를 들어 메밀국수 가운데에도 비빔국수가 있으므로) 중복되는 것도 있고 빠진 것도 있다. 어떤 대상을 여러 가지 기준에 따라 동시에 분류하려면 ❷에서와 같이 어느 한 가지 기준을 적용하여 먼저 나눈 뒤에 다시 다른 기준을 적용하여 나누는 방식으로 글을 써야 한다.

이와 달리 어떤 대상을 요모조모 따지면서 살펴보기 위해서는 먼저 전체를 몇 개의 부분으로 나눌 수 있어야 한다. 예를 들어 옷의 가치를 따져보기 위해서는 가격 측면, 옷감 측면, 디자인 측면 등으로 나누어 따져 보아야 한다. 이렇게 요모조모 따져 보는 것은 비교와 판단의 기초이기에 앞서 어떤 대상의 본질을 이해하는 기본적인 방법이 된다. 어떤 대상의 본질은 그것을 이루고 있는 요소들을 몇 개의 부분으로 나누어 살펴볼 때 더 잘 드러나기 때문이다. 이러한 글의 전개 방법을 '분석'이라고 한다.

예시 8

❶ 구들의 구조는 크게 연소부, 채난부, 배연부 이렇게 세 부분으로 나뉜다. 연소부는 공기와 연료를 제공하는 곳이다. 산소의 공급을 원활히 하기 위해 아궁이는 되도록 부엌 지면의 높이와 같게 맞춘다. 채난부는 거실로 구들방을 가리킨다. 온돌의 난방효율을 높이기 위해 실내는 좁히고, 천장의 높이도 2미터 전후로 낮춘다. 바닥, 벽, 천장에는 한지(장판지)를 틈새없이 붙여 보온효과를 더욱 높이게 된다. 바닥 밑은 고래가 있다. 이 고래바닥은 경사를 두어 실내의 아궁이 가까운 곳과 먼 부분과의 온도차를 줄여, 먼 곳에 있는 구들장까지도 열이 잘 전달될 수 있도록 고안되었다. 배연부는 일종의 굴뚝이다. 대부분 건물에서 떨어져 있지만 때로는 건물과 맞닿아 있기도 하고, 굴뚝이 전혀 없이 고래개자리 위에 구멍만 뚫려 있는 것도 있다. 이 배연부의 온도는 손을 대어도 그다지 뜨겁지 않을 정도로 온도가 낮다. 배연부 안을 두꺼운 나무판으로 사각을 만든 것이나 속을 파낸 통나무를 원통으로 맞춘 것이 있다. 연소부를 통해 불을 때서 배연부로 연기가 나올 때까지 열은 방바닥의 고래를 통해 골고루 전달된다.

※ 고래: 방고래. 방의 구들장 밑으로 나 있는, 불길과 연기가 통하여 나가는 길

– 황훈영(1999), 『우리 조상들은 얼마나 과학적으로 살았을까』, 청년사, 94.

❷ 부지런함이 몸에 밴 여인들은 더위를 피해 대밭 골목에 나와 앉거나 어디서나 여럿이 모이거나 혼자거나 손에는 항상 까실까실하게 잘 바래지고 질긴 옥색의 모시가 들려 있다. 모시 한 가래를 왼손 엄지에 똬리를 틀어 얹고 무릎을 세우고 앉아 손톱으로 가닥가닥 가늘게 째는(찢는) 일을 한다. 한 가래를 다 째면 똬리를 튼 윗부분을 모시톱으로 훑어 내린다. 양쪽으로 세운 전짓다리에 짼 가래를 걸어놓고 한 올씩 뽑아 앞니로 훑어 다듬고 침을 발라 맨 무릎 살에 비벼서 올과 올을 이어간다. 한 올로 길게 이어지는 모시는 광주리에 소록소록 불어난다.

※ 전짓다리: 삼이나 모시를 삼을 때 쓰는 제구. 가지 돋친 기둥 두 개를 각각 토막나무에 박아 세운 것으로서, 이 둘을 벌려 세우고 그 위에 삼 가래나 모시 가래를 건너질러 놓고 한 도막씩 빼내어 삼는다.

– 이아정(2002), 『그 산에 가고 싶다』, 오늘의책, 72.

앞의 예시에서처럼 전체를 몇 개의 부분으로 나누어 어떤 대상을 설명하는 글쓰기 방식을 분석이라고 한다. ❶에서는 구들의 구조를 연소부, 채난부, 배연부의 세 부분으로 나누어 효과적으로 설명한다. 그리고 ❷에서는 모시를 삼는 과정을 몇 단계로 나누어 효과적으로 설명한다.

이와 같이 분석은 크게 구조 분석과 과정 분석으로 나눌 수 있다. 구조 분석이 ❶에서와 같이 어떤 대상을 공간적 차원에서 나누어 설명하는 것이라면 과정 분석은 ❷에서와 같이 어떤 대상을 시간적 차원에서 나누어 설명하는 것이다. 분석에는 이 외에도 기능 분석, 인과 분석, 성분 분석 등이 있다.

연습 3

1. 다음을 분류의 방법을 이용하여 설명해보자.

- 우리 학과 친구들을 분류할 수 있는 기준을 찾아보고, 3가지 유형으로 분류해 보자.

• 교내 학생 식당의 메뉴를 분류할 수 있는 기준을 찾아 4가지 유형으로 분류해 보자.

2. 분석의 방법을 이용하여 다음을 설명하는 글로 써 보자.

• 우리집

• 내가 그/그녀를 좋아하는 이유

2 효과적인 논증문

논증은 어떤 근거를 내세워 주장을 밝히는 방법이고 설득은 자기 의견에 동조하도록 요구하여 따르도록 하는 방법이다. 논증은 대개 설득을 목적으로 한다. 그리고 설득은 논증이 뒷받침되지 않으면 불가능하다.

논증은 제대로 확인되지 않은 사실이라든지, 분명하지 않아서 이럴 수도 저럴 수도 있는 일 등과 같이 선택의 여지가 남아 있는 것을 대상으로 한다. 이미 널리 알려져 있는 자명한 이치를 논증할 필요는 없다. 논증은 명백하지 않은 사실이나 원칙에 대하여 그 진실 여부를 증명한다는 점에서는 설명과 비슷하나 증명한 사실이 옳다고 믿게끔 하고 따르게 하는 적극적인 측면을 지녔다는 점에서 차이를 보인다. 그리고 설명은 객관적인 사실에서 출발하는 데에 비해 논증은 주관적인 의견에서 출발한다.

논증의 방법으로 글을 쓰고자 할 때는 주어진 문제에 대한 글쓰는 이의 태도를 먼저 분명하게 결정해야 한다. 그 문제에 대해 적극적으로 지지하는 입장인지 반대하는 입장인지를 밝혀 놓은 뒤에, 자기 입장을 납득시킬 수 있도록 해야 한다. 논증은 글쓰는 사람과 반대에 서는 사람들까지도 설득할 수 있어야 하므로 그 근거가 신빙성이 있고 타당해야 한다. 논증이 사실이 아니든지 타당성이 결여되면 그러한 근거에 바탕을 둔 주장은 정당성을 잃을 수 밖에 없기 때문이다. 다음 글처럼 과학적인 설명과 해명, 근거 있는 예측, 평가, 원인과 결과, 주장이 있는 글을 논증하는 글이라고 할 수 있다.

예시 1

맥킨지 (한국 재창조) 보고서에서는 "한국의 경제 성장은 가치 파괴의 과정이었다."고 진단하였다. 이러한 진단이 사실이라면, 이는 한국이 IMF체제를 맞을 수밖에 없었다는 주장의 충분한 논거가 된다. 이러한 진단의 근거로 대부분의 기업들이 대출금을 상환할 수 있을 만큼 충분한 이윤을 창출하지 못했음을 제시하고 있다. 시장 경제의 원칙에 벗어나는 이러한 현상을 사실로 받아들일 수밖에 없는 데에는 여러 증거들이 제시되고 있기 때문이다. 지난 10년간의 통계 자료에서 뚜렷이 드러나는 기업들의 낮은 자본 생산성이 그 예다. 한국 기업이 부가가치를 창출할 수 있는 능력보다 과도한 자본을 쏟아부었던 점도 낮은 생산성의 원인이다. 하지만 전반적으로 경제 기반이 약했다는 것이 IMF 체제를 초래하게 된 데 대한 충분한 설명은 되지 못한다. 경영인들이 시장 경제의 원칙을 벗어나면서까지 변칙적인 경영을 하게 된 데에는 여러 다른 이유들도 도사리고 있었기 때문이다.

– 하병학(2000), 『토론과 설득을 위한 우리들의 논리』, 철학과현실사, 67.

이렇게 통상 논증이란 위 글처럼 근거(이유), 증거를 제시하여 어떤 주장을 입증하려는 시도를 말한다. 타당한 논증은 근거들과 증거들을 제시해서 상대방으로 하여금 믿고 따르게 하려는 설득적 기능을 가진다.

논증의 구성 요소 - 주장, 근거, 증거

논증하는 글에서는 추상적이고 애매하며 막연한 용어를 피하고 명확하고 구체적인 언어를 사용해야 한다. 용어를 일관되게 사용해야 한다. 즉 한 단어를 한 가지 뜻으로만 사용해야 한다. 따라서 애매모호함을 피하고 일관성을 유지하는 방법 중 하나는 논지 전개에 핵심이 되는 중요한 단어를 처음 사용할 때 세심하게 정의하는 것이다.

예시 2

한국의 현대사는 현대성에 도달하기 위한 투쟁 또는 강행군의 역사라고 해석될 수 있다. 현대성이란 무엇보다도 국가로서의 현대적 조건, 즉 산업 경제, 오늘의 국제 환경 속에서 버티어낼 수 있는 무력 장비와 조직을 가진 군대, 그리고 국민적 동원이 가능한 능률적인 정치 체제 – 권위주의적이거나, 사회주의적이거나 간에 –를 갖추는 일이라고 일단 정의할 수 있다. 그러나 이러한 정치 경제와 사회 체제의 현대성에 추가하여, 정치 경제적 현대성에 대응하는 문화적 현대성, 즉 거기에 맞는 종류의 감각적, 정서적, 관념적 삶의 조직을 총체적인 현대성에 포함시킬 수 있다.

– 김우창(1995), "감각, 이성, 정신", 『한국문학이란 무엇인가』, 민음사, 37.

위 글의 첫 문장은 주장에 해당한다. 한국 현대사에 대한 필자 나름의 주장을 펼치기 위해서는 우선 '현대성'이라는 개념이 명확하게 정의되어야 한다. '현대성에 도달하기 위한 투쟁'이 구체적으로 어떻게 이루어졌는가를 근거와 증거를 들어 입증하는 일은 그 다음이다. 필자의 경우 '정치경제적 현대성'과 '문화적 현대성'을 구분해 사용하면서 각각에 대한 정의를 내리고 있다. 이와 같은 정의가 있기에 우리는 앞으로 필자가 해명하고자 하는 현대성이 중세, 근대, 현대라고 지칭할 때의 시기적 개념이 아니라 제도나 체제로서의 현대, 삶의 방식이나 사상으로서의 현대임을 알 수 있다.

주장

주장은 어떤 문제나 쟁점에 대한 자신의 견해이되, 반드시 그 타당성을 입증해야 하는 견해이다. 무엇보다도 주장은 평서문이어야 한다. '우리 민족의 동질성을 되찾기 위해'와 같은 어구는 주장이 아니다. '우리 민족의 동질성을 되찾으려면 통일을 해야 하는가?'와 같은 의문문도 주장이 될 수 없다. '우리 민족의 동질성을 되찾기 위해서는 통일을 해야 한다.'와 같이 평서문으로 제시되어야 주장이 명료해진다.

주장은 주관적인 감정이 들어 있는 언어를 사용하지 말고, 중립적인 진술을 해야 한다. '나는 글쓰기를 좋아한다.' '나는 빅뱅을 싫어한다.'와 같은 문장들은 개인의 취향을 드러내는 주관적인 발언이다. '글쓰기는 이러저러한 점에서 유용하다.'라든지 '빅뱅은 음반시장의 상업성을 교묘하게 활용하므로 비판받아야 한다.'와 같이 감정보다는 구체적인 근거가 제시된 주장이어야 한다. 물론 이때도 '유용하다', '비판받아야한다'는 주장의 타당성을 입증하는 과정을 거쳐야 한다.

주장은 애매해서는 안 되며 구체적이어야 한다. 가령 '차별은 문제가 많다.'는 주장은 주장이되 표현이 모호한 주장이다. 일단 '차별'의 의미와 범주가 불명확하다. 남녀차별, 인종차별, 지역차별, 학력차별 등등으로 분류가 가능하므로, 자신이 글에서 주장하고자 하는 차별 하나만을 지칭하는 것이 바람직하다. 우리가 주장하는 글에서 흔히 많이 쓰는 '문제가 많다.', '심각하다.'는 표현도 실은 모호하다. 문제의 심각성을 좀 더 구체적, 분석적으로 지칭해야 한다. 가령 '남성중심적 논리를 확산시킬 우려가 있다.', '사회구성원간의 갈등을 심화시킨다.'와 같이 구체적 내용을 적어야 한다.

증거(사실논거)

주장의 진실성, 타당성을 뒷받침하는 기본적인 방법은 증거 제시이다. 중립적인 수치, 사실적인 정보, 혹은 직접 관찰한 내용 등은 주장을 뒷받침하는 증거들의 예이다. 증거는 주장의 신뢰성을 확보하는 데 결정적인 역할을 한다. 그렇기 때문에 증거의 타당성을 따지는 과정은 매우 중요하다. 다수 대중들에게 객관적인 신뢰를 주는 증거를 제시해야 한다. 신문기사나 여론조사, 인터넷에서 수집한 자료들, 일상의 경험들이 증거의 예가 될 수 있을 것인데, 다만 타당성을 지니기 위해서는 편파적이거나 지엽적이어서는 안 된다. 뒤에서 살펴볼 근거는 생점에 따라 찬성 혹은 반대 근거로 나뉘지만, 증거는 찬성하는 사람이나 반대하는 사람이나 공통적으로 인정할 수밖에 없는 비율이나 수치, 사실적인 정보, 직접 관찰한 내용 등을 의미한다.

증거를 설득력 있게 제시하기 위해서는 평소에 책이나 신문, 잡지 등을 꾸준히 읽어 우리 사회의 주된 쟁점이 무엇인지 알아야 하고, 반드시 그것의 타당성과 또 다른 증거는 없는지 따져보는 비판적인 능력을 갖춰야 한다.

연습 1 인터넷이나 신문, 관련 논문에서 다음 주장을 뒷받침하는 증거를 찾아 제시해보자.

1. 민간 차원의 활발한 남북 교류는 한반도 냉전을 완화하는 역할을 한다.

2. 대학 간 서열을 매기는 현재 풍토를 계속 유지하면 인재를 양성하기 힘들다.

3. 표현의 자유를 제한하는 현재 여건에서는 대중문화의 발전을 기대할 수 없다.

근거

근거는 주장에 대한 타당한 이유 혹은 전제가 들어 있는 이유로 볼 수 있다. 증거와 근거는 다르다. 가령 낙태에 반대하는 주장을 펼 경우, '태아도 하나의 생명체이므로 생명의 존엄성을 존중받아야 한다.'라는 진술은 근거이고, 낙태로 인한 여성들의 신체적, 정신적 훼손의 사례들이나 광범위하게 행해지는 낙태의 문제점을 지적하기 위해 우리나라의 한 해 낙태율을 제시한다면 그것은 증거가 된다. 전자가 근거인 까닭은 '인간의 생명은 소중하다.'는 전제가 내포되어 있고, 우리가 그것을 참인 명제로 받아들이기 때문이다. 여기서 참인 명제란 교육이나 역사적 사례 등을 통해 다수가 보편타당하다고 받아들인 것이다. 따라서 근거는 자기주장의 타당성을 입증하는 의견, 믿음이나 지향, 태도 등이 반영된 명제를 말한다.

여기서 염두에 두어야 할 것은 근거에는 반론의 여지가 있을 수도 있다는 점이다. 가령 '생명의 존엄성이라는 측면에서 보자면 아이를 가진 여성이 자신의 신체를 결정할 권리를 인정해주어야 한다.'는 근거도 반대편에서 나올 수 있다. 바람직한 논증이란 반대 측의 근거를 무시하거나 배제하는 것이 아니라 인정하면서 반론을 제기하는 것이다. 따라서 근거를 제시할 때도 그것이 타당한지, 또 다른 근거들은 없는지 생각하는 자세가 필요하다.

예시 3

> 한마디로 우리 사회의 지식인 문화는 우리 사회의 '식민지성'을 가장 첨예하게 보여주는 현장이자 그 온상이다. 그러면 무슨 근거로 '탈식민지 시대'라는 단어를 쓰는가?
>
> 우리 지식인계는 현재 우리의 상황을 식민지와는 무관한 상태로 보는 이들과 '신식민지적' 상태로 보는 사람들로 나뉘어져 있다. 나는 이 두 입장 어느 것에도 동조를 하지 않는다. 우선 앞에서 말한 여러 가지 이유로 나는 '식민지'라는 단어가 아직 우리 상황을 밝히는 데 유용성을 지닌다고 생각한다. 그러나 내가 '신식민지'라는 단어를 쓰지 않은 것은 그렇게 부르기에는 소위 '지배권력'이 너무나 다원화, 분산화되어 있고, 동시에 우리 자신들이 그 상태를 벗어날 가능성을 상당히 갖고 있다고 보기 때문이다.
>
> – 조혜정(1992), 『글읽기와 삶읽기1』, 또하나의 문화, 3.

이 글의 필자는 자신이 식민지, 신식민지라는 용어 대신 탈식민지라는 용어를 쓰는 이유를 지배 권력의 다원화와 주체인 우리가 거기에서 벗어날 가능성이라는 두 가지로 들고 있다. 보통 근거는 '- 때문에', '-라는 이유에서'와 같은 어구와 함께 제시된다.

근거는 단락에 부분적으로 쓰이기도 하지만 글 전체로 확대될 수도 있고, 하나가 아니라 그 이상 제시될 수도 있다.

연습 2

다음 주장의 근거를 가능하면 많이 적어보고, 각 근거들의 의미를 구체적으로 설명해 보자.

1. 혈연, 지연, 학연 등 연줄 위주로 운영되는 사회는 발전할 수 없다.

- 찬성 근거

• 반대 근거

2. 동성애자들의 결혼을 허용해야 한다.

• 찬성 근거

• 반대 근거

논증의 방식들

한 편의 글에서 설명과 논증의 서술방식이 확연히 갈라지는 것은 아니다. 가령 현상을 설명하는 와중에 자기 견해를 피력하거나 다른 사람들의 논증을 끌어올 수 있고, 설득력 있게 논증하기 위해 개념을 정의해 설명하거나 쟁점과 관련된 현상을 분석, 분류할 수도 있다. 여러 서술 방식들이 한 편의 글에서 글의 목적이나 의도를 효율적으로 드러내기 위해서 섞이는 경우도 허다하다. 몇 가지 경우를 아래에서 살펴보기로 하자.

정의를 활용한 논증

어떤 중요한 단어에 대해 먼저 사전적인 의미를 정의하고 다음에 그 단어에 대한 자기 나름대로 새로운 해석을 내리는 것이다. 단어와 관련된 자신의 경험이나 의견을 적음으로써 자연스럽게 주장을 이끌어내는 것이다.

예시 4

주장은 크게 사실적 주장, 가치적 주장, 그리고 정책적 주장으로 나눌 수 있다. 사실적 주장은 사실 여부에 대한 자신의 판단을 내세우는 것으로, 어떤 것이 '사실이다' 또는 '사실이 아니다'라는 결론을 제시한다. 이를테면, 한 야당 인사가 "여당이 선거 자금으로 5000억원을 썼다"고 주장한다면 이것은 자신이 밝히는 바가 사실이라는 것을 주장하는 것이므로 사실적 주장이 된다.

가치적 주장이란 어떤 대상에 대한 평가를 밝히는 것으로 그것이 '좋다/ 바람직하다' 또는 '나쁘다/ 바람직하지 않다'란 결론을 제시한다. 이를테면, 한 야당 인사가 "보안법은 비민주적이다"라고 주장한다면 보안법의 바람직함을 평가하는 것이기 때문에 가치적 주장이라 할 수 있다.

정책적 주장은 '무엇을 어떻게 해야 옳은가' 하는 행위와 실천의 당위성에 대한 주장이다. 이를테면 "선거 자금을 밝혀야 한다" 또는 "보안법을 폐지해야 한다"는 등의 주장은 "....을 하는 것이 옳은 것"이라는 행위의 당위성을 주장하는 것이기 때문에 정책적 주장이라 할 수 있다.

– 임태섭(2010), 『스피치 커뮤니케이션』, 커뮤니케이션북스, 45.

• 예를 드는 논증

일반화를 입증하기 위하여 하나 혹은 그 이상의 특정한 예들을 제시하는 것이다. 개별적인 예들은 설명과 구별하기 위해서 둘 이상 제시되는 것이 좋고, 대표성을 띤 것이어야 한다.

예시 5

함축적 의미는 또 어떤 단어에 고유하게 실려 있는 것이 아니라, 사회적 조건과 시간의 흐름에 따라 쉽게 생기고 사라지고 변한다. 으르렁말의 범주에 속하는 금기어들(주로 성기, 성행위, 배설행위, 죽음, 질병, 신체적 불리, 사회적 불리와 관련된 노골적인 말들)의 부정적 연상을 제거하기 위해 고안된 완곡어들이 별다른 효과를 거두지 못하는 이유가 거기에 있다. '감옥'이라는 말의 부정적 연상을 제거하기 위해 '형무소'를 거쳐 '교도소'라는 멋진 말이 생겼지만, 사람들은 '감옥'이나 '형무소'라는 말에 붙어 있던 부정적인 함축 의미를 이내 '교도소'에도 그대로 이식해서 받아들였다. '식모'나 '차장'이나 '운전사'라는 말을 대치하기 위해 '가정부'나 '안내양'이나 '기사'라는 말이 만들어졌지만, 그 새 말들이 처음에 지녔던 산뜻한 함축적 의미는 이내 사라져버렸다. 국가정보원이 어지간히 잘해나가지 않는 한, '안기부'라는 말이 지녔던, 고문이나 공작 정치와 관련된 함축적 의미가 국정원으로 옮겨 붙는데 긴 시간이 걸리지는 않을 것이다.

정치적, 사회적으로 민감한 금기어들을 완곡어로 바꾸려는 진보주의자들의 태도와 실천은 90년대 들어 미국에서 '정치적으로 올바름(PC)'이라는 비아냥 섞인 이름을 얻었다. PC의 지지자들은 '검둥이'나 '흑인'이라는 말 대신에 '아프리카계 미국인'이라는 말을 사용했고, '정신박약'이라는 말을 대치하기 위해 '학습곤란'이라는 말을 만들어냈다. 그러나 이 새로운 말들도 이내 옛말이 지녔던 부정적 의미를 갖게 되었다. 완곡어의 반대자들은 언어가 반영하는 사회적 불평등이나 불의가 존속하는 한, 말을 다듬고 바꾸는 것은 무의미한 짓이라고 말한다. 여기에 대해 완곡어의 지지자들은 편견을 드러내는 언어의 사용 자체가 불평등과 불의를 고착화한다고 반박한다. 둘 다 일리가 있는 견해다. 확실한 것 하나는, 언어의 통제와 조작이 PC지지자들이 생각했던 것보다는 훨씬 더 어렵다는 사실이다.

– 고종석(1999), 『국어의 풍경들』, 문학과지성사, 67.

• 비유(유추)를 이용한 논증

특정 경우나 예로부터 다른 경우나 예와의 유사점을 찾아 논증하는 방식이다.

예시 6

우리에게 필요한 것은 세계관의 근본적인 전환이다. 나뭇잎이 없는 나무는 존재하지 않고, 나무 없는 숲은 생각할 수 없다. 인간이라는 잎이나 나무를 떠나서 자연이라는 나무나 숲을 언급할 수 없다. 그러나 거꾸로도 마찬가지다. 나무를 떠난 잎은 죽은 잎이요, 숲을 떠난 나무는 미아가 된 나무다. 그러므로 나뭇잎을 모르고서는 나무를 알 수 없고 나무를 보지 않고 숲은 볼 수 없는 것과 똑같이 나무를 모르고 나뭇잎을 알 수 없고, 숲을 보지 않고는 나무를 볼 수 없다. 전자의 시각이 미시적이나 근시안적일 위험이 있다면, 후자의 시각은 거시적이나 원시적일 위험이 있다. 현실은 한가지 시각이 아니라 두가지 시각을 동시에 가질 때만 있는 그대로 파악할 수 있다. 인간과 자연의 관계도 마찬가지다.

인간을 나뭇잎에 비교할 수 있다면 나무는 생태계에 비교할 수 있고, 생태계를 나무에 비교할 수 있다면 자연은 숲에 비유할 수 있다. 인간이란 나뭇잎을 모르고서는 나무라는 생태계는 알 수 없고, 생태계라는 나무를 보지 못하고서는 자연이라는 숲을 보지 못한다. 우리는 오래 전부터, 특히 인간과 자연을 절대적으로 분리하고 자연을 거대한 기계로만 보았던 데카르트 이래 나무라는 생태계를 잊고 나뭇잎이라는 인간만을 생각하고 자연이라는 숲을 모르고 나무만을 알려고 했다.

– 박이문(1998), 『문명의 미래와 생태학적 세계관』, 당대, 54.

• 권위에 근거한 논증들

자기주장의 타당성을 입증하기 위해 권위 있는 학자의 이론이나 저서를 증거로 제시하는 경우가 많다. 이 같은 논증을 충족시키기 위해서는 우선 인용된 출처를 밝혀야 한다. 출처가 확실히 명시되어야 하고, 공정해야 하며, 가능하다면 반대 입장을 취하고 있는 출처도 조사하는 것이 좋다.

예시 7

제러미 리프킨은 『노동의 종말』에서 정보화가 '노동 없는 자본주의'로 나아가고 있다고 본다. 미국의 경우 지난 30년 동안 생산성이 급증했음에도 불구하고 취업 인구 가운데 공장노동자들은 33%에서 17%로 낮아졌음을 리프킨은 지적한다. 이같은 추세라면 10년 이내에 미국의 공장노동 인구는 12%로 떨어질 것이며 2020년에는 주거 인구 가운데 2% 이하의 노동자만 필요할 것이라고 그는 전망한다. 기술발전으로 새로운 일자리가 생겨나긴 하지만 그보다 훨씬 많은 일자리가 사라져 버리고 있다. 산업사회에서는 농업과 공업에서 일자리를 잃은 노동력을 서비스업이 흡수했지만 정보화로 서비스업 또한 구조조정의 한파에서 안전하지 못하다. 산업사회가 노예노동의 종말을 가져왔다면 정보화 사회는 대량 고용을 박멸할 것이라고 리프킨은 주장한다. 이로 인해 너무나 대조적인 두 개의 종족이 인류 사상 최초로 전세계에 걸쳐 생겨난다. 그것은 첨단 기술 세계를 지배하는 소수의 정보 엘리트 집단과 이 세계에서 완전히 불필요하며 아무런 희망도 없는 거대한 영구 실업자 집단이다. 이 화해할 수 없는 두 개의 집단이 지구촌에 공존함으로써 인류는 파멸의 길에 들어서게 된다는 것이 리프킨의 논지다. (중략)

그렇다면 정보기술에서 새로운 일자리를 기대할 수 없는 것일까. 현 사회구조와 사회관계의 방식은 기술발전이 가져오는 문제들을 해결하기 위해 새로운 사회구조와 사회관계로 전환되지 못하는 것일까. 울리히 벡은 『아름답고 새로운 노동세계』에서 붕괴된 노동시장 복원을 위한 대안으로 '시민노동' 모델을 제안한다. 완전고용의 이상이 전설이 돼버린 대량 실업 위기를 헤쳐 나가려면 노동시간을 단축해 일자리를 나눠 갖고 실업자들에게 시민수당을 제공해야 한다는 것이다. 시민 수당을 공적 기부금과 기업의 후원금, 자치단체의 재원으로 조달하면 노동자들은 사용자의 이익을 위해서가 아니라 사회를 위해 노동력을 제공하는 아름다운 노동세계가 가능하다는 주장이다.

– 유병선(2000), 『밀레니엄 키워드.COM』, 웅진출판, 87~88.

• 인과관계에 근거한 논증

다루려는 사안이나 문제의 원인을 제시하고, 이 어떤 방법으로 결과를 이끄는가를 설명해야 하며, 잘 입증될 수 있고 그럴 듯한 원인을 찾아야 한다.

예시 8

그토록 흰옷을 사랑한 우리 민족이 지금은 왜 흰옷을 입지 않을까. 일제시대에 흰옷을 입지 말자는 운동이 일각에서 전개되었다. 국학자 이윤재는 〈백의금제의 사적 고찰〉이란 글에서 '현대적 생활사상상 절실한 경제적 충동으로 민중의 반성 자각에서 순민간적 전 사회적으로 생겨난 운동'이라고 주장하고 있다. 그러나 이 운동은 실패로 돌아갔다.

그러나 백의문화가 결정적으로 무너진 것은 해방 이후 미군 진주와 더불어 원색문화가 대대적으로 몰려오면서다. 원색문화의 홍수는 우리의 복식생활에 일대 충격을 주었다. 전쟁을 겪으면서 카키색 군복문화가 휩쓸었고, 양복과 양장이 퍼져나가면서 흰옷은 사라질 위기에 처해졌다. 특히 남자들의 양복 착용은 곧바로 흰 바지저고리의 벗어던짐을 뜻하였다.

– 주강현(1996). "우리 민족은 왜 흰옷을 입었을까". 『우리 문화의 수수께끼』. 한겨레신문사. 92.

논증하는 글쓰기의 절차

논증하는 글을 쓰기 위해서는 우선 자신의 주장을 확실히 해야 한다. 이럴 수도 있고, 저럴 수도 있다는 식의 진술, 즉 양시론이나 이것도 문제고, 저것도 문제라는 식의 양비론은 얼핏 대상을 바라보는 균형 잡힌 태도인 듯 보이지만 그것은 논쟁의 쟁점을 이끌어내지 못할 뿐만 아니라 필자의 의도를 제대로 전달하지 못해 설득력을 잃기 쉽다. 주제나 주장이 주어지면 가능하면 다양한 논증 방식들을 이용해서 각 주장을 뒷받침하는 근거와 증거들을 타당하게 제시해야 한다. 앞에서 제시된 논증의 방식들을 활용하면 된다. 그 다음에는 그것들이 타당한지 따져보라. 또 다른 반론이나 주장은 없는지 따져보고, 만약 문제가 있다면 수정하는 자세가 필요하다. 자신이 제시한 것 외에 다른 대안들은 없는지 생각해보라.

절차를 간략하게 정리하면 **주장 – 근거와 증거 제시 – 타당성 검토 – 반대 주장에 대한 반박 – 대안제시** 순이다. 다음 항에서 이런 절차를 근간으로 한 글쓰기 양식들을 구체적으로 알아보자.

논증하는 글쓰기의 실제

찬반양론

흔히 특정 쟁점에 대한 주장은 찬성과 반대 양쪽으로 첨예하게 갈리기 마련이다. 그리고 자기주장의 타당성을 입증하기 위해서 상대방 주장이나 예상되는 반론에 대한 반박을 항상 고려하게 된다. 그런 면에서 찬성과 반대, 허용과 금지, 긍정과 부정 등과 같이 명백하게 입장이 갈라지는 글은 반드시 논증의 절차를 거치게 되어있다. 이와 같이 자기 논지를 변호하고 타인의 논지를 비판하는 찬반양론의 논증 방식은 일정한 쟁점을 두고 펼쳐지는 토론회, 법정에서 변호사와 검사가 벌이는 법정 공방, 국회에서 국정을 논하고 정책을 결정하기 위해 각 정당구성원들이 벌이는 논의 등에서 대표적으로 볼 수 있다.

찬성과 반대 주장은 우선 쟁점의 핵심에서 벗어나지 않아야 한다. 그리고 주장은 신빙성 있는 증거와 합리적인 근거로 뒷받침되어야 한다. 서로 절충해서 상대방의 의견에서 수용할 부분을 수용하는 것은 그 다음이다. 평소 글을 읽거나 쓸 때 필자가 펼치는 핵심 주장과 제시된 근거들을 정리하는 습관을 기르도록 한다. 근거들이 명확하고 전체를 포괄하는지, 만약 그렇지 않다면 다른 근거들은 어떤 것인지 생각해본다. 마찬가지로 증거를 제시하는 데 사용된 방법들은 무엇인지, 수정하거나 보강할 증거들은 없는지 따져본다. 근거들은 가능한 한 많이 생각나는 대로 적어본 후, 제시된 근거의 타당성과 객관성을 고려하여 항목을 정리하는 것이 효과적이다. 각 근거를 보강하는데 필요한 증거들에는 무엇이 있는지 같이 적는 것이 실제로 글 쓸 때 도움이 된다. 각 주장과 그 근거들은 상대방의 반론을 염두에 둔 것인지, 그리고 예상되는 반론에 대한 반박이 글의 어느 부분에서 사용되는 것이 효과적인지 정한다.

서론에서 쟁점의 배경을 설명하고, 쟁점과 관련된 핵심 개념들을 정의한 후 찬성, 반대와 같은 자신의 입장을 밝히도록 한다. 본론에서 상대방의 주장과 근거를 검토해 반론의 여지는 없는지 의식하면서 자기주장의 근거와 증거들을 차례로 서술하도록 한다. 결론에서는 자신의 입장을 다시 한 번 환기하면서 끝맺는다. 퇴고할 때에는 주장이 타당한지, 주장을 뒷받침하는 근거와 증거가 더 있지는 않은지 겹치지는 않은지, 또 더 참신한 것은 없는지 따져 보고 수정 보완한다. 그 외 전체 글의 체재나 단락, 문장, 어휘, 맞춤법, 띄어쓰기 등을 검토하도록 한다.

찬반양론이 첨예하게 갈리는 쟁점을 좀 더 세심하게 따져보면 주장하는 자의 식견이라든가 사회적 입지에 따라 근거와 증거 제시가 세분화될 수 있다.

안락사 논쟁을 생각해보자. 안락사에 찬성하는 의사가 있을 수 있고 반대하는 의사도 있을 수 있다. 둘 다 의학적으로 삶과 죽음의 경계가 무엇인가를 근거로 들어 찬성 혹은 반대 주장을 펼 것이다. 환자나 환자 가족의 입장에서 경제적인 면, 물리적인 고통 등을 근거로 들어 찬성 혹은 반대 주장을 펼 수도 있다. 거기에다 생명윤리를 중시하는 종교계나 도덕철학자의 주장 및 근거, 안락사의 법적 허용문제를 판단해야 하는 판사, 검사, 변호사의 주장 및 근거가 덧붙여질 수 있다. 요컨대 찬성이든 반대 주장이든 가능하면 여러 입장에서 근거나 증거들을 확보해야만 주장의 타당성을 입증하고 반론의 여지를 줄일 수 있다는 것이다.

연습 3 다음은 윤리적으로나 사회적으로 쟁점이 되는 문제들이다. 각 쟁점에 대한 자신의 입장(찬성/반대)을 다양한 근거와 증거를 들어 밝히는 글을 쓰라.

1. 영어공용어론에 찬성하는가? 반대하는가?

- 찬성:
- 반대:

2. 여성고용할당제, 장애인 고용제도나 대학특례입학, 연예인, 운동선수들의 대학 특례입학과 같은 '역차별제도'에 찬성하는가? 반대하는가?

- 찬성:
- 반대:

3. 대학교육이 현실에서 활용 가능한 실용위주로 바뀌어야한다는 주장에 찬성하는가? 반대하는가?

- 찬성:
- 반대:

문제제기와 해결

문제제기와 해결식 글쓰기는 최근 현상을 통해 사실을 진단하고 거기에 내재한 문제점들을 분석한 후, 대안(해결방안)을 제시하는 글쓰기를 말한다. 가령 우리가 논술 글, 신문 사설이나 칼럼에서 흔히 볼 수 있는 '지역주의 (혹은 파벌주의)의 문제점과 해결방안', '빨리 빨리식 일처리의 문제점과 해결방안' 등과 같은 제목은 이와 같은 글쓰기를 골간으로 한 것이다. 문제제기와 해결식 글쓰기는 시론時評이나 비평문 등을 쓸 때 요긴하다.

논지 전개 방식은 우선 다양한 여러 사실들을 정리한 후, 이를 바탕으로 문제점을 도출하고, 그 문제점을 해결하는 것을 결론으로 삼는다. 다양한 여러 사실들을 정리할 때 중언부언하거나 지나치게 많은 사실들을 제공하면 오히려 글의 통일성이라든가 응집력을 해칠 수 있다. 그보다는 대표적인 몇몇 사실만을 서술하고 갈래짓기를 분명히 해두는 것이 바람직하다. 문제점을 지적할 때에는 겉으로 드러난 현상적인 문제 외에도 그 문제가 미칠 파장이라든가, 문제의 근본적 원인을 숙고해보는 자세가 필요하다. 마지막으로 가능한 한 구체적이고 실현 가능한 해결 방안을 제시하는 것이 좋다.

예시 9

인터넷이 정보화의 거센 물결을 헤치고 살아남는 노아의 방주처럼 인류의 구원을 보장하는 복음으로 선전되고 있다. 인터넷 전도사를 자처하는 사람과 조직들이 사방에서 우후죽순처럼 머리를 내밀고 있다. 구 미디어의 총아인 대형신문사들이 정보화와 뉴미디어의 전도사로 발 벗고 나서고 있다. 정보화를 구호로 내건 언론기관은 때로는 전자 유토피아의 환상을 불어넣다가 갑자기 태도를 바꾸어 변화에 뒤지면 낙오자가 된다고 협박을 가한다. 아이는 어르고 어른은 겁준다. 이런 이중적 캠페인은 진정한 정보화를 이루기보다는 맹목적 정보 의존증이나 무기력한 정보혐오증이라는 의외의 결과를 가져올 수도 있다.

아이들은 컴퓨터에서 그림이 나오고 소리가 들리니까 마냥 즐거운 것이지만 그들이 정보화의 의미를 깨치기에는 우리의 사회문화적 기반이 너무나도 허술하다. 한편 어른들은 인터넷과 자신의 생활간의 간극을 메우지 못한다. 왜냐하면 정보화가 자신에게 왜 필요하고, 자신이 그것으로 무엇을 할 수 있고, 무엇을 해야 하는가에 대한 명확한 인식 없이 이리 치이고 저리 치이는 형편이기 때문이다.

인터넷은 마치 하늘에서 떨어진 콜라병처럼 우리 사회 부시맨들을 어리둥절하게 만들고 있다. 부시맨에게는 콜라병이 온갖 기능을 다하는 만능 물건이지만 현대인에게 콜라병은 콜라병에 불과하다. 인터넷 문화와 공동체

정신을 도외시한 채 오락과 재미 그리고 수단적 효율성만을 강조하는 우리의 현실에서 아이들에게 인터넷을 제공해봐야 정보화의 진정한 효과는 얻어지지 않는다. 딱딱하게 굳은 머리들을 대량 생산해내는 교육체제가 변화하지 않고서는 인터넷은 여전히 신기한 콜라병에 머물 것이다.

인터넷이 활성화되면서 '망하기 싫거든 변해라, 인터넷을 모르면 직장에서 쫓겨날 것이다'라는 말이 사람들의 머리를 무겁게 짓누르고 있다. 많은 사람들에게 인터넷은 심리적 부담과 물리적 짐을 안겨주는 괴물 같은 존재이다. 그들에게 정보화와 인터넷은 무서운 존재이다. 아니 인터넷이 무서운 것이 아니라 인터넷을 빌미로 몰려오는 새로운 현실과 이에 대한 발 빠른 적응 요구가 엄청난 부담을 안겨준다. 평범한 일상을 사는 많은 사람을 디지털 시대의 러다이트로 만들지 않으려면 현재의 겁주기식 정보화 캠페인에서 송두리째 빠져 있는 사람과 공동체를 중심에 세우는 새로운 방식을 추구할 필요가 있을 것이다.

이 혼란의 시대에 진정한 정보화를 이루려면 어떻게 해야 할까. 우리는 인터넷에서 기술과 정보만 보았지 사람에게 눈을 돌리지 못했다. 인터넷을 네트워크로 연결된 갖가지 정보의 집합으로만 보기 때문에 기술적이거나 실용적인 측면에서만 정보화 문제를 대한다. 사람과 공동체를 도외시하기 때문에 인터넷의 주체가 되어야 하는 사람과 공동체를 폭넓게 끌어들이지 못한다. 대부분의 사람에게 새로운 기술은 어렵고 접근하기 힘든 대상이다. 그럼에도 불구하고 기술만을 강조하여 기술혐오증을 부채질해서는 인터넷과 정보소통을 활성화할 수 없으며 문화와 사회 저변에 널리 퍼진 새로운 문화의 원동력을 길어 올리지 못한다.

우리는 새로운 공동체를 만들고 그를 토대로 네트워크를 엮어 짜는 수평적 디지털 문화 혁명의 진정한 주체를 갖고 있지 못하다. 진정한 정보화와 새로운 커뮤니케이션은 기술이나 하드웨어에 있는 것이 아니라 사람과 문화에 달려 있다. 현실 세계가 억압과 고루함, 권위주의, 구태의연함으로 뒤덮여 있을 경우 네트의 새로움을 기대하기란 힘들다. 따라서 진정한 정보화를 이루려면 무엇보다 먼저 네트의 진정한 뿌리인 우리 삶의 텃밭을 새롭게 갈아엎는 데서 출발해야 할 것이다.

– 백욱인(1998), 『인터넷 정보화의 허상』, 문학과 지성사, 92~94.

이 글은 인터넷 정보화가 급속하게 진전되면서 생겨난 문제점을 짚고 나서, 사람이 주체가 되는 평등한(수평적) 디지털 문화 형성을 대안으로 제시하고 있다. 필자는 '전도사, 복음, 노아의 방주'같은 비유어를 끌어와 언론주도의 과열현상을 적절하게 지적하고 있다. 2와 4단락에서는 현재의 '겁주기식' 정보화 캠페인의 문제점을 아이와 어른으로 나눠 살펴보고, 3단락에서 콜라병-인터넷, 부시맨-우리의 유추과정을 통해 기술이나 실용위주의 발상을 전환할 것을 촉구한다. 마지막 두 단락은 대안제시와 관련이 있다. 사람 중심, 수평적인 네트워크로 연결된 공동체 지향이 그것이다.

연습 4

1. 왕따 현상의 문제점과 대안을 제시하라.

2. 우리나라 성문화의 현실 및 문제점을 짚고, 그 대안을 제시하라.

오류誤謬

오류란 연역법이나 귀납법 등의 추론이나 그밖의 합리화 과정에서 생기는 잘못을 말한다. 어떤 논증이 타당성을 지니기 위해서는 일정한 규칙을 지켜야 하는데 그러지 못할 경우 그 주장은 타당하지 않고 설득력도 잃게 된다. 한편 상대방의 논증에서 오류를 발견해 내는 일은 상대방의 주장에 논박할 때 유용하게 쓰일 수도 있다.

오류의 종류는 다양하다. 대개 형식적 오류와 비형식적 오류를 나눈 뒤, 다시 비형식적 오류에 언어적 오류나 심리적 오류를 포함시킨다. 아래에서 우리가 흔히 범하는 오류의 예를 살펴보자.

언어적 요인에 의한 오류

논증에 사용되고 있는 언어에 그 원인이 있는 오류. 용어의 뜻이 애매모호할 때 발생한다.

예시 10

> 여성과 남성은 신체적인 면에서나 감정적인 면에서 서로 다르다. 그렇다면 남성과 여성은 '동등'하지 않다. 그러므로 법은 우리가 '동등'하다고 가정하지 말아야 할 것이다.
>
> (앞의 동등은 '다름'의 반대개념, 즉 '동일하다'의 뜻인 반면, 뒤의 것은 '똑같은 권리와 기회를 가질 자격이 있음'을 의미한다.)

논증을 하면서 청자의 심리에 호소함으로써 발생하는 오류

❶ 동정에 호소하는 오류

이성이 아니라 상대방의 감정, 즉 연민을 자아냄으로써 설득하고자 할 때 발생하는 오류

예시 11

> 이 엄동설한에 저는 직장도 잃고, 아내마저 자식들을 버리고 집을 나가 할 수 없이 구걸을 시작했습니다. 좀 도와주십시오.

❷ 인신공격의 오류

사실이나 논지에서의 문제에 당사자의 신상이나 인격문제를 끌어들이는 데서 생기는 오류. 가령, 상대방의 주장을 논박할 때 주장 자체의 옳고 그름을 떠나 발설의 동기나 발설자의 인격, 사생활, 성격 등을 관련시켜 말하는 경우이다.

예시 12

> 학생들을 성희롱한 교수의 강의는 들을 필요조차 없다.

❸ 대중에 호소하는 오류

다른 많은 사람들이 하는 것을 근거로 삼는 오류

예시 13

> 이 책은 ○○문고에서 3주 연속 비소설 부분 베스트셀러를 차지했습니다. 그러니 여러분들도 이 책을 읽어야 합니다.

❹ 지나친 권위에 의지하는 오류

권위 있는 이의 말이나 언명을 절대적으로 신봉하고 의지하는 데서 빚어지는 오류

예시 14

> 원자력 기술의 안전성은 외국의 권위자들이 다 주장하는 것이니 섣불리 의심하지 말라.

❺ 위력에 의지한 오류

이성으로 상대방을 설복하려 하지 않고 힘을 과시하거나 협박하는 방식으로 주장을 펴는 데서 빚어진 오류

예시 15

우리의 의견에 찬동하지 않으려거든 이곳을 떠나시오. 다수의 의견에 따르지 않는 사람은 민주국가에서는 설 자리가 없는 법이니까요.

❻ 피장파장의 오류

내가 한 잘못을 다른 사람들도 하고 있다는 이유로 잘못이 아니라고 주장하는 오류

예시 16

털어서 먼지 안 나는 사람 있으면 나와보라고 그래.

❼ 원천봉쇄의 오류

반론을 할 수 있는 가능성을 원천적으로 봉쇄함으로써 반론을 불가능하게 만드는 오류

예시 17

만일 이 안에 동의하지 않는 자가 있다면 그는 분명 애국자가 아니다.

부적합한 논거에 의한 오류

❶ 성급한 일반화의 오류

한정된 특수 사실만을 바탕으로 성급하게 결론을 이끌어내는 논리적 비약을 말한다.

예시 18

최근 여론 조사에서 남북 교류를 민간차원에서 시작하는 것이 바람직하다는 의견이 76%였다. 그러니 온 국민이 그것을 찬성한 것이나 마찬가지이다.

② 우연에 의한 오류

일반적이거나 본질적인 규칙을 우연한 예외의 경우에도 잘못 적용하는 데서 생기는 오류이다.

예시 19

> 거짓말은 죄악이다. 의사가 환자와 가족을 안심시키려고 거짓말을 했다. 그러므로 의사는 죄악을 범했다.

③ 인과관계의 잘못 적용으로 말미암은 오류

확고한 근거 없이 한 사실을 다른 사실의 원인으로 여기는 데서 나오는 오류이다. '오비이락烏飛梨落'이 여기에 해당되는데 비슷한 시기에 발생했다고 해서 앞에 일어난 일을 뒤에 일어난 일의 원인으로 간주하는 오류이다.

예시 20

> 그 약국의 약을 사먹고 배탈이 났으니 약국에 손해배상을 청구해야 한다.

④ 흑백사고의 오류

'죽기 아니면 까무러치기'라는 말처럼 여러 가지 경우들이 발생할 가능성을 배제하고 두 가지 극단적인 경우만 생각할 때 생기는 오류이다.

예시 21

> '난 더 이상 너를 사랑하지 않아.'라고 상대방이 말할 때 '그러면 내가 싫어졌단 말이야? 혹은 '나를 증오한단 말이야?'라고 반응하는 경우

❺ 논점 이탈의 오류

어떤 학설이나 의견을 반박할 경우에 그 내용의 잘못이나 논리적 모순을 지적하지 않고 그것과 직접 관련이 없는 이유를 들어 문제의 핵심을 흐리게 만들거나, 핵심주제는 내버려둔 채 곁가지에 해당하는 문제만을 다룰 때 발생하는 오류이다.

예시 22

> '그 견해에 동조하는 이유는 무엇인가'라는 물음에 대해 '그렇게 묻는 당신의 입장은 무엇인가'라고 되묻는 경우

❻ 순환논증의 오류

전제를 바탕으로 결론을 논증하고 다시 결론을 바탕으로 전제를 논증하는 것이다.

예시 23

> 성서의 글은 모두 하느님의 말씀이다. 성서가 하느님의 말씀인 것은 성서에 쓰여 있기 때문이다. 그러므로 성서가 하느님의 말씀인 것은 의심할 여지가 없다.

3 실감나는 묘사문

대상 자체를 말하면서 체계적인 조직을 세우지 않고 인상을 통해 특수성을 찾아 그려 내는 글쓰기 방법을 묘사라고 한다. 그러므로 묘사는 대상을 있는 그대로 감각적으로 그린 문장으로 그림에 가까운 형식의 글이라고 할 수 있다.

묘사는 전체와 부분, 부분과 부분의 조화와 관련을 유지하면서 각자의 반응을 통일성 있게

그려 내야 하며, 치밀한 관찰 자세가 필수적이라고 할 수 있다. 이러한 방식으로 완성된 잘 된 묘사문은 글을 읽는 이가 글쓰는 이와 동일한 인상을 받거나 상상적 체험을 할 수 있도록 해 준다. 그러므로 이러한 묘사적 방법으로 글을 쓰는 최선의 자세는 보다 정확하고 풍부하게 재현하는 것이라 할 수 있다.

예시 1

> 허씨는 그 용모를 보면, 두 볼은 한 자(尺)가 넘고, 눈은 퉁방울 같고, 코는 질병 같고, 입은 메기 같고, 머리털은 돼지털 같고, 키는 장승만 하고, 소리는 이리 소리 같고, 허리는 두아름이나 되는 것이 게다가 곰배팔이요, 수중다리에 쌍언청이를 겸하였고, 그 주둥이를 썰어 내면 열 사발은 되고, 얽기는 콩멍석 같으니, 그 모습은 차마 보기 어려운 데다 그 심사가 더욱 불량해서 못할 짓만 골라서 하고 다녔다.
>
> – 권순긍(2012), 『장화홍련전– 억울하게 죽어 꽃으로 피어나니』, 휴머니스트, 13.

위 글은 우리나라 고전 소설 『장화홍련전』의 한 부분이다. 이 글에서는 인물의 외형적 특징을 매우 세밀하게 묘사하고 있다. 허씨의 생김생김을 보면 눈, 코, 입이 지나치게 크고 머리카락은 돼지털과 같이 볼품이 없으며 팔과 다리도 기이하게 생겨 도저히 정상적인 사람이라고 하기 어렵다.

이와 같이 어떤 대상을 놓고 모양, 빛깔, 감촉, 소리, 냄새 등을 마치 눈앞에 있는 것처럼 그려내는 방법을 묘사라고 한다. 대상을 구체적으로 이해시키기 위해 묘사의 방법을 쓰기도 하고, 때로는 그 대상에 대한 느낌을 불러일으키기 위해 묘사의 방법을 사용하기도 한다. 묘사는 대상을 치밀하게 파악하여 그 내용을 종합적으로 표현하는 일이 중요하다. 종합적인 표현이 없으면 묘사 내용이 분산되어 전체적인 인상을 그려 내기 어렵다. 대상의 전체적인 모습이 효과적으로 전달되어야만 성공적인 묘사가 이루어진다.

묘사의 방법은 크게 두 가지로 나누어진다. 대상을 사실 그대로 그리고자 하는 객관적인 묘사가 있고, 대상에 대한 주관적인 인상이나 느낌을 중심으로 그려 나가는 주관적 묘사가 있다. 객관적 묘사는 있는 그대로의 사실을 치밀하게 그리는 것이므로 글을 쓰는 이의 주관이 배제된다. 그러나 주관적 묘사는 있는 그대로의 모습을 중시하지 않고 자신의 느낌을 그려내는 데에 중점을 둔다.

객관적 묘사

객관적 묘사는 관찰자가 객관적인 입장에서 묘사의 대상이나 사실을 그려 나가는 방법으로서, 고정 관점, 동적인 관점, 원근법적 관점 등이 있다. 고정 관점은 관찰자의 관점이 고정적이어서 객관적인 입장에서 주어진 대상을 왼쪽에서 오른쪽으로 혹은 밑에서 위로 묘사해 가는 방법인 반면, 동적 관점은 공간적 이동과 초점의 변화를 보여 주는 묘사 양식이다. 또한 원근법적 관점은 묘사하고자 하는 대상이 너무 방대하거나 상상적인 무한성을 지닌 경우에 필요한 관점이다.

예시 2

> 석굴암의 내부는 사각형의 앞방(전실)과 본존불이 앉아 있는 원형의 뒷방(주실)으로 이루어져 있다. 벽면을 구성하는 돌은 모두 29개로 폭 1.2m, 높이 2.7m의 거대한 돌판으로 구성되어 있는데, 그 거대한 돌들을 자르고 깎고 배열하는 데 10m에 1cm 이내의 오차만 날 정도로 정교하게 세워져 있다. 돌판에는 여러 불상들이 돋을새김으로 새겨져 있는데, 배치에 있어서 두드러진 특징은 좌우가 대칭구조를 이루고 있다는 사실이다. 좌우 대칭 구조는 조화미, 정제미를 자랑하는 신라 중대 예술품에 공통적으로 나타나는 특징으로 이러한 대칭 구조는 석굴암의 안정감을 강조하는 데 큰 구실을 하고 있다. 부처님께 절을 하고 공양을 드리기 위한 장소로 만든 전실에는 불법을 수호하는 신인 팔부신중이 좌우로 4구씩 서 있고 바로 옆에 수문장인 근육질의 인왕상(금강역사상이라고도 한다)이 "너! 나쁜 짓을 하면 지옥 간다."라고 말하듯 얼굴에 잔뜩 힘을 주고 서 있다. 전실과 부처님이 앉아 계신 주실을 잇는 통로에는 수미산 꼭대기에 살면서 동서남북 각 방위를 지키는 사천왕이 자리 잡고 있다. 지국천왕, 광목천왕, 증장천왕, 다문천왕이 바로 그들이다.
>
> – 장용준(2004), 『장콩의 외우지 않아도 저절로 이해되는 우리 역사 이야기』, 살림, 56~57.

위 글은 석굴암의 내부를 사실적으로 묘사한 글이다. 윗글에서는 석굴암이 전실과 주실로 이루어져 있음을 설명한 후 벽면의 돌판, 전실, 전실과 주실을 잇는 통로의 차례대로 그 내부를 서술하고 있다. 전체적으로 주관적 느낌을 배제한 채 객관적 사실을 위주로 글을 서술하고 있다는 것을 알 수 있다.

연습 1

1. 경남대학교 교정을 객관적으로 묘사해 보자.

2. 글쓰기 책을 객관적으로 묘사해 보자

주관적 묘사

주관적 묘사는 관찰자가 주관적 입장에서 묘사의 대상이나 사실을 그려 나가는 방식인데, 여기에는 무드형과 중점적 관심형이 있다. 무드형이란 관찰한 대상에서 얻은 반응과 흥미가 중점적으로 다루어질 때의 묘사를 말하며, 중점적 관심형은 관찰한 대상의 특별한 일면을 부각시키는 것을 말한다.

예시 3

점순이는 뭐 그리 썩 예쁜 계집애는 못된다. 그렇다구 또 개떡이냐 하면 그런 것도 아니고, 꼭 내 아내가 돼야 할 만치 그저 툽툽하게 생긴 얼굴이다. 나보다 십년이 아래니까 올해 열 여섯인데 몸은 남보다 두 살이나 덜 자랐다. 남은 잘도 훤칠히들 크건만 이건 위아래가 뭉툭한 것이 내 눈에는 헐없이 감참외 같다. 참외 중에는 감참외가 제일 맛좋고 예쁘니까 말이다. 둥글고 커다란 눈은 서글서글하니 좋고 좀 지쳐 찢어졌지만 입은 밥술이나 톡톡히 먹음직하니 좋다.

— 김유정(2016), 『봄봄』, 꿈트리, 56.

예시 4

빗소리는 살아있다. 차분한 발걸음으로 조심조심 찾아와 귓전에 먼 기억 속 사연을 속삭이기도 하고, 때로 성난 사내의 발걸음으로 마구 뛰어와 이곳 저곳을 미친 듯 두드려 대는 모습도 보인다. 그래서 빗소리는 살아 있는 사람들의 모습으로 연상되기도 한다. 살아있는 무수한 빗소리에 귀를 기울인다. 빗소리에 빠져들면 어느새 아련한 향수에 젖어 고향집 툇마루에 앉아 있는 내 모습에 놀라기도 하고, 깊은 물 속으로 온몸이 서서히 젖어들어 가는 듯한 느낌이 들기도 한다.

— 배준석(2002), 『구름을 두드리다』, 한국문학도서관, 165.

위 글은 주관적인 느낌을 중심으로 대상을 묘사한 인상적 묘사이다. 이렇게 단순히 눈에 보이고 귀에 들리는 것을 정교하게 기술한다고 해서 좋은 묘사문이 되는 것은 아니다. 이것은 실제 모습에 좀 더 가까운 사진보다 실제 모습에 좀 덜 가까운 그림이 예술적으로 더 아름다울 수 있는 것과 같다. 묘사에서 중요한 것은 대상의 있는 그대로의 모습이 아니라 감각적

인상이다. 풍자만화caricature의 엉성한 인물 그림이 사진보다 더 생생하게 느껴지는 것은 바로 실제 인물의 감각적 인상을 잘 포착했기 때문이다. 따라서 좋은 묘사문을 쓰려면 대상에 대한 정확하고 예리한 관찰을 토대로 그것을 지배하는 핵심적인 느낌과 인상을 잘 포착하고, 이를 눈에 보이듯이, 귀에 들리듯이 생생하게 표현하는 일이 무엇보다도 중요하다고 할 수 있다.

연습 2

1. 내 친구의 얼굴을 주관적으로 묘사해보자.

2. 외국 여행에서 가장 기억에 남는 음식을 주관적으로 묘사해보자.

4 역동적인 서사문

세상에 존재하는 모든 사물이나 현상은 늘 어떤 모습으로 존재한다. 그러나 그 모습은 고정되어 있지 않고 시간의 흐름에 따라 끊임없이 변화한다. 지금 하얀 꽃잎이 지고 새싹이 막 돋아나는 벚나무도 예외일 수 없고, 산에 오를 때마다 늘 같은 모습을 하고 있는 것처럼 보이는 큰 바위도 예외일 수 없다. 변화의 속도가 빠르냐 더디냐는 차이가 있을 뿐이지 변화하지 않는 것은 없다.

우리는 세상에 존재하는 어떤 사물이나 현상을 어떤 특정 시점에서의 모습을 통해 인식할 수도 있고, 시간의 흐름에 따라 변화하는 모습을 통해 인식할 수도 있다. 이와 같이 시간의 흐름에 따라 변화하는 모습을 좇아가면서 어떤 대상을 설명하는 글쓰기 방법을 서사라고 한다.

서사는 사건의 진행 과정이나 사물의 움직임과 변화를 시간적 추이에 따라 구체적으로 풀어 이야기하는 방법이다. 서사는 '무엇이 일어나고 있는가?' 라는 질문에 대한 대답의 형식이 되며 하나의 일관된 줄거리를 가지고 이야기를 진술하는 형식을 가진다. 서사의 방법에서 진술 대상이 되는 것은 실제로 일어난 일이거나 일어날 수도 있는 사건이다.

하나의 사건을 서사의 방법으로 기술하기 위해서는 사건의 과정 가운데에서 중심이 될 만한 것을 잡아 이야기의 통일성을 이룰 수 있도록 전체를 조절해야 한다. 불필요한 것들까지 잡다하게 늘어놓기보다는 의미 있는 것들만 정리하여 체계적으로 진술해야 한다. 이때 서사의 구성 요소에 해당하는 '움직임, 시간, 의미'를 정확하게 구획하는 것이 중요하다. 서사란 시간에 따라 움직이는 과정을 의미 있는 일련의 사건으로 이야기하는 것이기 때문이다.

움직임

서사에서 사건은 '묘사'와 '서사'를 구분하는 중요한 요소가 된다. 묘사가 순간적으로 고정된 세계의 화상을 우리에게 제시하는 스냅 사진과 같다면, '서사'는 움직이는 생생한 화상을 우리에게 제공하는 것이라고 볼 수 있다. 즉, '묘사'가 한 폭의 그림 또는 한 장의 사진과 같은 것이라면, '서사'는 비디오 카메라로 찍은 영상물 같은 것이다. 따라서 한 장면에서 다른 장면으로의 변화가 중요한 핵심이라고 할 수 있다. 묘사가 '무엇이 발생 했는가'에 대한 대답이라면 서사는 '어떻게 해서 발생 했는가' 하는 사건 전반의 움직임에 대한 대답이 되는 것이다.

시간

시간은 위에서 설명한 사건의 필수적인 요소라고 할 수 있다. 한 대상이 움직인다는 것은 시간의 흐름을 전제로 한다. 즉, 사건이라는 것이 한 시점에서 다른 시점까지의 변화를 의미한다면 움직임을 위해서는 반드시 시간이 필요한 것이기 때문이다. 다시 말하면, 한 사건의 흐름은 반드시 특정한 단위 시간 안에서 파악할 수 있으며, 시간의 경과가 없는 사건의 경과라는 것은 존재할 수 없는 것이다.

의미

우리가 반드시 유의해야 할 점은 서사 속에서 사건이란 그냥 단순한 시간의 흐름 속에 있는 사건이 아니라는 점이다. 그것은 의미가 있는 사건만이 서사 속에서 사건으로 인정될 수 있다는 것이다. 따라서 서사의 필자는 단순한 시간의 변화에 따른 사건만을 보여주는 것이 아니라 시간의 변화에 따른 사건이 무엇을 의미하고 있는가를 독자에게 분명하게 알려 줄 필요가 있다는 것이다.

이것은 또한 묘사와 달리 서사가 갖고 있는 특성이라고 할 수 있다. 즉, 어떤 동작이나 사건이 그 글 전체에서 무슨 의미를 지니고 있으며 각각의 의미들이 전체의 의미와는 또 어떻게 유기적으로 연결되어 있는가에 대해서도 분명하게 밝혀 주어야 한다는 것이다.

예시 1

> 소학교 3학년 때 가을. 나는 그 즈음 남 몰래 즐기고 있는 한 가지 비밀이 있었다. 광에 가득 쌓아 올린 볏섬 사이에 내 몸이 들어가면 꼭 맞는 틈이 하나 있었다. 나는 거기다 몰래 어머니와 누이들의 속옷을 한 가지씩 가져다 깔아 놓고, 학교에서 돌아오면 그 곳으로 기어들어 생쥐처럼 낮잠을 자는 것이었다. 속옷은 하나같이 부드럽

고 기분 좋은 향수 냄새가 났다. 장에는 늘 그런 옷이 얼마든지 쌓여 있어 내가 한두 가지씩 덜어내도 어머니와 누이들은 알아차리지를 못했다. 어두컴컴한 그 광 속 굴에 들어앉아 이것저것 부드러운 옷자락을 만지작거리며, 거기서 흘러나오는 냄새를 맡고 있노라면 그보다 기분 좋은 일은 없었다. 그러다 나는 스르르 잠이 들고 잠이 깨면 다시 생쥐처럼 몰래 그 곳을 빠져 나왔다. 그런데 어느 날은 거기서 너무 오래 잠이 들어 있다가 아버지가 비춘 전짓불 빛을 받고서야 눈을 떴었다. 아버지는 아무 말도 하지 않고 그대로 광을 나가더니 나를 남겨 둔 채 문에다 자물쇠를 채워 버렸다. 그 문은 이틀 뒷날 저녁 때 열렸다. 나는 광에다 나를 가두어 놓은 동안 밖에서 일어난 일에 대해서는 아무 것도 모른다. 그러나 문이 열렸을 때 거기 있던 옷가지는 한 오라기도 성한 것이 없이 백 갈래 천 갈래로 찢기어 있었다.

– 이청준(2006), 『퇴원』, 푸르메, 56.

이 작품은 성인이 된 주인공의 이상 행동의 내력을 이야기해 주는 부분이다. 이 부분을 통해 주인공과 아버지와의 갈등이 어떠한 형태로 심화될지 짐작하게 되고, 주인공의 심리 상태도 엿볼 수 있게 된다. 이 부분에서 보여주는 서사의 기본적인 형식인 사건, 시간, 의미가 어떠한 작용을 하는가를 이해하는 것은 바로 서사 자체를 이해하는 과정이 될 것이다.

예시 2

조선의 세종 대왕이 즉위한 지 15년째 되는 해에, 판서 벼슬을 하는 양반 홍문과 노비 출신의 첩 춘섬 사이에서 홍길동이 태어난다. 길동은 비범함이 남달라 영웅호걸이 될 만한 아이였으나 천한 종의 몸에서 태어났기에 벼슬길에 오를 수 없는 신분이었다.

어느덧 여덟 살이 된 길동은 모두에게 칭찬 받는 아이였으나 아버지를 아버지라 부르지 못하고 형을 형이라 부를 수 없는 처지였다. 친척들과 종들마저 길동을 보고 종의 몸에서 난 천한 아이라고 하니 길동은 그것이 너무나도 원통할 뿐이었다.

길동은 사내로 태어나 출세하여 이름을 세상에 알릴 수도 없는 자신의 신세를 명확히 인식하고, 어차피 병조판서 벼슬을 받지 못할 바에는 차라리 집을 나가 산속으로 들어가 세상의 명예나 수치를 잊고 살 결심을 한다.

그러던 차에 길동 모자를 향한 홍 판서의 사랑이 날이 갈수록 커지자, 홍 판서의 첫 번째 첩 초낭이 그것을 시기하여 길동 모자를 없앨 궁리를 한다. 초낭은 무녀와 계략을 짜고 관상녀를 불러 홍 판서에게 길동을 모함하는 소리를 전하게 한다. 그리고 초낭은 본부인 유씨 부인과 맏아들 길현을 꼬드겨 길동을 없앨 마음을 갖게 만든다.

결국 초낭은 자객을 사서 길동을 죽이기로 한다. 이때 길동의 나이 열한 살이었는데, 체격이 크고 용감했으며 유교 경전은 물론 천문과 지리, 주역에도 통달해 바람과 구름을 부리고, 둔갑술까지 익히고 있었다. 자객을 잡아 일의 시작과 끝이 어찌된 것인지 알게 된 길동은 그길로 어머니께 인사를 드리고 집을 떠난다.

– 이영민(2012), 『역사로 통하는 고전문학 – 세상을 뒤집다 홍길동전』, 휴이넘, 10.

이렇게 서사는 인물의 성장 과정이나 일생, 사건의 전개 과정 등 시간의 흐름에 따라 변화하는 속성을 갖는 대상을 설명하는 데도 알맞은 글쓰기 방법이다.

위의 글에서 '홍판서와 시비 춘섬 사이에서 태어나는 것'과 '총명하고 학식이 뛰어난 것'은 '멸시를 받는 것'과 밀접하게 관련되며, '멸시를 받는 것'은 다시 '집을 나와 활빈당을 조직하는 것'과 밀접하게 관련된다. 그리고 위의 글을 구성하는 모든 사건은 궁극적으로 나중에 나올 '율도국에 정착하여 이상적 왕국을 건설하는 것'과 관련된다.

또 서사는 이렇게 어떤 사물이나 인물의 변화를 진술하는 경우에는 누가 어떤 각도에서 그 사실을 말해주는가를 정해야 한다. 진술의 객관성이나 공정성을 중시하는 경우에는 사물과 일정한 거리를 두고 그 사물에 대해 진술하게 된다. 이러한 객관적 진술에서는 서술자의 주관적 태도가 드러나서는 안 된다. 그러므로 객관적인 시간의 흐름에 따라 사건을 표현하는 것이 가장 좋은 방법이다. 우리가 어떤 사물이나 사건을 설명하고자 할 때 그 대상이 시간적 구성을 지니고 있다면 서사는 매우 유용한 표현 방법이 된다. 예를 들어 뉴스나 '개미의 하루 일과' 같은 것은 서사로 표현할 수 있는 대표적 예라고 할 수 있다.

연습 1

1. 다음 문장으로 시작하는 서사문을 완성해보자

"하늘에서 떨어지는 것이 무엇이건 원망해서는 안된다"

2. 다음 장면을 서사의 구성 요소인 사건, 시간, 의미를 고려하여 하나의 이야기로 만들어 보자.

①

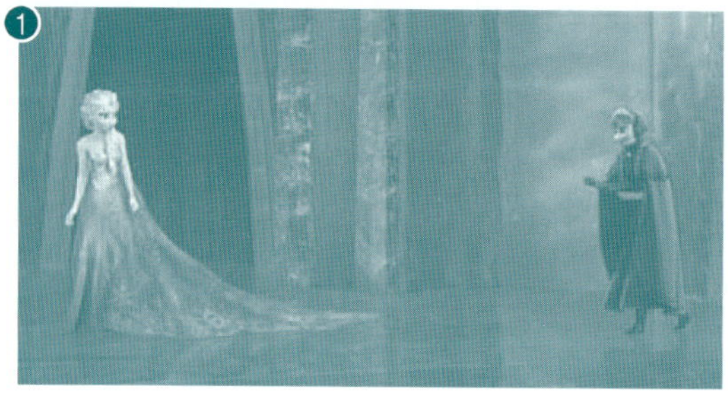

②

③

④

참고문헌

고종석(1999), 『국어의 풍경들』, 문학과지성사.

권순긍(2012), 『장화홍련전– 억울하게 죽어 꽃으로 피어나니』, 휴머니스트.

김우창(1995), "감각, 이성, 정신", 『한국문학이란 무엇인가』, 민음사.

김유정(2016), 『봄봄』, 꿈트리.

박이문(1998), 『문명의 미래와 생태학적 세계관』, 당대.

배준석(2002), 『구름을 두드리다』, 한국문학도서관.

백욱인(1998), 『인터넷 정보화의 허상』, 문학과지성사.

복거일(1998), "국제어에 대한 성찰", 『국제어 시대의 민족어』, 문학과지성사.

서경환(1999), "법은 필요한가", 『문장연습』, 고려대학교출판부.

앤드류 롤링스 공저(2004),송기범 역, 『게임기획개론』, 제우미디어.

유병선(2000), 『밀레니엄 키워드.COM』, 웅진출판

주강현(1996), "우리 민족은 왜 흰옷을 입었을까", 『우리 문화의 수수께끼』, 한겨레신문사.

이아정(2002), 『그 산에 가고 싶다』, 오늘의책.

이어령 외(1993), 『한·일 문화의 동질성과 이질성』, 신구미디어.

이영민(2012), 『역사로 통하는 고전문학 – 세상을 뒤집다 홍길동전』, 휴이넘.

이청준(2006), 『퇴원』, 푸르메.

임태섭(2010), 『스피치 커뮤니케이션』, 커뮤니케이션북스.

장승욱(2004), 『재미나는 우리말 도사리』, 하늘연못.

장용준(2004), 『장콩의 외우지 않아도 저절로 이해되는 우리 역사 이야기』, 살림.

제임스 글리크(1993), 박배식 옮김, 『카오스–현대과학의 대혁명』, 농눈사.

조혜정(1992), 『글읽기와 삶읽기1』, 또하나의 문화.

하병학(2000),『토론과 설득을 위한 우리들의 논리』, 철학과현실사.

홍세화(2005), 『세느강은 좌우로 흐르고 한강은 남북으로 흐른다』, 한겨레신문사.

황훈영(1999), 『우리 조상들은 얼마나 과학적으로 살았을까』, 청년사.

대학생을 위한 글쓰기 5

글쓰기 능력은 작가나 학자, 언론인과 같은 전문가 집단이나 특정 직업인의 삶에서만 소용되는 것이 아니다. 우리는 누구나 편지나 일기, 감상문이나 기행문 등 사적인 글에서부터 이력서나 자기소개서, 자술서, 탄원서 등 공적인 글에 이르기까지 다양한 글쓰기를 하며 살아간다. 그리고 대화와 같은 일상적 말하기에서부터 면접, 토의, 토론, 발표와 같은 특수한 말하기에 이르기까지 다양한 형태로 의사소통을 하며 살아간다.

제5장 대학생을 위한 글쓰기

1 자기소개서 쓰기

'자기소개서'는 개인의 능력을 글로써 호소하는 것으로써 취업 글쓰기의 핵심 내용이다. 자기소개서에서 학점이나 스펙으로 다 표현되지 못한 자신의 능력과 강점을 드러내기 때문에 자신의 개인적 소견이 가장 적극적으로 드러나는 글이기도 하다. 따라서 자신이 지원하는 기업에서 필요로 하는 인재임을 글을 통해 전달해야 하므로 안이한 태도로 임해서는 안 된다. 글에서 자신의 이미지를 만들어 보이고 자신의 장점을 홍보함으로써 글을 읽는 사람의 지원자에 대한 관심을 이끌어내야 하므로 많은 노력을 기울여야 한다.

자기소개서는 자신의 장점을 압축하고 요약하여 문장 속에서 드러냄으로써 상대가 자신을 이해하게 하는 실용적 글이다. 좋은 글을 위해서는 자신의 특징을 드러낼 수 있는 소재를 발굴하고, 압축된 문장으로 표현하여야 한다. 그리고 제출 순간까지 고치기를 반복해서 완성도를 높여야 한다. 그래야 인사 담당관에게 호감을 얻고, 면접에서도 관심을 받을 수 있다.

자기소개서의 성격

자신의 이력을 담은 작은 자서전

자기소개서에는 이력서에 싣지 못한 자신의 이력을 보여주어야 한다. 글을 쓰기 전에 먼저 지원하는 회사의 정보를 수집해야 한다. 자신이 어떤 일을 하고 싶은지, 그 회사에는 어떤 업무 분야가 있는지, 그 기업의 경영철학은 무엇인지, 그 기업의 비전은 어떤지 등을 파악해야 한다. 이를 위해 지원하는 회사의 홈페이지를 방문하여 꼼꼼히 살펴서 필요한 정보를 확보하고, 그 회사의 관련 상품이나 기사 등을 찾아 필요한 정보를 정리하는 방법을 활용한다.

다음으로 자신이 지원할 업무 분야의 내용을 파악하는 것이다. 그래야 그 업무를 수행하기 위해 자신이 얼마나 적합한 조건을 가졌는지 기술할 수 있기 때문이다. 그것은 그 회사의 사원이 되기 위한 지원자의 마음 자세를 보여주는 것이기도 하다.

마지막으로 자신의 적성과 흥미를 따져보아야 한다. 자신이 지원하는 회사의 업무가 나의 열정과 노력을 쏟을 만큼 충분한 의욕을 불러일으키는지, 내가 그 회사에서 흥미를 가지고 일할 수 있는지 등을 생각해야 한다. 그래야 자기소개서 내용에 지원자의 일하고자 하는 열정이 담기고 결과적으로 호소력 있는 자기소개서가 될 수 있다.

자신의 '능력'을 호소하는 글

자기소개서는 '나는 어떤 사람인가'를 말하는 것이 아니라 '나는 어떤 능력을 가진 사람인가'에 초점을 맞추어야 한다. 회사에 따라서는 '성장 과정의 특징', '성격의 장단점', '지원 동기 및 포부' 등과 같은 일반적인 소개서 양식을 그대로 사용하는 경우도 있다. 그러나 최근의 추세는 '자신의 가장 큰 성취나 가장 큰 실패 경험을 기술하라', '대학생활 동안 열정적으로 임했던 일을 쓰시오', '소속감을 느꼈던 조직과 그 기억을 서술하시오', '새로운 관점에서 일을 추진했던 경험을 쓰시오' 등과 같이 그 회사만의 질문을 제시하는 경우가 많다.

어떤 자기소개서든지 질문이 요구하는 대답은 지원자의 이력보다는 그 사람의 특별한 능력을 확인하고자 하는 것이다. 왜냐하면 회사의 인사담당자는 지원자의 역량이 자기 회사에 얼마나 적합한가를 판단하려하기 때문이다. 따라서 지원자는 자신의 경험과 학습을 통해 갖추게 된 특별한 자질을 구체적으로 기술하되, 그 회사의 인재상에 맞는 '능력'에 초점을 맞추어야 한다.

자기소개서 쓰기의 핵심

마음에서 우러나오는 진심을 담자

가장 중요한 것은 진심을 담는 것이다. 자기 과시나 근거 없는 자심감은 오히려 신뢰를 떨어뜨린다. 만약 진실하지 못하다고 판단되면 아무리 좋은 스펙이 있어도 그 지원자를 선택하지 않는다.

어려움을 이겨낸 경험을 활용하자

누구나 성장과정에 크고 작은 어려움은 있다. 자기가 힘들게 극복했던 어떤 어려움이 있다면 가장 좋은 소재가 된다. 비바람 맞으며 단단하게 자란 인재는 회사 생활에서도 역경을 극복할 수 있다는 믿음을 준다.

자신의 경험, 행동, 인격, 사건 등의 구체적 사례를 활용하자

자신의 경험을 활용하여 스토리텔링을 한다. 막연하고 관념적인 표현보다 구체적인 행동을 통해 자기를 증명하는 것이 좋다. 그렇게 하면 평가자가 지원자의 인격에 관심과 흥미를 가지게 된다.

꾸준한 발전을 부각하자

자신이 어떤 분야에 대해 흥미를 가지고 꾸준히 발전한 경험을 부각한다. 꾸준함은 성실성을 증명한다.

적극적인 인재임을 증명하자

자신의 활동에서 리더십을 발휘한 경험이나 단체 활동의 직책을 맡았던 적이 있다면 활용한다. 어떤 조직이든 능동적이고 적극적인 인재를 원한다.

최근 모습과 현재의 능력을 부각하자

시험관이 알고 싶은 것은 현재 지원자의 능력이다. 초등학교 시절 회장 경력을 쓰는 것은 자기를 이해시킬 몇 줄의 기회를 버리는 것과 같다. 면접관이 지원자의 합격 여부를 결정하는 데 가장 큰 비중을 두는 것은, 대학생활 동안 어떤 경험을 쌓고 현재 어떤 능력을 가지고 있느냐 하는 최근의 모습이다.

개성적인 글을 쓰자

개성적인 글은 자신감과 선명한 표현으로 완성된다. 소제목을 붙여 보는 것도 개성을 더하는 방법이 될 수 있다.

긍정적이고 진취적 태도를 담자

자신의 부정적인 상황을 개선하기 위해 노력했던 행동이나 사건을 기술하면 긍정적이고 진취적인 태도가 증명된다.

수정하고 보완하기를 반복하자

언젠가 쓰게 될 자기소개서를 꾸준히 수정하고 보완하면서 완성도를 높인다. 제출하는 순간까지 맞춤법, 문장의 호응, 글의 논리 등을 다시 점검하여 완성도 높은 소개서를 제출하도록 한다.

예시 1 다음은 사회적기업 컨설팅그룹인 MYSC에 지원하는 경남대학생의 자기소개서이다.

1. 자신이 이뤘던 것 중 가장 자랑스러운 경험을 말해주세요

〈역경 또한 눈부시게 아름다운 청춘이다〉

군을 전역하고 다른 친구들처럼 바로 복학하고 싶었으나 저는 집안의 빚 덕분에 일을 시작했는데, 첫 일터가 사상터미널 사거리에 있었던 발렉스코리아라는 현금호송 회사였습니다. 제가 하는 일은 대개 1평도 안 되는 현금호송 스타렉스 뒤 자석에서 ATM기에 넣을 현금을 정확하게 계수하는 역할이었습니다. 그런데 출근 첫날부터 저는 큰 충격을 받았습니다. 차량에는 계수기, 금고, 볼펜, 가방, 고무줄 등과 함께 ATM기에 넣을 현금도 있었는데, 그 액수가 저희 집 빚과는 비교도 되지 않은 머릿속으로 상상만 하거나 듣기만 했던 어마어마한 금액들이 제 발밑에 있었기 때문입니다. 처음에는 몇 십억씩이나 되는 돈이었기 때문에 그 속에서 항상 긴장하며 일을 했고,

자동차 안이 폭발할 폭염에도 돈이 날아갈까 봐 창문도 열지 못하고 계수할 때 나오는 돈 먼지와 더위 속에서 일했습니다. 하지만 시간이 갈수록 그 엄청난 돈들이 단순한 종이로 보이기 시작했습니다.

그리고 어떻게 보면 화폐라는 가치를 가진 이 단순한 종이 때문에 이렇게 힘든 상황을 참으며 일을 해야 한다는 것이 억울하고 가슴 아팠습니다. 마음 같아서는 이 답답한 곳에서 나가서 맥도날드에서 파는 맥플러리 밀크셰이크를 먹고 싶었지만 그럴 수 없었습니다. 더는 스스로의 책임을 피하고 싶지 않았기 때문입니다. 그렇게 하루하루 저는 자신을 이겨나가고 있었습니다.

어느 날 일을 하다가 크게 혼이 나고 힘들었던 하루, 밤늦게 일을 끝내고 집에 왔는데 식구들이 다들 곤히 자고 있었습니다. 매일 같은 일상이었지만 오늘은 나를 아무도 반겨주지도 않는다는 사실에 왠지 서글픔이 몰려왔습니다. 4시간만 자고 내일 아침에도 출근해야 하기에 그날의 하루에 대해 간단한 일기만 쓰고 저 또한 식구들 옆에서 잠을 청했습니다. 하지만 너무 잠이 오지 않아 다시 일어났습니다. 그리고는 덮은 일기를 다시 꺼내 시 한 편을 적었습니다.

_ 청춘 _

젊은이를 키우는 것은
잔디에 앉아 기타를 치며 노래하는
낭만이 아니라
어쩌면,
세상이 넉넉하게 준 역경이지 않을까?
그렇지만 괜찮다
그것 또한 눈부시게 아름다운
청춘이기에

그날부터 저는 시련이라고 느낄 때마다 이 시를 되뇌며 살았습니다. 예전에 저는 저의 환경을 부끄러워했습니다. 그렇지만 지금은 그 시기를 버텨내고 이겨낸 것이 저에게는 가장 큰 자랑거리이자 훈장이 되었고 그때의 경험이 지금의 제가 목표를 계속하게 달려갈 수 있는 큰 원동력을 주었습니다.

2. 자기소개와 MYSC에 지원하는 동기를 써주세요

〈세상을 미워했던 소년〉

초등학교 4학년 때, 눈앞에서 부모님의 결별로 집안이 풍비박산이 나고 집안 경제가 어려워지는 것을 지켜보면서 저는 세상을 원망했습니다. 아무런 잘못도 하지 않았던 저에게 이렇게 힘든 시련을 주는 세상이 미웠기 때문입니다. 저는 집안에 불만만 가득했었고 항상 어두운 얼굴로 학창 시절을 보냈습니다. 그리고 그런 저의 모습이 우리 집안을 더욱더 어둡게 했습니다. 하지만 제가 정신을 차리고 이제 스스로 무언가를 해서 집안의 어둠을 물리쳐야겠다고 생각했을 때, 어려웠던 그 환경들은 저를 일으키게 한 가장 큰 동기가 되었습니다.

저희 어머니는 강인한 분이셨습니다. 하지만 어머니 혼자서 아들 2명을 초등학교 때부터 대학생 때까지 키우는 것은 아무리 강한 어머니라 해도 여자 혼자 감당하기엔 버거운 일이었습니다. 제가 집안의 사정을 정확히 알았을 때 집안의 빚은 눈덩이 쌓여 있었습니다. 제가 전역을 할 때 즈음에는 한 달 빚의 이자가 한 달 집의 수입보다 많았는데 매일매일 빚 독촉에 시달렸었습니다. 그것 때문에 머리가 새어가는 어머니를 보며 이제 더는 철부지 아들로 살아갈 수만은 없었습니다. 일단 적은 돈이라도 벌어 조금씩 집의 빚을 갚아 나가야겠다는 생각을 가졌습니다. 그 당시 제가 할 수 있는 일 중에 크게 돈이 되는 일은 없었지만 작은 아르바이트라도 많이 한다면 집안에 큰 도움이 될 듯했습니다. 그래서 먼저 잠을 줄였고 제 체력이 허락하는 한 모든 시간은 일을 했습니다. 그렇게 하루에 4시간만 자고 주중에 2개 주말에 2개씩 총 4개의 일을 1년간 했습니다. 그러자 점차 희망의 빛이 보이기 시작했습니다. 빚쟁이의 독촉은 줄어들었고 빚 때문에 절대 할 수 없을 거라 복학도 할 수 있게 되었습니다. 그리고 복학을 한 뒤에도 계속 일을 하면서 현재 집안에 있는 많이 빚을 갚을 수 있게 되었습니다.

그런데 시간이 갈수록 한 가지 문제가 생겼습니다. 사실 처음 세상을 원망했을 때, 이제부터는 나 자신만을 위해서만 살아가겠다고 다짐했었는데, 제가 어려움을 겪고 그것을 극복하려고 노력하다 보니 저보다 더 어려운 환경에 계신 이웃들에 관해 관심이 가기 시작했고 그들의 위치와 처지에 진심으로 눈물 흘리고 공감하기 시작했습니다. 복지 사각지대에 있는 어려운 우리의 이웃들, 아프리카에서 굶주림에 아사하는 아이들, 자연재해로 인한 난민, 전쟁 피난민, 보트피플, 새터민 등을 보면서 너무나 거대한 환경적 요인 때문에 평생을 노력해도 어려움을 벗어나지 못하는 사람들을 위해 그 환경을 조금이나마 바꿀 수 있는 삶 "나보다 더 어려운 이웃들을 실질적으로 도우면서 살자."라는 꿈을 가진 계기가 되었고 이 소망을 실현 할 수 있는 곳을 찾다가 저의 생각과 가장 부합한다고 생각하는 사회적기업 컨설팅그룹인 'MYSC'에 지원하는 계기가 되었습니다.

3. 자신의 대학생활에 대해서 말해주세요

〈대학에서 만난 2개의 보석〉

2012년 9월, 다시 못 돌아올 것만 같던 학교를 4년 만에 1학년 2학기 복학을 하게 되면서 대학생활에 대한 열망이 컸습니다. 당시에도 학교와 동시에 계속 아르바이트를 했지만, 이제는 저의 주생활이 일터가 아닌 학교라는 사실이 너무나 감사했고 즐거웠습니다. 그러면서 바쁘게만 달려온 저에게 이제는 제 꿈을 향해 나아가는데 있어 이전에는 하지 못했던 자기계발과 풍부한 경험을 다시 돌아온 대학생활을 통해 달려갈 수 있도록 다짐했습니다. 그러면서 저는 2가지의 가치에 대학생활을 집중했습니다.

처음으로 집중했던 것은 어려운 이웃을 정확히 바라보는 눈을 기르는 것이었습니다. 제 꿈의 문장에서 가장 중요한 단어는 '어려운 이웃'이었고 저는 그 '어려운 이웃'을 정확하게 이해할 수 있을 때 그 시야를 통해 그들이 원하는 것을 찾아 실질적으로 도울 수 있다고 생각했기 때문입니다. 대학을 다니면서 그분들을 가장 가까이에 볼 수 있는 봉사활동을 정기 및 부정기적으로 실시해 왔습니다. 가장 쉽게 나눌 수 있는 헌혈에서부터, 독거노인 분들을 위한 도시락배달 말동무 봉사활동, 노인병원에 계신 어르신들을 위한 목욕 봉사활동, 차상위 아이들을 위한 교육봉사, 해외결손 아동을 위한 봉사들을 하면서, 그들의 입장 이해할 수 있는 능력을 기를 수 있었습니다.

두 번째로는 그분들에게 실질적인 가치를 만들어 주기 위해서 그 방법들을 구체적으로 제시하고 그릴 수 있는 기획능력을 기르는 것이었습니다. 그리고 이 과정 중에 제가 참여 할 수 있는 여러 가지 형태의 공모전에 도전하였는데, 특히 저는 사회적기업에 관한 창업기획에 많은 관심을 두고 참여했었습니다. 저는 예전부터 번뜩 어떤 것이 떠오르게 되면 그것을 항상 적는 버릇이 있었습니다. 하지만 항상 아이디어를 메모지에 적기만 하였지, 그것을 구체적으로 만들려는 실천력과 기획력은 가지지 못하였습니다. 하지만 공모전에 참여하면서 제가 생각했던 아이디어를 기회만 있으면 교수님, 선배님, 친구, 후배 등을 통해서 아이디어에 대한 현실적인 조언을 들으며 다듬기도 하고 실행해 보기도 하였습니다. 그리고 여러 시도 끝에 반려동물을 결합한 사회적기업의 창업기획으로 대내외 1억 원 이상의 창업지원금 받는 성과 또한 올릴 수 있었습니다. 그리고 이것을 통해 아이디어가 어떻게 구체화가 되고 사업화가 실행하고 지켜보면서 기획능력을 기를 수 있었습니다. 이 2가지의 보석은 제 꿈에 좀 더 구체적으로 다가갈 수 있는 큰 강점이 되었습니다.

4. 입사 후 자신의 향후계획을 말해주세요

〈사과를 주는 것이 아닌 사과나무를 심는 일〉

"나보다 더 어려운 이웃들을 실질적으로 도우면서 살자"라는 꿈을 갖게 되면서 일시적인 후원이 아닌 실질적으로 도움을 줄 수 있는 분야에 대해서 관심을 가지게 되었습니다. 그러다가 '적정기술'이라는 분야를 알게 되었는데 분야가 조금 생소하다 보니 내가 사는 부산에서는 강의나 세미나 등 배울 수 있는 곳이 없어서 한동안 매주 서울에서 열리는 세미나에 참가했습니다. 몇 주 동안 부산에서 서울까지 올라가는데 시간이나 비용 등이 만만치 않았지만, 빈곤문제를 가지고 있는 개발도상국에 대한 접근법에 알게 된 귀중한 시간이었습니다.

예전 어느 NGO 단체에서 아직 고대 방식 그대로 나뭇가지로 양치해서 치아 질환에 시달리는 개발도상국들의 현지인들을 보며 칫솔과 치약 등 생필품을 전해 주었는데 정작 현지인들에게 그것이 제대로 생산 및 유통이 지속해서 되지 않아 칫솔과 치약이 먼지떨이와 세제로 사용되고 있었고 2개월 후에는 전해준 치약이나 칫솔을 전혀 사용하지 않았다고 하는 유명한 사례가 있다는 것을 알게 되었습니다. 저는 그것을 보면서 개발도상국의 사람들을 풍요롭게 하는 좋은 제품을 개발하는 것, 기존의 제품을 가져다주는 것 또한 중요하지만 그것 못지않게 현지인들 스스로 제품을 지속해서 생산, 유통할 수 있는 환경을 만드는 것이 무엇보다 중요하다는 것을 깨닫게 되었습니다.

저는 세계의 최빈국의 이들을 실질적으로 어려움에서 꺼내기 위해서는 기존의 단순히 후원이라는 개념보다 자립의식을 깨울 수 있는 가치의 솔루션이 필요하다고 생각합니다. 자립의식은 당장 먹을 수 있는 사과를 주는 것이 아니라 사과를 얻게 하려고 나무를 심어주는 것이라 생각하는데, 이제까지는 그 최빈국에 단지 사과만 주었기 때문에 아직까지 굶주림, 기아등과 같은 현상이 나타나고 있지 않나 생각합니다.

50년 전부터 세계는 굶어 죽는 최빈국의 어려운 사람들을 위해 후원금을 모으고 있습니다. 그리고 그것을 최빈국의 사람들에게 단순하게 주고 있는 역할만 하고 있는데 곰곰이 생각해보면 우리들이 낸 선의의 손길이 그 사람들을 다시 옭아매는 결과를 초래하지 않았는지 생각해볼 필요가 있다고 느낍니다. 저는 이제까지 국제 사회가 주었던 구호활동이라는 명분으로 한 원조 활동이 개발도상국의 현지인들의 자립의지에 대한 영혼을 빼앗고 훼손시키고 있지는 않은가? 라는 고민을 항상 가지고 있었습니다. 그러면서 생각이 든 것이 현지인들에게 필요한 것은 원조가 아니라 자립의지를 키워주는 것이고 그들 스스로 일어서는 방법을 전달해 주는 것이라 생각했습니다.

요즘 저는 모든 것이 이러한 관련 아이디어로 보이기 시작합니다. 작게는 폐지수레를 끄는 할머니를 도와드리면서 "어떻게 하면 이 수레를 끄는 할머니를 더 나아지게 할 수 있는 방법이 있지는 않을까? 라는 생각을 하기도 하며 TV에 나온 개발도상국의 작은 생명들이 간단한 약만 있어도 회복할 수 있는 병에 스러져 가는 것을 보며 "어떻게 하면 저 아이들을 살릴 수 있는 약을 값싸게, 널리 퍼트릴 수 있을까?"라는 유통에 관한 생각을 하기도 합니다. 저는 'MYSC'에 입사하여 그러한 개발도상국에 이바지할 수 있는 아이디어를 내고 실행시키거나 다른 훌륭한 아이디어를 가진 다른 대한민국의 단체들을 개발도상국의 어려운 이웃에 연결시켜 그들이 삶이 이제 더 이상 그냥 받는 것만이 아닌, 자신들이 만들어내고 그것이 계속 순환하여 그들의 삶을 조금이나마 나아지게 할 수 있는 일을 해 보이도록 하고 싶습니다. 제가 가진 열정과 꿈을 토대로 세상을 아름답게 빛낼 수 있다고 믿는 이 분야에 힘을 쏟고 싶습니다.

자기소개서 쓰기의 절차

준비 단계

- 회사의 홈페이지를 방문하여 지원 서류를 확인한다.
- 그 회사의 제품이나 관련 상품 정보를 수집한다.
- 그 회사의 소개서 양식에 있는 질문을 분석한다.
- 각 질문에 답할 수 있는 키워드를 정리한다.

내용 구성

- 자신이 지원하는 분야에서 요구되는 능력을 파악한다.
- 능력을 증명할 경험이나 활동 경력을 찾는다.
- 키워드를 활용하여 질문에 대한 답을 개괄적으로 작성한다.
- 의미 있는 경험 속에 있는 핵심적인 내용을 압축한다.
- 개괄한 내용을 스토리텔링하여 내용을 진술한다.

다듬기

- 각 질문에 대한 답이 충분한지 확인한다.
- 누락되어 보충할 내용을 정리한다.
- 글의 흐름을 살펴 자연스러운 흐름이 되도록 한다.
- 군더더기 서술을 지우고 내용이 압축되도록 한다.
- 각 항마다 부제를 달아 핵심을 강조하고 개성을 부여한다.
- 맞춤법에 맞는 정확한 문장이 되도록 다듬는다.

자기소개서 쓰기의 실제

현대사회는 직업이 다양해짐에 따라 각각의 업무에서 요구되는 인재상과 필요한 능력도 다양해지고 있다. 자기소개서는 각 직장에서 필요한 인재를 선발하기 위해 필요한 정보를 얻기 위한 수단이다. 따라서 각각의 회사마다 자기소개서의 문항이 다르다.

예시 2

KOTRA 대한무역투자진흥공사

❶ 성장 과정 (최소 1,000byte 이상 1,200byte 이내)

❷ 코트라 지원 동기 (최소 1,000byte 이상 1,200byte 이내)

❸ 본인의 강점과 약점(자신이 가장 자신 있는 부분과 개선이 필요한 부분, 그 이유에 대해) 및 생활신조 (최소 1,000byte 이상 1,200byte 이내)

❹ 본인의 코트라 입사 5년, 10년, 15년 후의 계획, 목표, 포부 등을 자유롭게 기술 (최소 1,000byte 이상 1,200byte 이내]

❺ 기타 자신이 알리고 싶은 것(취미, 특기, 여가활동, 교내동아리, 사회활동 등 제한 없이 자유 기술) (최소 1000byte 이상 1200byte 이내)

예시 3

코트라 지원동기 (최소 1000byte 이상 1200byte 이내)

[대한 무역투자공사의 컨설턴트]

이랜드 건설 소속으로 물류센터 신축 현장에 근무한 경험은, 대한 무역투자진흥공사에 관심을 두는 계기가 되었습니다. 48,000평 규모의 공사 현장이다 보니 자재의 단가에 따라 공사원가가 좌우되었습니다.

당시, 현장의 건축 및 인테리어를 담당했던 저는 자재의 상당 부분이 중국으로부터 수입된다는 사실을 알게 되었습니다. 국산 자재 대비 40% 이상 저렴한 중국산 자재와 국산 건자재의 가격 경쟁은 사실상 불가능해 보였습니다.

그러나 현장에서 접한 국산 자재의 우수성은 분명했습니다. 중국산 자재를 활용한 화장실 시공이 진행되던 중, 타일 크기의 불균형, 표면의 균열 발생에 의한 재시공 부위가 지속해서 발견되었습니다. 반면, 이를 보완하기 위해 사용한 국산 자재의 경우 유사 문제는 발견되지 않았습니다. 국내 업체의 건자재 생산 기술을 단편적으로나마 체감하는 기회였습니다.

최근, 국내 건축시장의 위축, 건자재 시장의 포화로 국내 건자재 업체가 세계 시장으로 눈을 돌리고 있습니다. 이러한 패러다임 속에서 대한 무역투자공사의 해외시장 컨설팅 사업은 국내 업체의 숨통을 틔우는 창구가 될 것입니다. 저는 대한 무역투자공사의 컨설턴트로 성장하여, 국내 건자재 업체의 세계 시장 개척에 앞장서겠습니다.

http://www.saramin.co.kr/ 합격자소서에서 인용한 글

위 문항을 통해 기업이 알고자 하는 내용은, 지원자가 회사 또는 지원하는 업무에 대해 어느 정도 이해하고 있는가, 지원자가 직장생활에 대한 어떤 비전을 가지고 있는가 하는 것이다. 따라서 지원자는 자신의 능력이나 경험을 해당 기업의 인재상이나 지원 분야의 업무능력을 증명하는 방향으로 기술해야 한다.

연습 1

예시 3의 자기소개서를 읽고 부족한 부분을 지적하고, 그 부분을 어떻고 고치면 좋을지 정리해보자.

예시 4

KB금융그룹 KB생명보험(주)

❶ 성장과정을 통하여 귀하를 소개하여 주십시오. (400자)

❷ 본인이 지금까지 살아오면서 가장 큰 난관에 부딪힌 사례를 소개하고 난관을 극복한 방법과 그 결과를 통해 느낀 점을 작성해 주십시오. (400자)

❸ 국내 보험산업의 현재 상황을 나타낼 수 있는 「사자성어」를 제시하고, 그 이유를 기술하십시오. (400자)

❹ KB생명보험의 핵심가치에 기반한 행동역량(고객가치지향, 도전정신, 전문성) 중 본인을 나타내는 가치와 그 이유를 보여주는 경험을 기술하십시오. (400자)

❺ 귀하를 채용해야 하는 차별화된 이유와, KB생명인이 되기 위하여 준비한 본인만의 경험 및 노력을 기술하십시오. (400자)

예시 5

KB금융그룹 KB생명보험(주)

❺ 귀하를 채용해야 하는 차별화된 이유와, KB생명인이 되기 위하여 준비한 본인만의 경험 및 노력을 기술하십시오. (400자)

정성이 보이는 사람이기 때문입니다.

다른 사람들보다 굉장히 존재감이 있는 편입니다. 그래서 어떤 사람을 위해 따로 정성을 들이면 사람들이 그걸 잘 발견합니다. 덕분에 제가 들이는 공보다 남들이 보는 저의 공이 상대적으로 큰 편입니다. 이는 제가 가진 강점이 됩니다.

이런 강점을 바탕으로 KB생명보험에 도전합니다. 저는 KB생명보험의 핵심 행동역량을 가진 사람이 되기 위해 꾸준히 노력해왔습니다. 먼저 고객가치지향을 익히기 위해 서비스업 아르바이트를 백화점에서 2년간 꾸준히 해왔습니다. 도전정신은 앞선 항목에서 말씀 드린 바와 같고, 전문성을 갖추기 위해 보험계리사와 손해사정사 공부를 하고 있습니다.

– http://www.saramin.co.kr/ 합격자소서에서 인용한 글

이 문항은 자신의 강점을 나열하는 것이 아니라, 희망직무와 연관된 역량과 전문성을 증명하는 것이 좋다. 전문성이란 희망직무에 직접적으로 도움이 될 수 있는 기술, 지식 등을 말한다. 직무와 관련된 경험은 자신을 어필할 수 있는 가장 좋은 소재다. 경험을 통해 얻은 '교훈'과 그 과정 속에서 자신이 어떠한 '태도'로 임했는지를 통해 자신의 역량을 드러내주는 것이 좋다.

연습 2

각 문항의 질문을 분석하고, 이 문항에서 어떤 내용의 글을 썼는지 정리해보자. 지원자가 제시한 직무와 직접적으로 연관성이 있는 경험이나 활동은 무엇인가, 지원자의 경험과 활동을 직무적합성과 더 관련 있는 내용으로 고쳐보자.

연습 3

자신이 지원하는 회사의 〈자기소개서〉 1문항을 선택하여 활동과정에 따라 완성해 보자.

지원하는 회사	
선택한 설문	
경험 및 활동	❶ ❷ ❸
경험 및 활동 세부 내용	❶ – – ❷ – – ❸ – –
완성된 내용	

2 학술적 글쓰기

학술적 글은 전문적인 정보를 전달하는 글이다. 글의 전문성을 확보하기 위해서 주제에 관한 자료를 체계적으로 기술해야 한다. 학술보고서는 논리적인 글이다. 우리가 글을 읽을 때 말이 되지 않는다고 느끼는 이유는 논리가 없는 글이기 때문이다. 주장에 논리가 없는 말은 의사소통에 불편을 느낀다. 마찬가지로 글에 논리가 없으면 자신이 주장하고자 하는 의사를 전달하고 상대방을 설득하기 어렵다. 논리적인 글로 객관성을 확보하기 위해 학술적 형식을 통해 표현한다. 학술적 글은 자신의 주장만으로 채울 수 없으므로 다른 사람의 글을 활용하면서 논리를 부각시킨다. 그래서 수많은 정보를 취사선택하게 된다. 정보의 취사선택은 그 정보를 대하는 사람의 판단에 달리게 된다. 그래서 정보의 취사선택 능력도 능력인 시대가 되었다. 따라서 정보를 수집하고 비판하는 과정을 통해 학술적 능력을 기르고 이를 바탕으로 자신의 주장을 만들어가는 연습을 해야 한다.

대학 생활에서 가장 많이 접하는 글이 학술적 글인 논문과 보고서이다. 대학생활에서 쓰는 글은 대체로 보고서가 많다. 보고서는 논문에 비하여 그 범위가 좁고, 결론 보다는 문제 해결의 과정 또는 문제의 제기 등에 의미를 둔다.

논문

논문의 종류

① 학위논문

학위논문은 석사 또는 박사학위를 받기 위해 쓰는 논문이다. 석사 또는 박사과정을 수료하고 학구적인 면에서의 자신의 능력을 총결산하는 글이라 할 수 있다. 한 사람의 학자가 되는 데 있어서의 자격 심사 청구서와 같은 성질의 것이다. 따라서 학위논문은 학문 연구 실습이며, 학문 연구의 기술을 습득하는 과정이다. 학사학위 논문, 석사학위 논문, 박사학위 논문 등으로 구분한다. 최근에는 학사와 석사를 논문 대신 졸업인증 시험 또는 보고서로 대신하는 경우도 있다. 학위 논문을 중심으로 논문 작성 방법을 살펴보도록 한다. 여러 논문 중에서도 학위 논문은 대학마다 심사 과정에서 구성에 이르기까지 엄격하게 정해져 있다. 다음은 학위 논문의 일반적인 체제이다.

② 연구논문

연구논문은 연구 계획의 결과를 논문 형식을 갖추어 학술대회에 발표하거나 학회지에 수록하는 논문을 말한다. 논문집은 한국연구재단에 등재된 논문집과 기타의 논문집으로 나누어져 있는데, 등재지의 권위를 높게 인정한다. 학위논문과 체제는 유사하지만 분량은 더 적다. 연구 논문은 자료나 연구 방법 또는 해석 등에서 새로운 것이 반영되어 독창성과 엄격성을 중요하게 생각한다. 그렇기 때문에 자료·방법·결론, 이 세 가지 요소 중에서 어느 한 가지라도 기존의 논문과 다른 새로운 점이 있어야 한다. 논문을 평가하는 기준은, 방법론 및 문제의식의 참신성, 연구 내용 및 결과의 독창성, 연구 성과의 활용도, 연구사적 의의, 용어 개념의 적절성, 논리의 정합성, 자료 검증의 충실성 등이다.

논문의 형식

논문은 크게 다음 세 종류로 나뉜다. 특정 분야의 전문 연구자들이 자신의 연구 방법에 따라 고증 과정을 거쳐 독창적인 연구 결과를 제시하는 학술 논문, 있는 그대로의 상태나 현상을

학위논문의 체제

구분	내용
서두	• 겉표지 • 속표지 • 제출서 • 인준서 • 목차 • 도표 목록 • 국문 요약(초록)
본문	• 서론 • 본론 • 결론
참고자료	• 참고 문헌 • 부록 • 영문 요약(초록)

조사하여 보고하는 것을 목적으로 하는 보고 논문, 대학의 정해진 과정을 마치면서 학위를 취득하기 위한 목적으로 제출하는 학위 논문과 졸업 논문이 그것이다.

보고서의 종류

① 답사보고서

답사보고서는 어떤 장소를 답사하고 그 결과를 정리하여 보고하는 글이다. 답사 장소는 특별한 곳, 다른 사람들이 별로 관심을 갖지 않았던 주변의 문화재, 자신이 살고 있는 지역의 중요한 장소 등을 선택하여 주목을 받는 보고서가 되도록 한다. 이때 답사 할 곳에 대한 정보를 미리 알고 가면 현장에서 직접 보고 이해하는 정도가 깊어진다. 보고서에 '재미있었다', '감동적이었다' 등의 상투적 표현을 쓰지 말고, 자신의 관점과 견해를 구체적으로 표현하도록 한다. 또 답사 지역에 대한 자신의 평가를 포함하는 것이 좋다. 예를 들어 문화재가 보존되고 있는 상태에 대한 진단이나 그 장소의 가치를 높이기 위한 개선방안 등을 서술하면 좋다.

② 채집보고서

채집보고서는 주어진 주제에 대해 관측하고 채집한 결과를 정리하여 보고하는 글이다. 다루는 주제의 범위가 좁고 논증을 위해 상대를 설득시키려는 의도가 약하다. 따라서 보고서를 작성하는 사람의 독특한 학설이나 주장을 내세우기 보다는 사실을 있는 그대로 기록하는 것이 중요하다.

③ 실험보고서

실험보고서는 주어진 주제에 대해 실험 등의 방법을 통해 연구해 얻은 결과와 사실을 정리하여 보고하는 글이다. 이 보고서는 정확성을 그 생명으로 삼는다. 자신의 실험 결과를 다른 사람들에게 제공함으로써 관련 이론과 지식의 발전에 기여할 수 있는 글이다. 실험보고서의 가장 중요한 내용은 실험 과정의 엄격성과 객관성이다. 이공계 학생들은 주로 실험보고서를 쓰게 된다. 이를 통해 여러 가지 개념과 원리와 법칙을 명확하게 이해할 수 있게 된다, 실험을 수행한 뒤 실험의 목적과 과정, 결과 등을 보고서 체제에 맞게 작성하는데, 이 과정을 통해 실험에 적용된 원리와 법칙을 익힐 수 있을 뿐만 아니라 고찰과 결론을 통해 분석력을 키울 수 있다.

보고서의 형식

보고서의 일반적인 형식은 도입부, 본문, 마무리로 크게 구분한다. 도입부는 표지와 차례로 구성된다. 본문은 서론, 본론, 결론의 체제로 이루어진다. 마무리는 참고 자료와 부록으로 이루어진다.

답사보고서의 경우, 표지에는 제목과 답사 일정 등을 적는다. 그리고 답사한 곳과 관련된 사진 이미지를 넣어 내용에 대한 호기심을 불러일으키는 것도 좋다. 본문 내용에서는 구체적인 답사 일정 및 목적, 답사 배경, 답사 방법, 답사 내용, 답사 후기 등이 드러나야 한다. 특히 구체적인 답사 내용이 나오기 전에 답사 일정표나 답사한 곳의 지도를 삽입하여 이해를 돕는 것도 좋다. 일정표에는 답사 과정을 날짜와 시간별로 자세하게 적는다. 또 답사지도를 그려 답사과정을 선으로 표시하여 정확한 이해를 돕는 것도 좋다. 답사 후기는 답사를 다녀온 뒤 느낀 소감과 답사의 의미를 적는다.

보고서의 구성

도입	• 표지: 보고서의 제목, 기본 정보 • 차례: 본문, 표나 그림의 차례
본문	• 서론 – 보고서 작성의 목적 – 연구 방법 – 논의의 구성 소개
	• 본론 – 주제 및 세부 항목 기술 – 결과의 요약
	• 결론 – 결과의 분석 – 결론 이후의 과제 – 문제 해결 방안 및 전망 – 소감
마무리	• 참고 자료 • 부록

[표지]

답사 보고서
담당 교수: ○○○

제목: ○○○○○○○○○

과목명: ○○○○○○
일시: 년, 월, 일, 시
장소: ○○○○○○○○
학과: ○○○○○
학번: ○○○○○○○○
이름: ○○○
제출일: 년, 월, 일

[체제]

[표지]

[목차]

[본문]
❶ 서론
❷ 답사 일정
❸ 답사 목적 및 방법
❹ 답사 장소의 특징
❺ 답사 의의

[참고자료 및 사진자료]

[차례]

문신미술관 답사보고서

〈차례〉
1. 답사 배경 및 일정
2. 문신의 일생과 마산 살이
3. 문신의 작품 세계
4. 문신미술관 소개
    1) 원형미술관
    2) 실내 전시실
    3) 야외 전시실
5. 답사 평가 및 소감
6. 참고자료 및 사진자료

연습 1

문신미술관, 창동예술촌, 진해군항역사길, 최치원의 길, 서원곡 관해정, 창원의 집, 성산패총, 주남저수지, 진동리 고분유적 등 우리지역 역사·문화 유적을 답사하기 위한 계획을 세워보자.

❶ 답사 장소와 일정

❷ 답사지 선정 이유

❸ 답사 방법

학술적 글쓰기의 절차

준비 단계

① 주제 선정

가장 먼저 무엇을 쓸 것인가를 정해야 한다. 이때 무엇은 글의 주제를 말한다. 주제를 설정할 때는 연구할 가치와 흥미가 있는 주제인가, 자기 능력으로 해결 가능한 주제인가, 범위가 구체적이고 깊이가 있는 주제인가, 독창적이고 참신한 주제인가에 대해 고민해야 한다. 특히 주제의 범위가 막연하고 범위가 클수록 문제의 깊이가 없는 글이 되기 쉽기 때문이다. 그렇기 때문에 작고 구체적인 문제로 연구를 출발하는 것이 명확한 결론을 도출하기 좋다. 예를 들어 초기에 '한국 정치와 언론의 역할'이라는 주제를 설정했다면 이를 좀 더 구체화 시키고 문제의 범위를 좁히게 되면 '한국 정치인의 언론 노출과 선거결과의 상관성'이라는 보다 구체적이고 집중적인 논점을 가진 주제로 수정될 수 있다. 이렇게 주제의 수정 과정을 거쳐 연구대상이나 방법을 분명하게 드러내도록 해야 한다.

② 자료 수집 및 정리

주제 설정이 끝나면 주제와 관련된 자료를 수집해야 한다. 자료 수집은 인터넷 검색, 전문도서, 논문 또는 보고서, 전문가 인터뷰, 현장 조사 등 다양한 방법을 통해 이루어질 수 있다. 가장 중요한 것이 전문자료 수집이다. 자료는 직접적인 연구 대상이 되는 1차 자료와 참고가 되는 2차 자료인 참고문헌으로 구분된다. 1차 자료는 분석 대상이 되는 원전 자료, 관찰하여 기록한 결과물인 관찰 자료, 조사하고 측정한 결과물인 조사 자료 등이 있다. 문헌 자료는 연구에 참고할 수 있는 모든 문헌 기록을 말한다.

전문자료를 수집할 때는, 먼저 개론서나 그 분야의 입문서 등을 참조한다. 이때 개념을 분명히 규정하기 위해 백과사전이나 전공사전과 같은 사전류를 참고한다. 그 다음은 최근 발간되거나 발표된 논문이나 저서를 참고한다. 논문이나 저서는 온라인을 이용하여 편리하게 검색할 수 있으며, 이 방법은 연구 분야의 최근 동향을 파악할 수 있다는 점에서도 매우 유용하다.

활동 1 경남대학교 중앙도서관library.kyungnam.ac.kr 홈페이지를 활용하여 전문자료를 수집해보자.

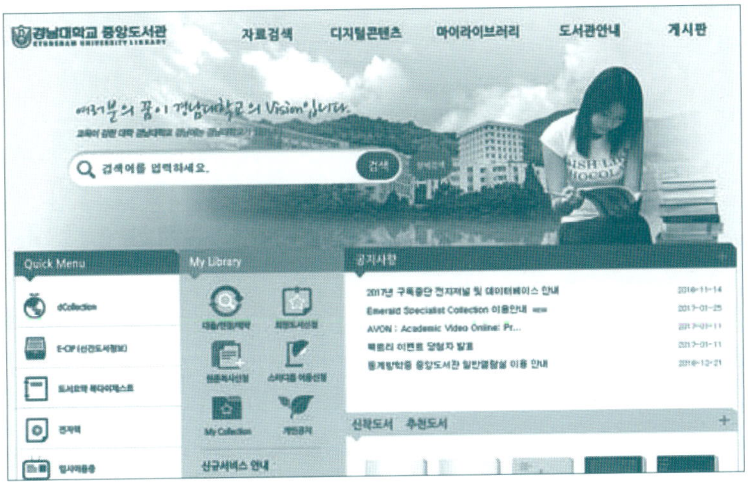

- 중앙도서관 홈페이지 검색창을 이용하여 필요한 자료를 검색해보자. 이때 어떤 키워드를 입력해야 관련 자료를 쉽게 찾을 수 있을지 잘 판단해야 한다.

- 홈페이지 하단의 RISS학술연구정보서비스, NDSL논문, 국립중앙도서관, 국회도서관, 외국학술지지원센터 등에서 더 많은 전문 정보를 검색해보자. 이외에도 한국고전종합DB, 통계청 국가통계포털 등에서도 필요한 자료를 수집할 수 있다.

- 학술연구정보서비스에서 키워드를 이용하여 자료를 찾아보자.

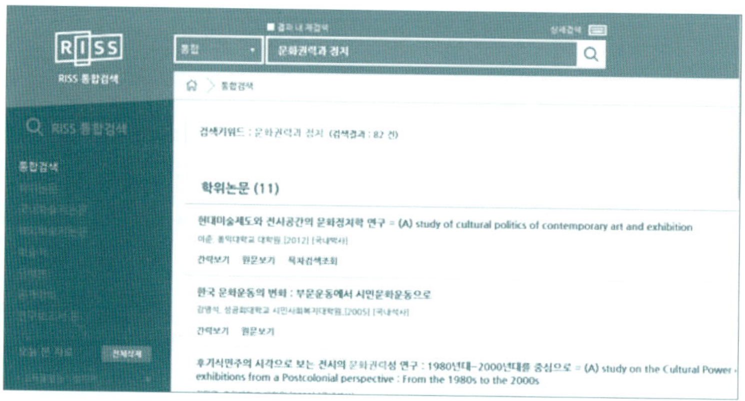

- 단행본, 학위논문, 국내학술지논문, 해외학술지논문, 일반논문 등을 차례로 열어보자. 이를 통해 관련 영역의 연구사적 흐름과 최신의 연구동향을 파악하자. 열람한 자료 중에 중요한 참고 자료는 원문을 다운로드하여 보관하고 활용하자.

연습 2

활동 1에서 검색한 자료를 정리해보자. 〈문헌 카드〉에 서지 사항을 기록하고, 〈내용 카드〉에 자료의 서지사항과 인용한 페이지를 표시하고, 내용을 적어보자.

문헌 카드

저자:
논문 제목:
실린 곳:
출판사(발행 연도):

내용 카드

③ 개요 작성

자료 수집 후 어떠한 체제로 어떠한 내용을 보고서에 실을 것인가 하는 기본 개요를 구상해야 한다. 개요 작성에 대해서는 2장에서 이미 다룬 바 있다. 학술적 글쓰기에서는 개요가 곧 글의 목차가 되기 때문에 중요하다.

장절식 개요는 장, 절, 항, 목 순으로 하위 항목을 두는 형태이다. 수문식 개요는 아라비아 숫자와 문자(한글, 한자, 로마자 등)를 섞어 쓰는 형태이다. 장절식 개요와 수문식 개요는 개요의 항목이 세분화될수록 번호를 매기는 데 복잡하고 번거로울 수 있다. 그래서 순수하게 아라비아 숫자로만 장절을 구분해서 개요를 작성하기도 하는데 이것이 바로 수식이다.

개요에서 번호를 매기는 방법으로는 다음과 같은 것들이 있다.

〈장절식 개요〉
제1장
제1절
제1항
제1목
· · · · ·

〈수문식 개요〉
1.
가.
1).
가)
· · · · ·

〈수식 개요〉
1.
1.1.
1.1.1.
1.1.1.1.
· · · · ·

작성 단계

① 초고 작성

초고는 기본 개요에 따라 합당한 자료들을 배치하고 그에 맞게 논리적으로 기술하는 것이다. 그러나 초고는 어디까지나 초고일 뿐이다. 주제와 맞지 않는 내용이나, 논리 전개상 순서가 잘못되었다면 과감하게 바꾸어야 한다.

② 원고 작성

원고는 서론, 본론, 결론으로 나눈다. 서론에서 주제에 대한 문제를 제기하고 본문에서는 주제를 본격적으로 다룬 후 결론에서 연구 과정과 결과를 요약한다.

• 서론

서론은 이 논문에서 다루고자 하는 문제가 무엇인지 분명히 보여주는 것이다. 독자가 서론만 읽어도 그 논문의 의의를 알아차릴 수 있기 위해서는 필자의 의도를 명확히 밝혀야 한다. 이를 위해 연구사 검토를 통해 선행연구를 비판하는 방법을 사용한다. 즉, 서론은 이 논문이 무엇을, 왜, 어떻게 다루려고 하는지 밝히는 부분이다. 따라서 연구의 목적과 문제의 제기, 기존 연구의 검토 및 자료의 범위, 연구의 관점 및 논문의 구성 등을 서술한다.

• 본론

본론은 서론에서 제시한 연구 방법에 따라 진행된 연구 내용을 구체적으로 풀어나가는 부분이다. 찾아낸 자료를 효율적으로 배치하고, 연구를 준비하면서 알게 된 것과 이번 연구를 통해서 말하고 싶은 것이 무엇인지를 정확하게 드러내는 것이 중요하다. 사용했던 구체적인 연구 방법은 무엇이고 어떤 장단점이 있는지, 연구는 어떤 과정으로 진행되었는지, 그 결과는 무엇인지 등을 기술한다. 그 결과 기존 연구와의 유사점과 차이점은 무엇인지, 기존 연구에서 어떤 부분이 달라졌는지, 그 결과를 이용한 효과는 무엇인지 등을 기술한다. 따라서 본론은 논거의 제시-논의-논지의 전개 순서로 내용을 기술한다.

• 결론

결론은 지금까지 논의된 내용을 간략하게 정리하여 요점을 제시하는 부분이다. 연구의 전 과정을 간략하게 일관된 흐름을 가지고 설명해 주는 것이 좋다. 특별히 강조하고 싶은 부분이나 앞으로의 연구 과제 및 전망 등을 제시할 수도 있다. 자기 연구를 통해 발견된 연구과제나 그 분야의 전망을 제시함으로써 다른 연구자의 학문 발전에 기여하기도 한다.

③ 마무리

보고서는 마무리 단계를 거쳐서 제출한다. 이 단계에서 점검해야 할 사항은 다음과 같다.

- 주제에 대한 결과가 분명하게 드러났는가? 주제를 알기 쉽게 작성했는가? 글을 읽는 사람이 이해하기 쉬운 문장을 사용했는가?
- 내용적인 면에서 빠진 것은 없는가? 중요한 지표나 도표 등은 제대로 배치되었는가? 주제와 관련된 내용을 중심으로 전개했는가?
- 연구 결과의 의의가 제시되었는가? 연구 결과의 오류나 문제점은 없는가? 연구 결과의 한계를 명시하고 대안을 제시했는가?

인용, 주석, 참고 문헌

인용

인용은 남의 말이나 글을 자신의 논문 속에 가져다 쓰는 것을 말한다. 논문을 쓰는 과정에서 남의 글을 이용하는 목적은 두 가지이다. 하나는 자신의 주장을 지지하는 논거로 삼기 위한 것이고, 또 다른 하나는 남의 글을 비판하는 자료로 삼기 위한 것이다. 따라서 인용되는 것은 충분한 권위와 신빙성을 지녀야 하며, 적절한 방식에 따라 정확하게 인용해야 한다.

남의 글을 인용할 때는 다음과 같은 점에 유의해야 한다.

- 필요한 경우에만 인용한다.
- 주석을 통해 인용한 출처를 밝힌다.
- 인용과 참고 문헌이 일치해야 한다.
- 인용한 자료는 신뢰도가 높고 믿을 만한 것이어야 한다.

인용에는 직접 인용과 간접 인용이 있다. 직접 인용은 원문을 그대로 가져오는 인용 방식이다. 직접인용을 해야 하는 경우는 법률 조항과 같은 공식문장, 수학이나 과학의 공식, 필자의 주장을 그대로 옮겨야 할 때, 특별한 표현법 등이 있다. 내용이 짧을 경우에는 인용 부호를 사용하고, 3줄 이상을 인용할 때는 본문과 구분되는 독립된 인용 단락으로 처리한다. 직접 인용은 인용 표지가 분명하지만, 인용한 자료의 정보를 주석의 형태로 밝혀 주어야 한다. 이를 위해 자료를 수집하는 과정에 인용할 내용과 출처를 정확하게 정리해야 한다. 간접 인용은 인용되는 글을 요점만 간단하게 요약하거나 필자의 말로 바꿔 인용하는 방식이다. 간접 인용은 직접 인용에 비해 표지가 불분명하기 때문에 자칫 자신이 쓴 문장처럼 되기 쉽다. 이를 방지하기 위해 주석을 통해 인용한 부분임을 확실하게 해주어야 한다. 정확한 인용을 위해서 인용하는 글의 내용카드를 작성하면 오류를 예방할 수 있다.

예시 1

최치원 문화경관과 서사의 상호텍스트성에 나타나는 뚜렷한 특징은 텍스트의 인과관계성과 중첩성이다. 먼저 인과관계성은 최치원 서사와 관련된 제의에서 뚜렷이 나타난다. '금돼지 요괴의 재난 → 최치원의 요괴 퇴치 → 최치원의 돝섬 제사 → 돝섬 기우제의 발생 → 돝섬의 민간신앙'이 각각 원인과 결과의 연결고리로 이루어져 있다.

– 노윤수(2016), "최치원 문화경관과 서사의 상호텍스트성 연구", 『비교민속학』 61, 26.

주석

주석을 다는 것은 자신의 연구가 다른 사람의 연구 결과에 도움을 받았음을 명시함으로써 학문적 양심을 지키는 것이다. 주석은 자신의 주장을 펼지는 과정에 활용된 증거자료의 타당성을 입증하기 위한 방법이며, 본문에서 다루는 중요한 주장 이외의 보충해야 할 부수적인 내용을 처리하는 방식이기도 하다. 주석은 논문에서 필요한 내용이기는 하지만 그 내용을 본문에 넣으면 논리 전개의 흐름이 끊어지는 경우, 본문과 직접적인 관련은 없지만 보충 설명을 추가하여 읽는 사람이 이해하기 편하도록 하고자 하는 경우에 사용한다.

주석은 위치에 따라 내주와 외주로 구분한다. 내주는 본문 안에 포함되어 있는 주석을 말하고 외주는 본문 밖의 주석이다. 외주는 다시 본문 아래에 놓이는 각주와 장, 절의 끝이나 논문의 말미에 놓이는 미주로 구분한다.

내주 예시

가산의 경우도 마산과 같은 시기인 1760년(영조 36)에 조창이 설치되었다. 가산오광대와 동제의 관련을 기록한 사람은 조창에서 근무하던 관속인 동시에 연희자(이훈성, 2010: 36)이기도 했다. 마산은 별신제를 200년 전통을 계승한 "끊을 수 없는 전통"임을 표방하고 계승했지만, 가산은 조창이 폐지됨으로써 탈놀이도 점차 하지 않게 되었다.

외주 예시

가산의 경우도 마산과 같은 시기인 1760년(영조 36)에 조창이 설치되었다. 가산오광대와 동제의 관련을 기록한 사람은 조창에서 근무하던 관속인 동시에 연희자[6]이기도 했다. 마산은 별신제를 200년 전통을 계승한 "끊을 수 없는 전통"임을 표방하고 계승했지만, 가산은 조창이 폐지됨으로써 탈놀이도 점차 하지 않게 되었다.

6) 이훈성(2010), "가산오광대의 연희자들", 『한국공연문화』 45, 36.

주석은 또 주석을 다는 목적에 따라 내용주와 참조주로 구분한다. 내용주는 본문의 이해를 돕기 위해 부연을 하는 주석이고, 참조주는 서지사항을 제시하는 주석을 말한다.

내용주와 참조주 예시

이은상은 이승만과 박정희 정권 시기에 국가의 통치 이념과 이데올로기의 규범이 될 만한 역사적 인물을 발굴하고 이상적인 삶으로 서사화한다. 이 전기들은 통치 이데올로기를 내면화하는 교육과정에 활용되기도 하여, 국가적인 이데올로그로 평가받았다. 특히 전국의 험준한 산이나 유명지를 답사하면서 '국토'의 관념을 만들어내고 '애국심'을 고취하는 시는 이은상 국토기행문학의 주된 경향이며, 교과서에 실려 교육용으로도 활용되었던 휴전선 답사기인 『피 어린 육백리』는 대표작에 해당한다.[8)]

이은상은 1962년 〈조선일보사〉의 주선으로 휴전선을 답사하고, 기행문을 조선일보에 연재한다. 연재분은 그 해 11월 바로 교육신문사에서 단행본으로 출간된다.

---

8) 1965년 제2차 교육과정을 통해 교과서에 처음 실린 후, 1984년 제4차 교육과정 교과서에도 포함되었는데, "전쟁을 간접화하여 제시한 작품으로서는 처음으로 국어교과서에 모습을 드러낸 '전쟁의 표현물'로 추상화되고 파편화된 전쟁의 단면만이 한 개인의 목소리를 통해 드러난다"는 비판을 받기도 한다. 김동환, 『한국전쟁, 국어교육, 국어교과서』, 김귀옥 외, 『전쟁이 기억 냉전의 구술』, 선인, 2008 참조.

– 이영미(2016), "'조국'의 지리적 경계로서 휴전선과 냉전의 심상지리", 『인문논총』 52, 37~38.

또 앞에서 소개된 문헌을 또 소개할 때는 중복된 기술을 피하고 '앞의 책', '전게서', '위의 글' 등을 활용하여 약식 주석을 단다.

약식 주석 예시

13) 임상훈, 『한국정치와 이데올로기 논쟁』(서울: 민음사, 2015), pp.29-32.

14) 김숙련, "한국 건국신화의 지모신 연구"(『신화와 역사』 53호, 2014), p.45.

15) 임상훈, 앞의 책, p.39.

주석의 형식

1) 장덕순 외 3인, 『구비문학개설』(서울: 일조각, 1971), pp.5~7.

2) 김종하·노상직, 『한국유학의 전개』(개정판; 서울: 보문각, 1957), p.56.

3) Rene Wellek and Austin Warren, Theory of Literature(New York: Harcourt, 1956), pp.45~48.

4) 진효은, "제도권 다문화 교육의 한계와 대안"(『교육평론』 13집, 2014, 겨울), p.62.

5) 『한국민족문화대백과사전』(서울: 정신문화연구원, 1991)

6) 기사: "아빠와 중학생 자녀들의 백두대간 종주," 『한겨레신문』, 2017.1.31.

참고 문헌

참고 문헌은 논문을 쓸 때 참고하거나 인용한 자료들의 목록을 논문의 맨 마지막에 정리하여 제시하는 것이다. 이것은 자신의 참고한 자료를 독자들에게 알려주고 같은 주제로 연구하는 다른 연구자들에게도 도움을 주기 위한 것이다.

참고 문헌을 제시하는 순서는 주로 1차 자료인 기초자료를 먼저 제시하고 2차 자료인 논저 자료를 배열한다. 문헌을 배열 할 때는 국내 문헌을 위로, 외국문헌을 아래에 배열한다. 국내문헌이나 동양 문헌의 경우는 가나다순으로, 서양 문헌일 경우에는 알파벳순으로 정렬한다. 또 자료의 크기에 따라 단행본, 학술논문, 신문, 온라인 자료 순으로 정렬한다.

참고 문헌 예시

권순미(2009). "조선후기 국문시가에 나타난 강호 인식". 서울대 박사학위논문.

박현숙(2012). "여성영웅소설과 성 정체성의 문제." 『한국문학연구』 28. 한국문학회.

서석현(2008). 『돌베개』. 서울: 제이앤씨.

스펜서 위어트(2012). (김준수 옮김). 『지구온난화를 둘러싼 대논쟁』. 파주: 동녘 사이언스.

장준하(2002). 『민족주의자의 길』. 서울: 세계사.

"함양군, 천년 이어온 숲 옆에 천년 이어갈 숲 만든다." 『경남신문』 2017.1.25., 〈http://www.knnews.co.kr/news/〉(2017. 1. 30)

연습 3

활동 1에서 수집한 자료를 참고 문헌 형식으로 정리해보자.

3 칼럼과 서평 쓰기

칼럼이란 신문과 잡지에 실린 글로써 사회적 사건을 다루는 글이 대부분이다. 신문 기사가 사건을 사실 위주로 작성하여 독자에게 정보 전달에 중점을 둔 글이라면 칼럼은 사건에 대한 의견, 해결 촉구, 제안을 담아 주장하는 글이다.

칼럼을 쓰는 사람, 칼럼니스트columnist는 해당 신문사와 잡지사 기자보다는 다양한 영역에서 활동하는 전문가들 중에서 선정된 인사가 글을 써서 보내는 기고寄稿, contribution 방식이 주를 이룬다. 그래서 칼럼을 기고문이라고 말한다.

서평은 책을 읽고 줄거리와 개인적인 생각과 느낌 위주로 쓰는 독후감과 다소 다르다. 서평은 독후감처럼 책을 읽고 쓰는 것은 같지만 독후감보다는 객관성을 더욱 유지해야 한다. 여기서 객관성이란 서평 필자가 해당 책에 대한 사실적 정보를 독자에게 알리면서 동시에 비판적인 독서하기를 의미한다.

서평은 주로 아직 책을 읽지 않은 독자를 위한 책 소개다. 책의 내용과 가치를 전달하고 책 읽기의 선택을 도와주는 기능을 한다. 그러나 서평 쓰기의 가장 큰 혜택은 서평을 쓰는 이에게 있다. 누구보다도 서평은 필자를 위한 글쓰기다. 합리적이면서 주관적인 사고하기와 이를 표현하는 글쓰기를 배우는 대학생이라면 더욱 그러하다. 왜냐하면 서평 쓰기는 책을 읽고 책과 저자에 대해 필자의 관점에서 창의적이고 비판적인 글을 쓰는 행위이기 때문이다.

칼럼

칼럼 작성법

칼럼의 주제는 주로 신문, 라디오, TV 방송, 인터넷 매체에서 주요하게 다루는 사회 문제나 특별한 사건을 대상으로 삼는다. 동일한 사건이라도 기사와 칼럼 글쓰기는 상이하다. 칼럼은 사실 전달보다는 사건의 본질을 칼럼니스트의 시각에서 다룬다.

칼럼의 길이는 대체로 원고지 4~5매, A4 종이로 한 장 분량에 해당한다. 사회적으로 주요한 사안에 대한 정보, 글쓴이의 주장과 이에 관한 근거, 문장들과 문단들 간의 논리적 연결이 매끄럽게 이루어져야 한다는 점에서 A4 한 장은 짧은 분량이다.

따라서 문장표현과 글 전체에 군더더기가 없어야 한다. 또한 길이가 길고 여러 의미를 담는 만연체 문장보다는 의미를 집약적으로 전달하여 간결한 표현을 사용하고 한 문장에 한 가지 의미만 담아 단문으로 쓰는 것이 좋다.

칼럼의 내용구성요소를 네 가지로 구분할 수 있다. 첫째, 사회적 사건에 대한 사실 정보. 둘째, 사건의 사회적 영향, 파장, 의미. 셋째, 사건과 연관 지어 칼럼에서 풀어낼 수 있는 도서, 논문, 명언, 각종 지식정보. 넷째, 칼럼니스트의 주장, 제언, 문제해결 방법이다.

아래에는 우리나라 이혼세태와 직간접적으로 관련한 내용을 다룬 최근 기사의 제목들과 칼럼 한 편이다. 인터넷 검색을 이용하여 신문 기사와 동영상 보도를 확인해 보자.

예시 1

1. 이혼 사유의 변천…'폭력'에서 '성격차'
   YTN, 2016. 6. 19일자　http://www.ytn.co.kr/_ln/0103_201606191104491461)
2. [그때 그 뉴스] "황혼 이혼 급증…사상 첫 신혼 이혼 추월"
   KBS 뉴스, 2016. 12. 26일자　http://news.kbs.co.kr/news/view.do?ncd=3400068&ref=A
3. 아내 살해한 '비정한 남편' … "이혼 안 해줘서 살해했다."진술
   연합뉴스, 2017년 1월 19일자　http://www.yonhapnews.co.kr/bulletin/2017/01/19/0200000000AKR20170119057100055.HTML?input=1195m
4. 노년기 배우자와 사별 스트레스, 이혼·구속·해고보다 훨씬 크다
   동아일보, 2015. 12. 28일자　http://news.donga.com/3/all/20151228/75597194/1
5. 광주가정법원 순천지원 이혼위기가족 지원 본격화
   노컷뉴스, 2015. 10. 15일자　http://www.nocutnews.co.kr/news/4489018

성실한 사랑으로 영원한 사랑을 꿈꿀 권리

이혼은 당사자들과 자녀에게 큰 상처가 된다. 부부는 결혼생활에서 발생하는 시련과 역경을 성실한 사랑으로 극복하고 아름다운 관계로 이어가는 삶을 사는 것이 바람직하다.

결혼은 서로에 대한 성실한 사랑이다. 이 땅에서부터 죽음 이후에 이르기까지 영원히 지속하는 아름다운 사랑을 보여주는 이야기가 있다. 실제 있었던 사건을 문학적 서사구조로 형상화했다. 독일 철학자 에른스트 블로흐

(E. Bloch)로부터 "세상에서 가장 아름다운 이야기"라는 극찬을 받았고 헤세도 이 작품의 작가에게 독일문학사에서 가장 탁월한 이야기꾼이라는 찬사를 아끼지 않았다. 바로 요한 페터 헤벨(J. P. Hebel 1760~1826)과 그의 작품 〈뜻밖의 재회〉다.

스웨덴 팔룬 산간 지역에 한 젊은 광부와 곧 그의 아내가 될 신부는 설레는 마음으로 결혼식을 준비한다. 둘은 어둠이 가장 긴 동짓날 교회에서 식을 올릴 예정이었다. 그녀는 빨간 실로 가장자리 전체를 감싼 검정색 바탕의 목도리를 신랑을 위해 손수 짠다. 결혼식 며칠 전 젊은이는 검은색 광부 옷이 수의가 될 줄도 모른 채 그녀의 창문을 두드리며 아침인사를 건넸지만 그날 저녁인사는 하지 못했다. 신랑이 영영 돌아오지 못한다. 그녀는 그를 영원히 잊지 못한다.

그 사이 포르투갈 리스본 지진, 황제 프란츠 1세 서거, 미국 독립, 프랑스 혁명, 영국의 코펜하겐 폭격과 같은 당시 유럽인들에겐 익숙한 역사적 사건들이 등위 접속사 '그리고'로 16번 무상한 듯 이어진다. 이처럼 50년을 거시적 초점에서 처리한 카메라 앵글은 다시 팔룬을 향한다. 농부는 씨를 뿌렸고 수확했고 광부들은 광맥을 찾아 땅을 파들어 갔다.

1809년 하지쯤 팔룬의 광부들은 수직 갱도 200m 아래에서 녹반에 흠뻑 젖어 전혀 썩거나 변하지 않은 시체 하나를 파냈다. 작업 중 잠시 잠들었던 것처럼 얼굴 모습과 나이까지 완전히 알아볼 수 있었다. 주름 가득한 백발의 그녀는 단번에 신랑을 알아보고 고통보다는 기쁨의 감격으로 그의 시신을 감싸 안는다. 야위고 쇠약해진 옛 신부에게는 젊은 사랑의 불꽃이 다시 한 번 깨어났지만 아직도 젊음의 아름다움을 지닌 신랑은 미소를 짓지도 입을 열지도 눈을 뜨지도 않았다.

그녀는 화사한 예복 차림으로 장례식에서 50년 전에 짰던 목도리를 신랑에게 둘러준다. 교회 마당에 마련한 무덤에서 그녀는 신랑에게 말한다. "신방이 선선하지만 편히 주무세요. 한 열흘정도 오래 기다리지 않아 저도 곧 갈게요. 금방 우리에게 낮이 올 거예요. 땅이 한 번 돌려주었으니 두 번 다시 거두어가진 않을 거예요."

작품은 성실하고 영원한 사랑을 보여주기 위한 장치들로 가득하다. 이들의 재회는 마치 결혼생활 50년 부부의 은혼식과 같다. 곧 따라간다는 신부의 말에서 이들의 사랑에 시간의 한계는 무효해진다. 신랑의 죽음을 상징하는 목도리의 검정 바탕색은 신부의 불꽃같은 사랑을 보여주는 빨간색으로 감싸진다. 신랑의 변하지 않은 모습은 신부의 변함없는 사랑이 투사된 결과인 것이다.

생인과 망인 간 포옹의 서사 공간은 에밀리 브론테의 『폭풍의 언덕』의 그것처럼 섬뜩하지도 기괴하지도 않다. 오히려 무덤은 드디어 신혼 방이 되어 미적인 입체감으로 환히 밝혀진다. 땅이 한 번 돌려준 신랑을 두 번 거두어가진 않는다는 신부의 말에 영원히 행복하게 살아가는 세계관이 깃들어 있다. 이 땅의 성실한 사랑과 천국에서의 영원한 사랑이 이어지는 순간이다. 인간은 부부, 자식, 부모형제, 지인들과의 영원한 사랑의 삶을 꿈꿀 권리를 가진 존재다.

– 임춘택, 국민일보, 「성실한 사랑으로 영원한 사랑을 꿈꿀 권리」(2016.1.29)

활동 1

❶ 위에서 제시한 이혼 관련 신문과 뉴스 기사 내용의 특징들은 무엇인지 말해보자.

❷ 위에서 제시한 칼럼의 필자가 본인의 주장을 펼치기 위해 사용한 자료는 무엇인가? 그리고 칼럼에서 어떻게 근거로 만들었는가?

❸ 현재 우리나라 이혼율이 불과 20여 년 전에 비해 크게 증가했다. 이혼의 우선적이고 본질적 원인은 무엇일까? 경제력, 성격차이, 폭력, 외도 문제인가? 아니면 서로의 사랑이 식고 서로에 대한 배려와 용서, 서로를 이해하려는 노력과 이에 따른 변화와 같은 모습이 사라졌기 때문인가?

연습 1

앞서 배운 칼럼의 정의와 작성 방법에 맞춰 칼럼을 써보자. 사랑, 부부, 가정, 이혼문제에 대해 곰곰이 생각해 보고 나의 생각은 어떤지를 여러 자료를 활용하여 근거로 삼아서 칼럼을 써보자. 이 주제 외에 현재와 과거 우리사회 또는 세계나라의 사건에서 주제를 선정해 보자.

예시 2

김태권 만들고 이은경 찍다

나폴레옹 보나파르트(1769~1821)의 청춘

홀쭉한 얼굴에 긴 생머리. 성마른 것도 같고 꿈꾸는 것도 같은 눈빛. 청년 장교 나폴레옹 보나파르트의 모습은 낯설다. 젊은 시절의 활동 역시 우리에게 생소하다. 프랑스 유학을 마치고 고향에 돌아온 나폴레옹은 코르시카 독립운동에 뛰어든다(코르시카 섬은 1768년에 프랑스 식민지가 되었다.). 그런데 좌절했다. 프랑스의 탄압이 아니라 같은 코르시카 사람들 때문이었다. 유학파 엘리트 청년이 나대는 모습이 고향의 유력자들한테 고깝게 보였던 걸까. 신변의 위협을 느낀 나폴레옹 일가는 야반도주하다시피 고향을 등졌다. 얄궂다. 그 잘난 나폴레옹도 지방의 유지한테는 이길 수 없었나니. 지방 선거를 생각하면 때때로 이 일이 떠오른다.

김태권 만들고 이은경 찍다

영악한 미술가 앤디워홀(1928~1987)

청개구리처럼 굴었다. 상업미술을 하던 시절에는 순수미술처럼 전시회를 열었고, 순수미술 쪽에서 인정을 파격을 거듭할수록 명성도 몸값도 치솟았다. 워홀은 자기 작업을 해줄 작가를 여럿 고용하기도 했다. 숨기기는커녕 자기 공방을 '팩토리'라 부르며 세상에 널리 알렸다. 제품 디자인이나 보도 사진 따위를 판화로 떠서 작품이라 내놓기도 했다. 이 역시 누구나 아는 유명한 이미지를 복제한 것이다. 그래서 아무도 워홀을 대작이나 표절이라고 비난하지 않았다. 얄미울정도로 영리했달까. 요 며칠 다시 워홀이 언급되었기에 생각이 나서 적어보았다.

– 한겨레신문 김태권, 김태권의 인간극장 -나폴레옹 보나파르트(1769~1821)의 청춘.(2014.5.10)

칼럼은 주로 특정 시기에 대중이 민감하게 반응한 정치, 사회, 문화적 의미를 가진 사건이 논평되는 경우가 많다. 대중 미디어의 사설과 같은 글에서 시작하여 개성적 스타일의 시사적인 글의 형식으로 발전하였다. 논제의 시의적인 적절성과 논리적 정당화는 칼럼의 가장 중요한 요소이다. 특수하거나 지엽적인 것이 아니라 보편적이면서도 공익에 관련한 사안을 논평 대상으로 삼는다는 점, 무기명으로 기술하는 사설처럼 객관적인 진술이 앞서기보다는 개성적인 문체나 비유적 표현, 상징을 동원해서 감성적 호소를 결합하여 설득력을 강화한다는 점 등이 특징적이다. 위에 예시된 인물평은 인물의 이미지를 만들어서 다시 글로 표현하는 과정을 통해 인물의 삶과 사회적 관계를 비평하는 형식을 취한다.

이미지와 함께 글을 써서 인물을 평한 김태권은 만화가이다. 주로 만화를 그리는 작가이지만, 신문에 인물평을 쓰는 작가로도 알려져 있다. 특이한 것은 인물을 조각으로 만들고 그 옆에 인물에 대한 평을 짧게 쓰는 형식으로 인물평을 구성하는데, 이 인물평이 시론時論의 성격을 지닌다는 점이다. 위의 것은 지방선거 기간에 지방선거 과정에서 지역 민심의 행방을 거론하는 기사들을 배경으로 한다. 아래는 조영남 위작 사건을 계기로 미술계의 위작논란이 커지자, 팝아트 작가인 워홀이 노골적으로 작가를 기용하여 공장처럼 작업했던 사실에 빗대어 현대미술의 문제를 논한 인물평이다.

인물의 삶과 인격적 특성 등을 통해서 사회적인 문제를 논하는 인물평이다. 사회적으로 성공했다고 평가되는 유명한 인물을 평하고 있지만 위인전과 같은 형식의 인물평은 전혀 아니다. 한 시대를 대표하고 공론을 주도했던 인물의 삶이 시대의 보편적 문제와 맞닿은 지점을 포착하여, 그 삶의 문제가 그대로 겹쳐지는 당대의 문제를 논평하는 칼럼 형식의 인물평이다. 인물에 초점이 맞추어져 있는 듯하지만, 결국 시대를 논평하고 있다.

위의 글은 젊은 시절의 나폴레옹이 정치에 입문할 무렵 자신의 고향인 코르시카의 독립운동에 뛰어들었으나, 오랜 세월 지방의 기득권을 유지하고 있던 토호세력에게 배척당했던 사실을 논평한다. 나폴레옹을 빌미로, 지역의 삶을 좌우하는 권력의 현실화 과정은 구체적인 삶을 살아가는 사람들과의 관계 속에서 구성된다는 점을 말한다. 지방선거가 중앙의 권력을 창출하는 과정과 같지 않다는 점을 말하고자 하는 것이기도 하다. 논평의 소재는 나폴레옹이라는 인물이지만, 논평의 주제, 즉 논점은 지방 권력화의 문제일 수 있다.

다음의 글은 조영남 위작 사건을 계기로 일어났던 미술계의 위작 논란과 관련해 진짜와 가짜를 두고 많은 의견이 속출하며 논란이 일던 때 나온 칼럼이다. 이 글 역시, 엔디 워홀이라는 인물평의 형식을 띠지만, 앤디 워홀이 진짜와 가짜의 경계를 무너뜨리며 더 진짜로서 평가받았던 창작과정을 설명하면서 조영남 위작 논란을 논평한다. 현대미술은 '팝아트'라는 영역을 만들어냈으며, 앤디 워홀은 그 분야의 개척자에 해당하는 인물이다. 그 인물이 주장하는 미술은 자기 작업을 같이 할 작가를 고용하여 자기의 아이디어를 그대로 실현하여 작품을 만들어내는 것이었다. 앤디 워홀은 작업장을 '팩토리'라고 설정하고, 창작 과정을 공장 시스템 창작방식이라고 스스로 공언하고 그렇게 실천한 작가이다. 그리고 당당하게 공장식으로 운영하여 그림의 가치를 더 높이게 된다. "아무도 워홀을 대작이나 표절이라고 비난하지 않았다. 얄미울정도로 영리했달까"라고 논평하는 것은 위작 사건으로 재판에 회부된 조영남의 태도와 그를 둘러싼 논란과 비교하거나 그에 대한 비판의 시각을 제안하기 위한 것이다. 조영남은 분명 진짜와 가짜의 경계를 알고 진짜를 위장하고 있으면서도, 자신의 위작과정이 폭로되자 앤디 워홀 같은 작가를 예시한다. 어찌보면, 비겁한 태도이다. 얄밉지만 앤디 워홀과 같은 영리함이 절실한 것이며, 그와 비교하는 것이 당치 않을 수 있음을 이렇게 에둘러 말한다. 사실, 이 논평은 에둘러 말하기에 어려울 수 있지만, 에둘러 말하기에 칼럼으로서 필자의 개성이 도드라진다고 할 수 있다.

연습 2 위의 두 예시에서 확인하고 해설에서 배운 것처럼, 사진과 함께 인물평 칼럼과 해설을 작성해 보자.

제목

그림; ○○○○○○○

해설

현대사회는 영상 미디어가 인쇄 미디어를 앞지른 지 오래 되었다. 스마트폰이 일상화되면서 영상미디어는 사회의 가장 대중적인 정보 습득의 미디어로 자리 잡았다. 영상미디어를 통한 영상 커뮤니케이션은 우리의 인지 구조 자체를 변화시키기에 이른 것이다. 이미지 인지방식을 활용하는 영상 커뮤니케이션의 발달로 영상 칼럼도 점점 보편화되어 가는 추세다. 종합편성 채널로 출발하여 중앙방송사에 못지않은 방송사로 부상한 JTBC의 뉴스프로그램인 손석희 뉴스룸의 앵커브리핑은 영상 컬럼의 새로운 형식을 만들었다 해도 과언이 아니다.

예시 3

앵커브리핑 동영상 _ https://www.youtube.com/watch?v=v8nQokekt6A

앵커브리핑을 시작하겠습니다.

"내 더위 사가시오" 정월 대보름날 아침, 그때 행하는 이른바 '더위팔기' 풍속입니다.

한겨울 추위가 절정이었을 정월대보름부터 여름철 무더위를 미리 팔아치운 걸 보면 조상들이 겪었던 여름 역시 가혹했던 모양입니다.

에어컨도 선풍기도 없었을 그 시절에, 다산 정약용 선생이 '소서팔사'에서 소개한 여덟 가지 더위 이기는 방법을 간략하게 보자면, 솔밭에서 활쏘기, 느티나무 아래에서 그네 타기, 대자리 깔고 바둑 두기, 숲속에서 매미소리 듣기. 어떠신지요? 다산선생께는 좀 송구하지만, 이건 팔자좋고 시간 많은 양반님들의 신선놀음이고, 일과 시간에 쫒기는 지친 사람들에게는 멀고 먼 안드로메다 얘기처럼 들리기도 하는군요.

차라리 이게 더 현실적일 수 있을지도 모르겠습니다. 조선 선조시절에 계암일기에 등장하는 일화입니다. 한 노비가 너무 더운 나머지 시장 통에서 남의 얼음 한 조각을 입에 넣었다가 얼음 주인댁 노비와 싸움이 붙었습니다. 얼마나 더우면 그랬을까? 다툼 끝에 노비는 옥에 갇혔고, 사나운 매를 스물 한 대나 맞았다는 얘기입니다.

얼음 도둑, 더위를 참지 못해서 가정용 에어컨을 켰던 우리들도 모두 그 노비와 같은 신세가 된 것이 혹시 아닐까? 사나운 곤장 대신 돌아오는 건 전기요금 폭탄이고 말입니다. "누진세 완화하면 부자감세가 될 수 있다." "합리적으로 사용하면 요금폭탄이 아니다." 어제 댓글에서도 소개해드렸지만, 이 정부에서 부자감세 얘기하는 것도, 반어법으로 말하자면, 신선하기까지 하고, 어떻게 사용해야 합리적이 되는 것인지는 아무리 생각해도 잘 떠오르지 않고, 그래서 전기료 얘기가 나오면 정부가 예로 자주 드는 미국의 예를 들어보겠습니다.

이제 뭐 오래 된 얘기기는 합니다마는, 제가 오래 전에 머물렀던 주에서는 매년 초봄이 되면 전력 당국이 소비자들의 신청을 받아서 극빈층의 경우는 여름 내내 전기료의 상한선을 두었습니다. 그래서 한 달 30달러 정도면 여름 내내 에어컨 전기료 걱정하지 않아도 됐지요. 우리 조상들은 정월대보름 때부터 사갈 사람도 없는 더위를 팔았지만, 그 나라 정부는 초봄부터 어려운 사람들이 겪을 더위를 실제로 미리 사갔다는 얘기. 오늘의 앵커브리핑이었습니다.

– JTBC 뉴스룸 손석희, 앵커브리핑,(2016.8.10.)

2016년 여름은 수 십 년 만에 찾아온 무더위로 에어컨이 없이는 도저히 잠을 이룰 수 없는 열대야 속에서 연일 전기요금 얘기가 가장 관심거리였다. 어지간한 무더위에는 에어컨을 잘 켜지 않거나 그저 설치하는 정도로 에어컨을 사용했던 사람들도 에어컨 없이는 잠을 이룰 수 없으리만큼 무더위는 살인적인 수준이었기 때문이다. 매년 이렇게 더위가 반복된다면, 에어컨 없이는 여름을 나기가 어렵다고 생각하는 그런 무더위였다. 그래서 에어컨은 생활필수품으로 인식하게 되었고, 에어컨으로 인한 전기세는 모든 사람들의 가장 큰 관심을 받기에 이르렀다.

그러나 이런 무더위가 일반적이지 않았던 탓에, 전기요금 때문에 가정에서 하루 종일 에어컨을 사용하기는 현실적으로 어려웠다. 일반적인 가정용 전기요금의 규정으로 에어컨을 하루 종일 틀었을 경우에는 '폭탄'이라는 표현이 나올 만큼 엄청난 요금을 내야하기 때문이다. 전기요금을 걱정할 수밖에 없는 서민들은 에어컨을 설치해놓고서도 틀지 못하거나, 틀고 있으면서 폭탄을 맞을 생각에 안절부절 못하는 현실이었던 것이다. 이런 서민들의 사정을 각종 미디어는 연일 기사거리로 보도했고, 결국 정부는 '부자 감세'라는 어이없는 답변을 내놓았다. 이런 정부의 태도가 서민들의 고단한 생활을 개선시키고자 하는 공익적 대응으로 보기는 어려울 것이다. 이 앵커의 논평은 이런 정부의 태도를 비판하는 방안으로 선조들의 더위에 얽힌 일화와 풍속, 그리고 미국에서 현재 시행되고 있는 극빈층을 위한 전기요금제도의 민주주의적 관점을 비교할 수 있게 제시한다.

영상 미디어가 사회적 의사소통의 중심으로 부상하면서 텔레비전 뉴스에서 정보를 전달하는 방식도 기사를 취재해서 보도하는 것으로 그치지 않는다. 신문의 사설처럼 메인 뉴스의 앵커가 시사적인 주제를 놓고 의견을 전달하는 방식의 논평이 생겨나더니, 최근 화제가 되고 있는 뉴스에서는 내용의 개성을 최대한 활용하는 신문의 칼럼 같은 코너를 마련한다. 당시 가장 시사적인 주제를 놓고 그것을 비유적으로 표현할 수 있는 문학작품이나 고전의 일화를 소개하면서 그 이야기에 담긴 의미를 시사적인 현안 문제와 겹쳐서 해석하도록 유도하는 방식의 문학적 수사를 활용하는 영상 칼럼이다. 위에서 인용한 선조들의 더위팔기 풍속이나 다산의 더위 이기는 방법이 드러난 일화, 조서시대 계암일기에서 전하는 교훈 등, 선조들의 이야기와 선진국 미국의 극빈층 생활보호를 위한 복지정책 등을 적절히 인용하여 전기요금 제도의 문제점을 짚고 개선책을 제시하는 논리를 구성해간다.

칼럼에서 전하고자 하는 주제에 걸맞은 일화나 비유는 칼럼의 개성을 확보하는데 필수적인 요소이다. 위 영상칼럼은 문학작품이나 고전의 일화를 적절히 인용하면서 기승전결의 논리적 구도를 안정적으로 구축한 예이다. 동영상 이미지는 칼럼이 전하고자 하는 논점에 걸맞게 잘 선택되면 훨씬 더 효과적으로 의미를 전달할 수 있다는 것을 보여준 사례이다.

연습 3 위의 예시에서 학습한 '영상칼럼'을 만들어 보자.

서평

■ 서평 작성법

서평을 쓰기 위해선 누구나 해당 책에 대한 정확한 이해를 선행해야 한다. 서평은 우선적으로 소개하는 책에 대한 사실적인 정보를 독자에게 제공해야 하기 때문이다. 책의 장점들과 특징들이 무엇인지? 책의 목차와 전체 구성력은 탄탄한지 어떠한지? 내용 전개에서 독창성이 있는지? 책에서 다루는 문제와 갈등 상황에 대한 필자의 시각과 해결 방법이 합리적이고 창의적인지? 작가가 자신만의 독특하고 우수한 문장 표현력을 발휘하는지? 등이 서평에서 제시되어야 한다.

서평 필자는 책의 저자에 관해서도 분석하고 저자의 특징이 책에서 어떻게 나타나는지 파악해야 한다. 이를 위해 필요하다면 서평 필자는 다른 책과 저자를 인용하여 비교, 판단한 내용을 서평에 담을 수도 있다. 서평 필자는 소개하는 책뿐 아니라 저자의 다른 글에서 그의 세계관을 확인, 학습하는 과정을 거쳐야 한다. 이를 통해 객관적이고 균형감 있는 서평이 완성될 수 있다.

서평 필자가 해당 책에 관해 반드시 좋게 써야 할 의무가 있는 것은 아니다. 책의 내용이 '질이 떨어진다'면 이에 대한 문제점과 독자들이 독서할 때 유의해야 할 점들을 알리는 역할도 해야 한다.

다음 항목들이 서평작성하기에 필요하다. 첫째, 무엇보다도 평소에 다양한 영역의 도서를 가능한 많이 읽어야 한다. 둘째, 내가 선호하고 서평 쓰기에 적절한 책을 선택한다. 셋째, 책을 읽는다. 책을 읽는 중에 주요한 내용과 서평 쓰기에 필요한 부분들에 밑줄을 그어 표시한다. 나의 생각을 정리하고 서평에서 쓰고자 하는 내용을 책 여백에 써서 메모해놓는다. 넷째, 서평은 일반적으로 3~4쪽 분량을 이룬다. 책의 내용과 저자 소개는 50% 정도, 서평 필자의 주장과 근거는 30% 정도, 기타 20% 정도로 쓴다. 다섯째, 서평 필자는 시간 간격을 두고 본인이 쓴 글을 읽고 고치기를 여러 번 해야 좋은 글을 완성할 수 있다.

다음 글은 서평 쓰기를 위한 도움이 될 수 있는 글이다. 읽고 분석하여 나의 서평 쓰기를 위한 도움이 되자. 글을 읽고 이 서평에 대해 분석하고 장점들이 무엇인지 알아보자.

예시 4

서평: 자꾸만 돈이 새는 진짜 이유, 『상식 밖의 경제학』

휘발유 값이 오르면 휘발유 소비가 줄어들까? 원유 소비를 줄이기 위해서 유류세를 높이는 정책이 효과가 있을까? 표준경제학에서는 그렇다고 한다. 그러나 현실은 어떤가? 처음에는 소비가 줄어들지만 곧 다시 소비가 증가한다. 왜 값이 올라도 소비가 줄어들지 않을까? 왜 사람들은 값 싼 커피대신 비싼 스타박스 커피를 마시고 싶어 할까? 왜 필요하지도 않은 물건도 공짜라면 얻으려고 달려들까? 벌금이 효과적일까? 돈으로 사명감을 살 수 있을까? 평균적으로 볼 때 소비자들이 합리적으로 소비행위를 할까? 비합리적인 경제행위를 하는 이유는 무엇인가? 경제적 선택이 선입견에 아무런 영향을 받지 않을까? 도둑질 하지 않을 정도로 정직한 사람들도 왜 보험 청구할 때는 도덕적 부담감 없이 부풀려서 청구를 할까? 이 책은 표준경제학이 설명하지 못하는 현실적 경제행위들에 대해서 이와 같은 질문을 던지며 그 원인을 설명하고 있다.

이 책에서 제기하는 질문들은 얼핏 보기에는 경제학과 거리가 먼 것처럼 보이고, 각 주제들이 서로 연관이 없는 것 같다. 그러나 이 책은 이러한 질문들에 대한 일관한 목적을 가지고 기술된 경제학 도서다. 즉 이 책은 '행동경제학'이라는 새로운 경제학 분야의 연구 성과를 비전공자들도 이해하기 쉽게 설명했다. 『상식 밖의 경제학』이라는 제목으로 번역이 되었지만, 원래 이 책의 제목은 '*Predictably Irrational*'이다. 직역하면 '예상대로 비합리적인'이 될 것이다. 좀 풀어서 쓴다면 '역시 인간은 예상대로 비합리적이야' 정도의 뜻이 될 것이다.

• 표준경제학, 인간은 합리적인 존재

이 책에서 언급한 표준경제학이란 아담 스미스 이후 지난 200년간 발전되어온 신고전학파라고 불리는 주류 경제학을 말한다. 이 표준경제학에서는 인간을 합리적인 존재로 가정한다. 또한 인간은 항상 일관된 행위를 하고 자신의 선택적 대안들의 장점과 단점을 완벽하게 인지하고 있으며, 거래에 아무런 장애가 없다는 전제 하에서, 마치 자연법칙처럼 수요법칙이나 공급법칙 등의 경제 법칙을 도출한다.

이러한 표준경제학의 전제가 비현실적이라는 사실은 경제학자들도 물론 알고 있다. 그럼에도 이러한 가정을 수용해 온 이유는 두 가지다. 첫째는 분석의 편의성 때문이다. '열 길 물속은 알아도 한 길 사람 속은 모른다.'는 속담처럼 인간이란 복잡한 존재다. 게다가 저마다 다른 인간들이 모인 사회를 분석한다는 것은 더욱 어려운 일이다. 표준경제학자들도 인간이 비합리적이고 일관성 없이 행동한다는 것을 수용하지만 분석의 편의를 위해서 인간이 늘 일관성 있고 합리적이라고 가정하고 그러한 가정 하에서 인간의 경제적 선택 행위를 예측하려고 했다.

두 번째 이유는 인간이 간혹 비합리적인 행동을 하기는 하지만, 그러한 돌출적인 비합리적 행동은 일시적인 것이고 불규칙적인 것이지, 평균적으로 볼 때 인간의 행동은 합리적이라고 본다. 그리고 경쟁과정과 시장에서의 피드백을 통해서 비합리적인 선택은 줄어들고 결국 합리적인 선택이 주류를 이루게 된다는 견해를 가지고 있다.

• 행동경제학, 인간은 합리성을 추구하는 존재

이러한 두 가지 이유 때문에 경제학자들은 비현실적이지만, 인간은 합리적이라는 등의 가정들을 수용해왔다. 물론 인간의 이러한 비합리적인 측면을 경제학 연구에서 극복하려는 시도 또한 많았다. 그동안 경제학자들은 비현실적인 가정조건들을 현실화시키려는 노력을 해왔다. 사실 지난 30년 동안 노벨 경제학상 수상자를 보면, 이러한 표준경제학에서 전제를 선택했던 가정조건들을 더욱 현실적으로 대체하는 이론들을 발전시킨 학자들에게 노벨상이 주어진 경우가 많았다. 예를 들면 우주의 진공상태처럼 거래에 아무런 저항이 없다고 전제하는 표준경제학과 달리, 현실적으로는 거래를 방해하는 많은 장애가 있다. 따라서 이러한 장애요인들로 인해 거래 비용이 존재할 경우를 고려한 거래비용경제학transaction cost economic theory을 발전시킨 로날드 코스(Ronald Coase, 1991), 그리고 이를 경제사에 응용한 더글러스 노스(Douglass North, 1993)가 노벨경제학상을 수상했다. 또한 제임스 A. 멀리스와 윌리엄 비크리(1996) 등은 완전 정보의 가정을 완화해 정보경제학을 발전시킨 공로로 노벨경제학상을 수상했다.

표준경제학에 대한 이러한 보완적 접근과 달리, 심리학과 경제학을 연결시킨 행동경제학은 표준경제학과 확연히 다른 새로운 관점을 제시하였다. 행동경제학은 보다 현실적인 인간을 연구하는 심리학을 경제학과 연결시켰다. 즉 인간이 완벽하게 합리적이라는 가정 하에 이론을 전개하는 표준경제학과 달리 인간이 완벽하게 합리적이지 않다는 것을 증명하고 이러한 상황에서도 일관성 있는 행동을 예측하려는 시도에 해당한다. 행동경제학의 선구자는 1978년 노벨경제학상을 수상한 허버트 A. 사이먼이다. 그는 카네기멜런 대학에서 컴퓨터 사이언스, 경영학, 심리학 교수를 지냈는데, 인간은 완벽하게 합리적인 존재가 아니라 제한된 범위 내에서 합리성을 추구하는 존재bounded nationality라는 전제 하에서 인간의 경제행위를 분석하여, '제한적 범위 내에서의 합리성'이라는 개념을 유행시켰다. 그 이후 행동경제학은 발전하여, 2002년 심리학자 다니엘 카너먼Daniel Kahneman은 노벨경제학상을 수상하였고 행동경제학은 세상의 주목을 더 많이 받았다.

• 읽기 쉬운 행동경제학

MIT에서 행동경제학을 가르치고 있는 댄 애니얼리Dan Ariely의 『상식 밖의 경제학』(2008)은 한국에 소개된 이 분야의 책 중에 비전공자들이 가장 쉽게 읽고 공감할 수 있는 책이라고 생각한다. 카너먼 등이 쓴 『불확실한 상황 하에서의 판단: 추단법과 편향』은 전공자들을 위한 전문서이고, 김영사에서 펴낸 『노벨상을 수상한 심리학자들: 사이먼과 카너먼』은 사이먼과 카너먼의 이론을 소개했는데 너무 이론적이다. 일본 메이지 대학 교수인 도모노노리오가 쓴 『행동경제학』도 비전공자들이 쉽게 접할 수 있는 책이지만 수학을 공부하는 기분으로 약간의 인내력을 요한다. 그런데 『상식 밖의 경제학』은 행동경제학을 가장 쉽게 설명하면서도 많은 것을 생각하게 하는 탁월한 저서이다. 미국에서 왜 베스트셀러가 되었는지 충분히 이해가 간다.

이 책이 노벨 수상자들의 이론을 소개한 이전의 행동경제학 책들과 다른 점은 행동경제학자들의 실험결과를 가지고 우리의 의문을 풀어주고 있다는 것이다. 인간의 행동에 대해서 실험을 통해 밝히는 실험경제학 분야가 카너먼과 함께 노벨 경제학상을 수상한 버논 스미스에 의해서 발전되었는데, 이 책에는 그러한 실험을 여러 가지

소개하고 있다. 이를 통해서 인간이 표준경제학에서 가정하는 것과 달리 얼마나 비이성적으로 행동하는가를 여러 실험결과를 인용하면서 설명한다. 이 책에서는 인간이 비이성적인 경제적 선택을 하는 중요한 이유로 선입견, 고정관념, 소유의식, 믿음 등이라는 사실을 지적한다.

그런데 행동경제학은 표준경제학과 매우 중요한 차이가 있다. 그것은 비합리적인 돌출 행동을 어떻게 볼 것인가에 대한 것이다. 표준경제학에서는 인간이 비합리적인 행동을 하기는 하지만, 불규칙적으로 일어나기 때문에 예측할 수 없으며, 일반적으로 인간은 합리적인 행동을 한다고 본다. 반면에 행동경제학자들은 인간이 비합리적으로 행동하는 경우가 더 많다는 것을 지적하면서, 그럼에도 인간의 비합리적인 행동은 어느 정도 규칙적으로 일어나기 때문에 상당부분 예측과 설명이 가능하고, 그래서 방지할 수 있다고 주장한다. 인간이 감정에 따라서 비합리적인 행동을 한다는 사실을 자각하기만 해도 비합리적 행동의 가능성을 낮출 수 있으며, 비금전적인 비리에 대한 인식을 높여 주는 것만으로도 상당한 비리를 줄일 수 있다는 실험 결과 등을 통해서 기존의 표준경제학에서는 전혀 고려하지 못했던 현실적인 경제적 선택의 문제에 대한 해결책을 제시하고 있다.

특히 이 책에서 주의 깊게 볼만한 부분은 사회규범과 시장규칙에 대한 견해다. 이 책에서는 인간의 행동동기를 유도하기 위한 인센티브를 크게 두 가지를 나눈다. 첫째는 금전적 인센티브를 활용하는 시장규칙이고, 둘째는 명예, 자존감 등에 호소하는 사회규범이다. 일반적으로 전통사회에서 금전적 인센티브보다는 사회규범에 의한 질서유지를 바람직한 것으로 인식했다. 그런데 자본주의 사회가 고도화되어 갈수록 인간관계가 금전적 관계로 변화되면서 가장 강력한 인센티브는 시장규칙을 따르는 것이라는 인식이 확산되었다. 특히 필자와 같이 경제학을 전공한 사람들이나 비즈니스 세계에서 오랫동안 몸 담았던 사람들에게 이러한 경향이 더 심하게 나타난다.

이 책에서 댄 애니얼리는 탁아소 사례를 통해서 사회규범이 시장규칙에 밀리면 회복은 거의 불가능하다는 것을 연구결과 통해 설득력 있게 설명하고 있다. 탁아소에서 아이를 데리러 오는 시간을 지킬 것을 사회규범에 호소할 때는 부모가 아이를 늦게 찾으러 오면 부모들이 미안해했다. 그런데 이러한 부모들을 통제하기 위해서 벌금을 부과하기 시작하자, 더 많은 부모들이 당당하게 늦게 찾아가는 부작용이 발생했다. 벌금이 효과가 없어서 그 이후에 벌금을 없앴더니 더욱 많은 부모들이 늦게 찾으러 왔다는 것이다. 그래서 사회 규범이 한번 시장규칙에 밀리면 회복이 거의 불가능하다는 결론을 내렸다. 이것은 오늘날 사회문제의 많은 부분을 금전적 인센티브와 벌칙으로 해결하려는 시도가 얼마나 부적절한 것인가를 단적으로 보여준다는 점에서 우리가 새겨들어야 사례라 할 수 있다.

– 김승욱』(2009. 3). 월드뷰. 「자꾸만 돈이 새는 진짜 이유」. 『상식 밖의 경제학』.

활동 2

1. 위에서 제시한 서평의 전체 구성을 분석해보자.
2. 위의 서평에서 다룬 표준경제학과 행동경제학이 각각 어떤 특징이 있는지 비교해보자.
3. 서평 필자는 어떤 이유에서 『상식 밖의 경제학』을 서평 도서로 선정했을지 말해보자.
4. 표준경제학보다 행동경제학이 합리적이고 정확하다고 보는 서평 필자의 관점과 이를 뒷받침하는 근거는 어떤 것들인가?
5. 나는 이 서평에 동의하고 만족하는가? 단점과 보완할 사항은 어떤 것인가?

연습 3 서평 사례로 제시한 『상식 밖의 경제학』 또는 이외의 도서를 선정하여 읽고 서평을 써보자.

4 기획서와 광고문 쓰기

기획서의 종류, 형식은 다양하다. 그러나 기획서의 목적은 동일하다. 기획서는 채택이 되기 위해 쓰는 글이자 동시에 기획자의 특정 목적을 달성하기 위해 쓰는 글이다. 따라서 기획서는 참신한 아이디어와 이를 실현하기 위한 근거 자료와 이유가 얼마나 설득력이 있는지가 중요하다. 기획자는 본인의 아이디어와 의견을 정리하여 이것이 필요한 이유, 이를 통해 얻을 수 있는 효과 등을 기획서에 써야 한다.

광고란 무엇인가? 사전적 의미로 볼 때 광고는 "기업이나 개인 · 단체가 비용을 투자하여 상품, 서비스, 이념, 정책 등을 세상에 알려서 원하는 목적을 거두기 위한 일련의 활동"이라 정의할 수 있다. 광고는 광고 의뢰인과 그의 광고 대상이 있어야 하고 이를 맡은 광고주(advertiser, 광고 계획안을 작성 · 제작하는 사람 또는 회사)는 특정 소비층을 대상으로 글, 음성, 그림, 사진, 영상 매체 방식으로 광고를 만들어 전달한다.

기획서

기획서는 정해진 양식에 맞춰 글로 작성하는 행위이다. 기획서를 쓰기 위해선 참신한 아이디어가 필요하고 이를 실현하기 위한 상황 설계 과정이 요구된다는 점에서 일반적으로 글쓰기 과정과 유사하다. 즉 기획서 작성자는 기획서 주제와 관련한 자료를 검토하고 현황을 분석하여 그 원인과 배경을 파악하여 문서를 작성해야 한다.

기획서는 계획서와 다르지만 기획서 내용에 어느 정도의 구체적인 비용, 일정, 인원과 같은 계획 사항을 제시하면 기획서 채택에 도움이 될 수 있다. 기획서 못지않게 결과보고서 또한 중요하다. 기획서가 채택되어 실행하고 최종 결과가 나오면 결과보고서를 작성 제출한다. 결과보고서는 기획서에 대한 최종 결과물이므로 기획서와 차이, 진행 과정, 달성 정도 등을 나타낸다. 결과보고서 작성이 기획서 작성에 중요한 이유는 다음 기획서 작성에 도움이 될 뿐 아니라 후속 기획서 채택에도 적지 않은 영향을 주기 때문이다.

기획서 작성을 위한 아래 항목들을 고려하여 문서를 작성해보자.

1. 제목과 목차가 한 눈에 들어와야 한다.
2. 문장은 단문으로 간결하고 의미가 명확해야 한다.
3. 제목과 동떨어진 내용이 없어야 한다.
4. 내용의 흐름이 시작부터 마지막까지 매끄럽게 이어져야 한다.
5. 기획서의 목표와 효과를 구체적으로 정해야 한다.
6. 기획서를 쓰는 이유와 달성하기 위한 방법이 제시되어야 한다.
7. 목표 달성 가능성을 제시한다. 기획한 비용, 재정, 인원이 적절해야 한다.
8. 기획서 제목과 내용이 기획자도 좋아하지만 상대방 채택자가 좋아하는 것이 무엇일까 고민해야 한다.
9. 기획서 일부를 흥미진진한 이야기, 상상력을 입힌 이야기로 쓰면 전달력과 호응도가 높아진다.

다음의 기획서 예시이자 활동표다. 개인 또는 조별로 참신한 아이디어 상품을 고안하여 개발 기획서를 작성해보자. 평소에 관심을 가진 일이나 제품을 대상으로 하면 기획서를 쉽고 흥미롭게 작성할 수 있다. 기획서를 완성하면 백점을 만점으로 몇 점을 줄 수 있는 기획서인지 평가해 보자.

예시 1

○○기업	상품 개발 기획서	문서번호	
		페이지번호	
		작성자	
		작성일자	. . .

다음과 같이 상품 개발 기획서를 제출합니다.

결재				
	/	/	/	/

제품명	
제품 특징	
제품 단가	
제품 개발 비용	
주요 대상고객	
기획 필요성	
기획 배경	
기획 과정	
제품 경쟁력	
기타	

아래 예시는 경남대학교 학생들이 작성한 캡스톤디자인(종합설계) 수업의 과제 기획서다. 캡스톤디자인 수업이란 학과(부)에서 배운 전공 지식을 활용하여 가시적인 특정 결과물을 만들어내는 수업을 말한다.

예시 2

<table>
<tr><th colspan="7">20○○학년도 ○학기 캡스톤디자인 팀별 과제 기획서</th></tr>
<tr><td colspan="2">과제명</td><td colspan="5">YOUTUBE를 활용한 한국어 교육</td></tr>
<tr><td colspan="2">팀명</td><td colspan="5">Doctor K</td></tr>
<tr><td colspan="2">특성화분야</td><td colspan="5">□ 국방산업 □ 그린메카노 □ 해양웰빙 ■ 도시힐링</td></tr>
<tr><td colspan="2" rowspan="2">과제유형
(성과물기준)</td><td>기본과제</td><td colspan="4">□ 보고서 제작형 ■ 작품제작형
□ 산학연계형 □ 학제간 융합형 □ 창업연계형</td></tr>
<tr><td>선택과제</td><td colspan="4">□ 일반형 □ 심화형 □ 기획형</td></tr>
<tr><td colspan="2">담당교수</td><td>소 속</td><td colspan="2">사범대학 국어교육과</td><td>성 명</td><td></td></tr>
<tr><td colspan="7">참여 학생 현황 (팀장을 1번에 기록해주세요)</td></tr>
<tr><td colspan="2">성 명</td><td>학년</td><td>학과(부)</td><td>학 번</td><td>휴대전화</td><td>E –Mail</td></tr>
<tr><td>1</td><td>박○○</td><td>3</td><td>국어교육과</td><td>201○○○</td><td>010–**–**</td><td></td></tr>
<tr><td>2</td><td>양○○</td><td>3</td><td>국어교육과</td><td>201○○○</td><td>010–**–**</td><td></td></tr>
<tr><td>3</td><td>박○○</td><td>3</td><td>국어교육과</td><td>201○○○</td><td>010–**–**</td><td></td></tr>
<tr><td>4</td><td></td><td></td><td></td><td></td><td></td><td></td></tr>
<tr><td>5</td><td></td><td></td><td></td><td></td><td></td><td></td></tr>
<tr><td>6</td><td></td><td></td><td></td><td></td><td></td><td></td></tr>
<tr><td>7</td><td></td><td></td><td></td><td></td><td></td><td></td></tr>
<tr><td colspan="4">전문가 자문활용 여부</td><td colspan="3">예( ) 횟수: 아니오( )</td></tr>
<tr><td colspan="4">신청금액</td><td colspan="3"></td></tr>
</table>

<table>
<tr><td colspan="7">[심화 · 기획형의 경우, 본 과제를 통해 달성 가능한 성과지표 체크(중복가능)]</td></tr>
<tr><td>항 목</td><td>기술이전</td><td>해당기업체 취업
(1명 이상)</td><td>특허출원</td><td>시제품 도출</td><td>대외 경진대회
참가</td><td>합 계</td></tr>
<tr><td>가 점</td><td>15</td><td>12</td><td>9</td><td>5</td><td>2</td><td rowspan="2"></td></tr>
<tr><td>체크란</td><td></td><td></td><td></td><td></td><td></td></tr>
</table>

붙임 [양식2–1] 과제계획서 1부.

위와 같이 캡스톤디자인 팀별 과제 신청서를 제출합니다.

20○○. . .( )

대표학생 (인)

지도교수 (인)

경남대학교 LINC사업단장 귀하

1. 과제 기획서 개요

1) 추진 배경

한류가 세계로 뻗어나간 지 10년이 흘렀습니다. 한류의 성장과 함께 한국어에 대한 관심도 범세계적으로 높아지고 있습니다. 이에 발맞춰 다양한 대학에서 외국인을 위한 국어교육 연구에 박차를 가했습니다. 그러나 아직까지는 연구 사례와 전문가가 부족하여 일부 대학과 출판사에서 발행하는 교재 외에는 다른 대안이 전무한 상황입니다. 또한 학술원이나 어학당이 설치되지 않아서 한국인 교사가 교습을 할 수 없는 지역의 경우, 한국어 학습을 위해서 상당한 애로사항이 있습니다. 언어교육은 한 민족의 얼을 전파할 수 있는 가장 효과적인 수단임에도 불구하고 환경적인 여건 때문에 제대로 한국어 교육이 이루어지지 못하는 상황입니다. 이에 교육의 접근성을 높이고 정보통신 매체에 익숙한 젊은 층을 겨냥하여 YOUTUBE를 플랫폼으로 한 동영상 강의를 제작하고자 합니다.

2) 필요성 및 중요성

❶ YOUTUBE는 접근성이 높고 대중적인 플랫폼이기 때문에 한국어 교육을 널리 전파할 수 있습니다.
❷ 학습자와 상호작용을 할 수 있는 기회가 많기 때문에 학습자 중심의 교수 설계에 유리합니다.
❸ 한류의 현주소를 파악할 수 있으며 교수 결과는 이후 한국어 교육의 학술적 자료로서 기여할 수 있습니다.
❹ SNS 등 다양한 인터넷 매체와 연계하기 유리하며 일정 수준 이상의 규모로 성장 후에는 수익 창출 수단으로 활용될 수 있습니다.
❺ K-Culture와 연계하여 한류 컨텐츠 자체의 브랜드 가치 재고에 기여할 수 있습니다.

2. 과제 기획서 목표

1) 최종 목표

학습자의 수준에 맞는 한국어 교육 영상 자료를 통해 지속 가능한 YOUTUBE 채널을 활성화합니다.

2) 세부 사항

❶ 한국어 교육 영상 자료를 통해 실질적인 인터넷 기반 한국어 교육을 실시합니다.
❷ 학습자의 수준에 맞게 소리, 단어, 문장, 의미, 대화 수준의 영상을 제작합니다.
❸ YOUTUBE 채널 활성화를 통해 종합설계 종료 이후에도 지속 가능한 교육 제공을 목표로 합니다.
❹ 향후 지속적인 영상 제작 및 관리를 위한 영상편집 기술의 습득을 함께 병행합니다.

3) 평가기준

❶ 실제로 영상이 완성되고 대중에게 노출되고 있는가?
❷ 영상의 주제가 한국어 교육과 관련 있고 그 내용을 충실히 담아내고 있는가?
❸ 영상의 완성도와 교육적 잠재성이 있는가?

3. 과제 내용

1) 과제 진행 단계

❶ 영상 목표 설정: 팀원과의 협의를 통해 제작할 영상의 목표를 설정합니다.

❷ 학습 과제 분석: 예상 학습자의 성향과 수준 및 환경을 반영하여 도달해야 할 과제를 분석합니다.

❸ 영상 개요 작성: 영상의 길이와 내용, 편집을 고려하여 영상의 시나리오를 작성합니다.

❹ 형성평가 및 수정: 팀원과의 협의를 통해 시나리오를 수정하고 촬영을 준비합니다.

❺ 영상 촬영: 실제 영상을 촬영합니다. 영상의 목적과 특성을 고려하여 다양한 방법을 시도합니다.

❻ 영상 편집: 전문 인력 의뢰 혹은 영상 편집 기술 학습 후 영상 목표를 담아낼 수 있도록 편집합니다.

❼ 수정 및 보완: 영상 목표가 타당하고 신뢰 받도록 구현하고 있는지 평가하고 수정 및 보완합니다.

❽ 영상 게시: YOUTUBE 채널에 영상을 게시합니다. 학습자의 반응을 모니터링 합니다.

❾ 피드백 및 차 영상 기획: 학습자의 반응을 토대로 추후에 제작할 영상을 기획합니다.

4. 과제 수행 일정

가. 조원별 역할분담

No.	성명	담당	수행역할
1	박○○	팀장	영상 설계 및 시나리오 작성, 과제 설계 및 감독
2	양○○	촬영	영상 촬영, 편집 자문 및 자료 조사 및 수집, 회계 관리
3	박○○	영상편집	영상 편집 및 전문가 섭외, 시나리오 검토 및 웹 모니터링
4			
5			

나. 과제추진계획 및 일정

기간	주요 추진내용	비고
16. 9. 19 ~ 16. 10. 1	시험영상 제작	
16. 10. 2 ~ 16. 11. 1	YOUTUBE 채널 활성화	
16. 11. 2 ~ 16. 11.15	영상 제작 및 관리	

5. 예산 계획

가. 항목별 예산 집행 계획

항 목	금액(원)	산출내역	비 고
재료비	300,000	• 촬영세트 제작 및 대여비 – 스튜디오 대여: 100,000원 ×2 = 200,000원 • 소품 및 의상 비용 – 의상 대여 비용: 100,000원 = 100,000원	– 완제품, 기자재 구입불가
회의비	90,000	• 10,000원×3명×3회 = 90,000원	– 기본지원비
여비	15,000	• 자료조사 – 5000원(대중교통비)×3회 = 15,000원	– 기본지원비 – 공무원 여비규정에 준함
수용비 (사무용품/ 전산처리/ 인쇄·복사)	45,000	• 사무용품비 – 학용품: 25,000원 = 25,000원 • 인쇄비 – 인쇄: 20,000원 = 20,000원	– 사무용 기기, 컴퓨터 주변기기 및 용품 구입불가
합 계	450,000		

※ 과제수행에 직접적으로 연관이 되는 품목만 집행이 가능하므로 충분한 의논을 거친 후 작성바람.
(기자재는 원칙적으로 불가하며, 사업단 내부 심사를 거친 후 예외적으로 인정할 수 있음.)

나. 전문가 활용비 신청 계획 (※ 해당 시 작성)

항 목	금액(원)	산출내역	비 고
전문가활용비	300,000	영상편집 전문가 섭외 x 3	
합 계	300,000		

※ 산학연계형 : 500,000원까지(1회 : 100,000원), 비산학연계형 : 300,000원(1회 : 100,000원)

6. 결과물에 대한 기대효과 및 활용방안

YOUTUBE 플랫폼은 웹 기반 플랫폼으로서 쌍방향적 교류가 활발하게 일어날 수 있다는 장점을 가지고 있습니다. 따라서 교육 과정에서 다양한 학습자들의 반응을 토대로 다음과 같은 효과를 기대할 수 있습니다.

❶ 학습자 집단의 특성에 따른 개별적 교육의 자료를 얻을 수 있습니다.

❷ 교육의 임상적 경험이 누적되면 한국어 교육의 학술적 자료를 제공할 수 있습니다.

❸ 한류 콘텐츠의 새로운 갈래로서 '교육 콘텐츠의 초석'을 마련할 수 있습니다.

❹ 교육 내용을 K-pop, K-drama와 연계시켜 기존 콘텐츠의 2차 소비를 촉진할 수 있습니다.

❺ 한국어 교육의 범위를 전 세계로 확장시키는 데 기여하여 한민족의 정신을 알릴 수 있습니다.

활동 1

20○○학년도 ○학기 캡스톤디자인 팀별 과제 기획서				
과제명				
팀명				
특성화분야	□ 국방산업 □ 그린메카노 □ 해양웰빙 □ 도시힐링			
과제유형 (성과물기준)	기본과제	□ 보고서 제작형 □ 작품제작형 □ 산학연계형 □ 학제간 융합형 □ 창업연계형		
	선택과제	□ 일반형 □ 심화형 □ 기획형		
담당교수	소 속		성 명	

참여 학생 현황 (팀장을 1번에 기록해주세요)						
	성 명	학년	학과(부)	학 번	휴대전화	E –Mail
1						
2						
3						
4						
5						
6						
7						

전문가 자문활용 여부	예( ) 횟수: 아니오( )
신청금액	

[심화 · 기획형의 경우, 본 과제를 통해 달성 가능한 성과지표 체크(중복가능)]

항 목	기술이전	해당기업체 취업 (1명 이상)	특허출원	시제품 도출	대외 경진대회 참가	합 계
가 점	15	12	9	5	?	
체크란						

붙임 [양식2–1] 과제계획서 1부.

위와 같이 캡스톤디자인 팀별 과제 신청서를 제출합니다.

20○○. . .( )

대표학생 (인)
지도교수 (인)

경남대학교 LINC사업단장 귀하

1. 과제 기획서 개요

2. 과제 기획서 목표

3. 과제 내용

4. 과제 수행 일정

가. 조원별 역할분담

No.	성명	담당	수행역할
1		팀장	
2		자료수집	
3		총무	
4		계획수립	
5			
6			
7			

나. 과제추진계획 및 일정

기간	주요 추진내용	비고

5. 예산 계획

가. 항목별 예산 집행 계획

항 목	금액(원)	산출내역	비 고
재료비			
회의비			–
여비			–
수용비 (사무용품/ 전산처리/ 인쇄·복사)			–
합 계			

나. 전문가 활용비 신청 계획 (※ 해당 시 작성)

항 목	금액(원)	산출내역	비 고
전문가활용비			
합 계			

※ 산학연계형 : 500,000원까지(1회 : 100,000원), 비산학연계형 : 300,000원(1회 : 100,000원)

6. 결과물에 대한 기대효과 및 활용방안

광고문

우리가 흔히 말하는 광고는 상업 광고에 해당한다. 상업 광고는 광고주가 상품, 서비스, 회사 따위를 소비자에게 글, 그림, 영상 등을 사용하여 얼마나 효과적으로 전달하느냐가 중요하다. 상업 광고에 있어서 효과적 전달의 궁극적 목적은 소비자의 상품 소비 극대화이다. 따라서 상업 광고는 상품에 대한 효과적인 소비 촉진제 역할을 하도록 제작되어야 한다. 이는 광고가 소비자의 상품 구매를 핵심 목표로 삼기 때문이다.

이를 위해 광고는 사람들의 이성과 감성에 호소하도록 만들어진다. 주로 이성에 호소하는 방식은 상품에 대한 사실적 정보 전달에 초점을 맞춘다. 상품의 질이 얼마나 좋고 양이 많은지, 타 경쟁사 상품보다 가격, 품질, 양, 서비스 등에서 우위에 있는지를 강조하여 소개한다. 그러나 요즘 광고는 제품의 정보를 사실적으로 전달하기보다는 소비자의 감성에 호소하고 감성을 자극하는 전략을 더 많이 쓴다. 광고를 접한 소비자는 해당 물건을 구매하는 것과 동시에 광고로 만들어진 해당 상품과 브랜드의 특정 이미지를 추구하게 된다. 이처럼 광고는 소비자로 하여금 광고의 이미지와 메시지 매력에 빠져서 특정한 삶·가치·세계·이념·사람을 추구하고 공유하도록 설득한다. 그리고 이를 가능케 하는 광고 기법은 스토리텔링stroytelling, 이야기하기이다.

다음은 '[11번가] 청춘, 이젠 오해에서 이해로'라는 광고를 예로 삼아서 정리한 내용이다. 이 광고는 한 기업의 메시지 즉 우리 기업은 '청년과 함께 한다.', '청년을 이해하고 이들의 편이 된다.', '청년에게 희망이 되고 싶다.'를 이미지화했다. 성실하게 삶에 최선을 다하므로 바쁘고 고단하지만 자신의 현재와 미래를 개척해내는 청년들의 이야기를 전달storytelling하고 있다. 물론 상업 광고에 걸맞게 기업의 브랜드와 상품(11번가 희망쇼핑)을 선전하고 있다. 한 기업이 광고에서 스토리텔링 방법으로 어떻게 기업을 광고하는지, 광고를 위해 필요한 요소들이 무엇인지 해당 광고 영상과 다음 항목들을 확인해 보자.

첫째, 광고는 보여주기다. 광고는 말로 설명하지 않는다. 아래의 광고는 청년들의 삶이 이렇다 저렇다 말하지 않는다. 그들의 삶이 얼마나 치열하고 성실한가를 스토리로 보여준다.

둘째, 소비자의 입장에서 광고하라. 광고주는 소비자에게 필요한 것이 무엇인지를 알아야 한다. 소비자들이 의식적, 무의식적으로 원하는 것에 답하는 것이 광고다. 아래의 광고는 청년들의 심리 상태와 필요 사항을 잘 반영하고 있다. 공부하기도 바쁜데 학자금과 생활비까지 마련해야 하는 현실, 열심히 사회진출 준비를 했지만 취업, 연애, 결혼이 힘든 요즘 청년들의 마음 상태를 반영하고 있다. 그래서 소비자가 광고(해당 기업과 상품)의 편이 되도록 설득한다.

셋째, 스토리 흐름에 반전을 넣어라. 스토리의 반전은 사람들의 주목을 끌게 된다. 아래의 광고는 전반부에서 청년 세 명에게서 피상적으로 보이는 모습들이 그들 삶의 전부가 아님을 광고 후반부에서 보여줌으로써 광고의 전달 효과를 높일 뿐 아니라 잔잔한 감동을 자아낸다.

넷째, 기업과 상품을 소비자의 삶과 연결하라. 광고주는 해당 기업과 상품이 소비자 또는 사회 등에 가깝게 연결되어 있음을 보여줘야 한다. 아래의 광고는 요즘 청년들의 어려운 삶을 해당 기업이 이해하고 그래서 함께 하고, 작게라도 돕고 싶다는 메시지를 전달함으로써 소비자와 가까워지려는 모습을 보여준다. 11번가 희망쇼핑을 이용하면 수입의 일부를 20대 청춘들의 희망을 살리는 데 사용한다고 전한다. 즉 희망쇼핑에서의 소비가 청년들의 희망을 돕는다는 점을 부각시켜 상품 구매와 소비자 삶의 상생의 연결 구도를 제시한다.

1 지하철 계단에서

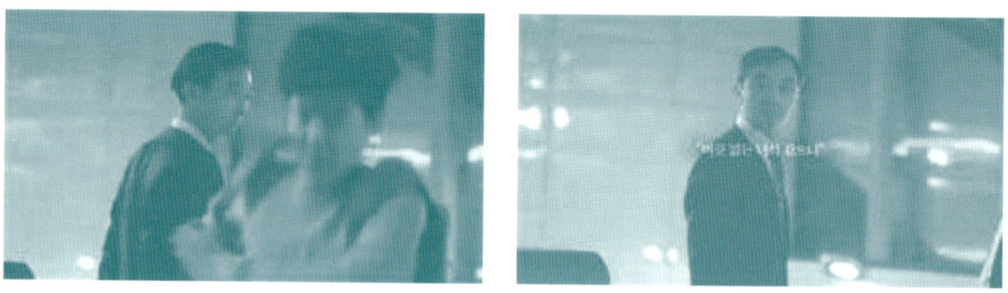

한 청년 남성이 바쁘게 어디론가 뛰어가다 중년 남성과 어깨를 부딪친다.

“아! 죄송합니다.” 청년은 뒤돌아서 중년 남성한테 달리던 걸음을 멈추지 않고 사과한다.

‘버릇없는 녀석 같으니’ 중년 남성이 속으로 청년을 불쾌하게 여긴다.

2 버스 안에서

한 청년 여성이 만원 버스 안 뒤쪽 좌석에서 졸고 있다. 옆에는 한 중년 여성이 앉아 있다. 자리 없이 서 있는 노인은 자리를 양보하지 않고 졸고 있는 청년 여성을 못마땅해 한다. 청년의 머리가 자꾸만 옆자리 여성에게 떨궈지기를 반복하자, '참… 배려 없는 아가씨네' 중년 여성은 속으로 못마땅해 한다.

3 길거리에서

한 청년 남성이 길 가장자리에서 몸을 비틀며 괴롭게 구토를 하고 있다. 이를 본, 길 가던 한 중년 남성이 혀를 차며 말한다.

"에이 쯧쯧"

4

"우리 땐 안 그랬는데…"

그런데

"요즘 젊은 세대를 바라보며 우리 어른 세대들이 종종 하는 말입니다."

"그들은 정말 버릇이 없는 걸까요?"

5

“혹시 여유가 없는 건 아니었을까요?”

[대학생 아르바이트 이유 1위 생계비, 2위 학자금 대출]

6

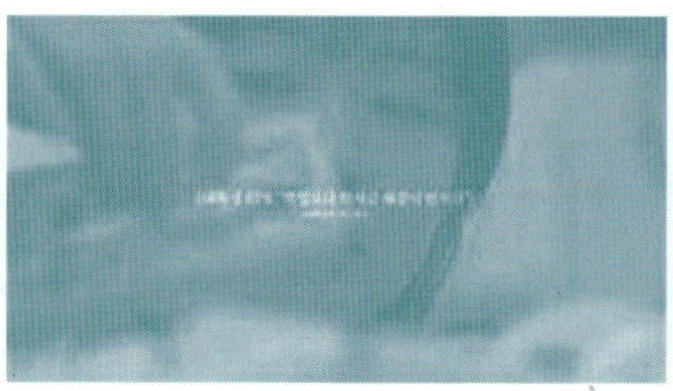

“배려가 없는 걸까요?”

[대학생 67%, “학업보다 학자금 해결이 먼저다.”]

7

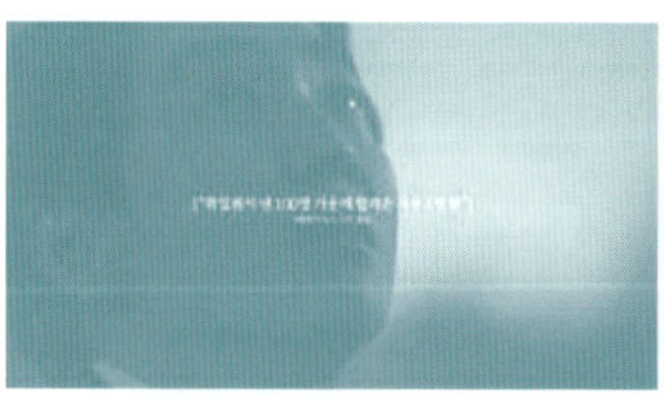

“개념이 없는 걸까요?” 아니면 “희망이 없는 건 아니었을까요?”

[“취업원서를 제출한 100명 가운데 합격은 겨우 4명 뿐”]

#8

오 해 에 서
이 해 로

"다시 바라봅시다. 세상을 견디고 싶지만 그 끝이 보이질 않고, 세상과 부딪히고 싶지만 기회가 주어지질 않고, 당당하고 싶지만 움츠릴 수밖에 없는, 그들을 다시 바라봅시다."

#9

"그리고 응원합시다."

"11번가가 희망 쇼핑 캠페인으로 이 시대의 청년들을 응원하겠습니다."

연습 9

광고문을 작성해 보자. 위의 예시에서 제시한 네 가지 방법 외에 광고문 작성에 필요한 방법들인 제품의 특징, 유머, 유명인, 패러디 등을 활용해 보자. 개인 또는 조별로 상품, 기업 등을 선전하기 위한 광고를 스토리텔링하자.

- 광고문을 스토리텔링 방법으로 작성해보자.
- 실재 또는 상상의 제품, 서비스, 기업 등을 상업광고 한다. 앞서 예로 제시한 '[11번가] 청춘, 이젠 오해에서 이해로'처럼 상업광고면서도 공익성을 넣어보자.
- 광고문 스토리텔링은 대화, 독백, 내레이션, 자막 등 말과 글로 작성하되 스케치, 그림, 사진, 동영상 등을 첨가한다.

- 광고문 스토리텔링은 인물, 사건, 배경 요소를 넣어서 짤막한 이야기 전개로 작성해도 좋다.
- 학생이 본 가장 인상적이고 좋아하는 광고의 스토리텔링을 떠올려보고, 이로부터 도움을 받을 수 있다.
- 단순히 이야기 전개에만 초점을 맞추기보다는 철학, 세계관, 가치관, 추구하고 꿈꾸는 세상, 이웃 사랑 등 의미를 담은 광고문 스토리텔링을 만들어보자.
- 이외의 방법들도 활용하여 조별로 자율적이고 창의적인 광고문 스토리텔링을 만들어보자.

• 광고대상:

• 광고 방법 및 전략:

• 광고 스토리텔링:

연습10

작성한 위의 표 광고문을 [11번가 희망쇼핑] 예시를 참고하여 아래 표에서 간단하게 이미지를 그리고 문구를 작성하여 광고 스토리보드를 만들어 보자.

장면 #1	• 문구: • 설명 및 스토리:

장면 #2	• 문구: • 설명 및 스토리:

장면 #3	• 문구: • 설명 및 스토리:

장면 #4	• 문구: • 설명 및 스토리:

장면 #5	• 문구: • 설명 및 스토리:

참고문헌

김민영·황선애(2015):『서평 글쓰기 특강』, 서울:북바이북.

윤영돈(2015),『기획서 마스터』, 서울: 새로운 제안.

전북대학교(206),『인문계 글쓰기』, 서울:태학사.

주제별 글쓰기 심화 6

대학생활은 물론 사회 활동에서도 중요한 문서나 서류는 모두 글쓰기를 통해서 이루어진다. 그런 점에서 글쓰기가 제대로 되지 않으면 아무리 훌륭한 지식과 정보를 가지고 있다고 하더라도 세상에서 빛을 발할 수 없고 인정받기도 어렵다. 그러므로 글쓰기는 우리의 삶에 필요한 기본 소양이라고 할 수 있다.

제6장 주제별 글쓰기 심화

1 인문학적 글쓰기

2015년 노벨문학상을 받은 러시아 작가 알렉시예비치의 소설 『전쟁은 여자의 얼굴을 하지 않았다』는 전쟁을 겪은 여성들을 인터뷰하여 구성된 일종의 실화형 소설이다. 전장을 경험한 200여명 여성들은 자신이 겪은 전쟁을 이야기한다. 참혹하고, 비참한 전장에서 죽어가는 사람들과 그 사람들을 살리기 위해, 또는 죽음을 잊지 않기 위해 슬퍼하고 고통스러워하는 기록들이 대부분이다. 그리하여 이 소설은 "목소리 소설"이라는 장르명칭을 새로 만드는 계기가 되기도 하였다. 개개인들이 겪은 전쟁, 그 사적인 맥락은 한 인간의 삶과 생각, 감정, 기억, 고통 등이 날 것 그대로의 감정 상태로 드러난다. 아주 개인적인 삶의 상황을 통해 인류가 끊임없이 겪고 있는 전쟁을 표현하는 글이다.

인문학적 글쓰기는 바로 이런 인간적인 양상 그 자체를 글로 표현하는 경우의 글쓰기 방식으로 분류할 수 있다. 전쟁이 왜 일어났는가, 전쟁은 어떤 사회적 영향관계를 형성하는가, 전쟁으로 인해 사회는 어떻게 변화하는가 등을 과학적인 인식에 근거하여 합리적 인과관계로 해석해낼 때, 혹은 전쟁으로 인한 산업 파괴와 인구 변동 등 통계적인 분석 자료를 이용하여 자료분석적으로 해석해낼 때 사회과학적 글쓰기로 분류하는 것과 비교해 볼 수 있다.

그러나 인문학적 글쓰기가 창작의 영역에 해당하는 문학작품과 같은 것은 아니다. 인문학적 글쓰기는 인문학, 즉 인간은 어떤 존재이며, 인간의 가치는 무엇이고, 인간은 무엇을 위해서 살아야하는가 등 인간이 살아가는 의미와 관련된 질문과 사유를 본격화하는 분야라고 할 수 있으며, 이와 관련된 사유와 글쓰기에 해당한다.

인간은 어떤 존재인지, 인간은 왜 사는지, 인간은 무엇을 위해서 살아야 하는지 등을 질문하고 사유하는 인문학적인 주제는 수많은 철학자의 인식과 통하며, 학문의 가장 근본적인 질문으로서 정의된다. 대학의 교양교육과 인문학의 위기를 진단하는 인문학자가 정의하는 인문학을 통해 인문학적 글쓰기를 실천해보자.

인문학적 글쓰기의 이해

인문학적 글쓰기는 우리가 살아가면서 스스로 살아가는 이유를 질문하거나, '가치'의 문제를 고민할 때 생겨나는 인식의 과정과 관련된 글쓰기 유형이라고 할 수 있다. 즉 인문적 상황, 인간 존재의 근원적 문제들을 생각하고 논의하는 글쓰기다. 인문교육이나 인성교육의 형식을 거칠 때, 학습하게 되는 글쓰기 형식과도 관련되지만, 인문학적 사유를 위한 훈련이나 교육과정은 고등교육 기관에 해당하는 대학의 교양교육을 통해 본격적으로 논의된다.

예시 1

대학에 갓 들어온 열아홉 살짜리 신입생들에게 '인문학'을 강의하는 일은 경륜이 높은 교수들에게도 절대로 쉬운 작업이 아니다. 인문학은 무엇보다도 인간에 관한 사유행위다. 신입생 대상의 인문학 강의가 녹록지 않은 이유는 인문학을 설명해주는 일 자체가 어려워서라기보다는 19세 청소년들에게는 '인간'이라는 주제부터가 전혀 매력적인 것이 아니기 때문이다. 신형 스마트폰이라면 또 몰라, 따분하게 '인간'이라니! 그 학부생들이 인간에 관심을 갖고 인문학 강의실을 찾기 시작하는 것은 그들이 대학에서 두어 번의 여름과 두어 번의 겨울을 보내고 난 다음 — 그러니까 3학년이 될 무렵부터이다. 인문학에 대한 이런 관심의 발로는 학생들의 '지적 도약의 단계'와 대체로 일치한다.

학부 저학년 대상의 인문학 입문 강의에서는 '충격 효과'를 시도해야 할 때가 있다. 엉뚱한 질문을 던지는 것은 그런 효과를 위한 한 가지 방법이다. 이를테면 이런 식이다. 강의실 피피티 화면에 푸른빛의 행성이 둥실 떠있다. 외계에서 본 지구다. 그리고 그 화면 하단으로 질문 하나가 천천히 떠오른다. "너는 이 지구에 왜 왔는가?" 학생들이 움칫한다. 그들의 눈에 충격의 그림자가 비친다. "여러분이 대학에 온 이유가 무엇인가? 바로 이런 질문을 만나기 위해서다. 대학에 다니는 동안, 그리고 대학을 졸업하고 나서도 여러분은 평생 그런 질문들과 대면해야 하고 그 질문에 스스로 응답해야 한다." 인문학이 무엇이냐면, "여러분이 그 종류의 질문에 응답할 수 있도록 돕고 안내하는 것이 인문학이다." "지구 바깥에서 본 지구를 우리 눈앞에 대령해서 이 푸른 행성을 객관화할 수 있게 한 것은 과학의 위대한 성취다. 그러나 그 행성을 보면서 '나는 왜 이 지구에 있는가? 라는 질문을 던지는 것은 인문학이다."

나는 왜 이 지구에 와 있는가? 나는 왜 없지 않고 있는가? 정답이 없고 정답이 있을 수 없는 질문이다. 우리가 노망들 때까지 헤매어도 정답을 찾을 수 없는 질문을 던진다는 점에서 인문학은 무용의 열정에 봉헌된 학문 같아 보인다. 그러나 이 쓰잘데없어 보이는 질문에 두 가지 이유에서 실용을 갖고 있다. 첫째, 정답이 없으므로 우리는 각자 그 질문에 응답할 방법을 스스로 찾고 만들어야 한다. 둘째, 그 질문이 없고 그 질문에 대한 응답의 모색이 없을 때 우리네 삶은 의미, 가치, 목적을 확보할 길이 막막해진다. 영혼은 황량해지고 삶은 무의미의 늪에 빠진다. 빵과 의미는 삶을 지탱하는 두 기둥이다. 빵이 삶의 바깥쪽을 버텨낸다면 의미는 삶의 안쪽을 지키고 지탱한다. 삶이 무의미해질 때 사람들은 시들시들 병들고 미치고 자살한다. 이 세계로부터 의미가 빠져나갈 때일수록 인간은 제 손으로 의미를 만들고 삶에 의미를 공급해야 할 책임 앞에 놓인다. 이 의미 공급 작업에 필요한 절대적 요청이 "나는 왜 여기 있는가?"라는 질문이다. 이것이 그 무용해 보이는 인문학적 질문의 '위대한 실용'이다.

– 도정일(2014), 「인문학, 관계의 건축술 – 무용한 질문의 위대한 실용」, 『쓰잘데없이 고귀한 것들의 목록』, 문학동네, 189~190.

오랫동안 대학에서 교양교육 과정으로서 인문학을 교육한 바 있는 필자는 인문학은 '나는 누구인가? 나는 왜 여기에 있는가?'라는 질문을 던지는 일이라고 말한다. 그리고 그런 질문을 던짐으로써 '왜 살아야 하는가? 무엇이 가치로운 것인가?'라는 문제들에 이르게 된다고 말한다. 이런 일련의 과정은 인문학적 질문의 "위대한 실용", 즉 인간의 삶에서 꼭 필요한 것이라고 정의한다. 인류사에서 가장 오랜 세월 학문의 자리를 지키고 있는 '철학'이 인문학의 꽃이라고 불리워지는 것은 이런 질문들이 바로 철학의 근본을 이루고 있기 때문이다. 이런 근본적인 질문들이 제기되고, 사유되는 과정을 거치면서 문학과 예술과 역사가 구축된다. 인문학의 영역이 확장 구체화되는 것이다.

예시 2

> 인간이 부단히 어떤 가치들을 추구하고 탐색해왔다는 것은 인간이 가치의 탐색자를 부단히 발명해온 존재라는 것을 웅변한다. '참'이라는 가치를 추구하다가 인간은 과학자를 발명했고, '선'이라는 가치를 추구하다가 철학자를 발명했으며 '아름다움'을 추구하다가 시인을 발명하고 예술가를 발명했다. '생명'이라는 가치를 위해 인간은 의사를 발명했고 지금도 발명하고 있다. 인간은 사랑과 우정이라는 가치를 위해 자기를 희생하기도 하는 인간을, 자유, 정의, 평등 같은 가치를 추구하기 위해 목숨도 내던지는 인간을 발명했다. 그리고 지금도 발명하고 있다. 가치와 의미와 목적을 추구하는 인간은 하늘에서 온 존재가 아니다. 그는 인간 그 자신이 만들고 발명해온 존재다. 인간의 자기 발명성, 이것이 우리가 흔히 '휴머니즘'이라 부르는 것의 핵심을 요약한다.
>
> 이 의미의 인간주의는 인간중심주의가 아니고 인간의 오만도 아니다. 그 인간주의의 중심부에 놓여 있는 것은 무엇보다 '책임지는 인간'이다. 자기 자신에 대해서, 타인에 대해서, 자연과 사회와 문명에 대해서, 그리고 역사에 대해서 책임을 의식하고 책임을 지고자 하는 인간, 이것이야말로 '인간이 발명하는 인간'의 모습이다. 인문학이라 불리는 것의 핵심에 놓여있는 것도 바로 그 '책임지는 인간'이다. 인간에 대한 인간의 책임, 사회와 역사에 대한 인간의 책임, 문명과 자연에 대한 인간의 책임 - 이런 책임 의식이 인문학의, 그리고 인문정신의 요체다. 인간이 추구해온 중요한 가치들, 이를테면 자유와 평등, 진리와 정의, 사랑과 우정, 공존과 상생, 배려와 보살핌, 생명 존중과 평화 애호 등등의 가치들은 인간 그 자신과 그가 사는 사회, 그가 만드는 역사와 문명에 대해 인간이 결코 방기할 수 없는 '책임'의 문제에 직결되어 있다.
>
> – 도정일(2014), 「나는 누구이며, 무엇인가 – 인간은 '인간'을 발명한다」, 『쓰잘데없이 고귀한 것들의 목록』, 문학동네, 204.

'인간주의'를 추구하는 과정에서 여러 학문 분야가 생성되고, 그것이 지식이 된다. 인문학은 모든 지식과 학문의 근본인 것이다. 이때 인간주의는 인간중심주의가 아니고, 인간이 구성하고 있는, 혹은 관계 맺고 있는 모든 것들에 책임을 지는 인간을 의미한다. 인문학은 이런 인간주의를 기반으로 한다. 당연히 인간주의는 사회성을 중심으로 구축될 수밖에 없다.

인간은 어떤 존재이고, 인간은 무엇을 위해 살아가는가라는 질문을 거쳐 나는 누구이고 나는 왜 여기에 있는가를, 그리고 나와 같은 존재로서 타자를 존중하고, 그들이 같이 어울려 살아가는 공동체의 가치를 지키고, 그 가치를 지키기 위해 비판정신과 대안적 상상력을 키우는 일까지, 인문학의 범주는 추상적 개인으로서의 인간 관념에서부터 구체적 개인인 나, 그리고 그 모든 '나'들이 이루어 살아가는 삶의 터전인 공동체의 가치에 이르기까지 삶 전반을 아우르는 근본 문제의 영역인 셈이다.

인문학적 글쓰기는 바로 이런 삶의 문제를 해석해내는 글쓰기이다. 나아가 인간의 가치를 성찰하고, 그 가치를 지키기 위해 비판적 관점을 유지해야 한다. 따라서 인문학적 글쓰기는 개별적인 삶의 문제, 상상력의 영역에서 출발하더라도 인문학 그 자체 영역의 글쓰기로 한정되지 않고, 사회과학적 글쓰기의 영역을 넘나드는 경계적 글쓰기가 되는 경우가 허다하다.

인문학적 글쓰기가 경계적 글쓰기라는 점을 생각하면서 인문학적 글쓰기가 어떤 서술방식을 취하는지 생각해보자. 위의 설명에서 확인했듯이, 인문학적 주제의식을 향해 글을 이끌어가는 가운데 인문학적인 문제의식은 자연스럽게 사회적인 삶의 양상들 속에서 해석된다.

예시 3

신자유주의를 '철의 원칙'으로 밀어붙였던 대처가 남긴 어두운 유산은 정치 경제만이 아니라 나쁜 방향으로 바뀐 영국인들의 기질에서도 드러난다는 기사를 읽었다. 대처리즘의 득세 이후 영국인들은 모든 것을 자기 본위로만 생각하고, 경쟁에서 살아남는 것만을 중시하고, 돈만을 미덕의 기준으로 삼게 되었다. 그 결과 영국인들은 같이 있기 불쾌한 사람들로 변했다고 한다. 지난 '잃어버린 5년'이 남긴 한국사회의 모습도 별반 다르지 않다. 갑은 뻔뻔스럽게 힘을 과시하고, 을은 생존을 위해 굴욕과 모멸감을 견뎌야 하는 '갑을사회'가 되었다. 권력에 취해 벌어진 '그손' 사건이 좋은 예이다.

문학의 소임 하나는 작품의 인물과 사건을 독자가 간접적으로 체험하고, 동일시 혹은 거리두기를 하면서 자신의 생각과 삶을 되돌아보게 만드는 것이다. 문학의 체험을 통해 우리의 사유와 마음은 깊고 넓어진다. 문학은 간접체험과 자기성찰의 의미를 다양한 내용과 형식으로 실험해왔다. 문학예술에서의 전위는 이런 실험이 급진성을 일컫는 것이다. 전위주의는 인간과 세계에 대한 발본적 성찰을 토대로 하되, 그 출발은 언제나 '나'부터다. 문학에서 성찰과 비판의 일차적 대상은 남들이나 세상이 아니라 '나'이다.

김현의 〈행복한 책읽기〉에는 어느 시인과 나누는 흥미로운 대화가 있다. 일상의 자잘한 즐거움을 털어놓는 제자이자 시인의 말을 듣고 김현은 이렇게 적는다. "그는 갈수록 깔끔해지고, 선생다워진다. 나는 그런 그가 좋기도 하고 싫기도 하다. 남들이 다 병들어 있으면 아프지 않더라도, 아프지 않다는 것을 널리 알리는 것은 좋지 않은 게 아닐까? 그러나 하여튼 아픈 것보다는 아프지 않은 것이 더 낫다." 당연히 아픈 것보다는 아프지 않은 게 좋고, 그래서 행복할 수 있지만, 동시에 "남들이 다 병들어 있으면" '나'의 행복을 주저 없이 드러내는 것도 때로 삼가야 한다는 배려심의 가치를 이 대화는 담담히 전한다. 그런 가치가 사라진 시대, 마음이 궁핍해진 시대이다. 그래서 자기 집이 얼마나 멋지고 살기 좋은지를 자의식 없이 자랑하는 프로그램도 버젓이 방송된다.

뛰어난 문학은 곧 성찰과 배려의 문학이다. 살아남은 자의 부끄러움을 가르친다. "물론 나는 알고 있다. 오직 운이 좋았던 덕택에/ 나는 그 많은 친구들보다 오래 살아남았다./ 그러나 지난 밤 꿈속에서/ 이 친구들이 나에 대하여 이야기하는 소리가 들여왔다./'강한 자는 살아남는다.'/그러자 나는 자신이 미워졌다."(브레히트, <살아남은 자의 슬픔>) 우리 시대의 "강한 자"들은 살아남은 "자신을 미워"하기는커녕 그 사실을 후안무치하게 과시한다. 우리가 누리는 민주주의를 위해 죽어간 이들을 근거 없이 비웃고 막말을 퍼붓는다. 사람이 부끄러움을 모르는 짐승이 되어간다. 자기성찰이 사라진 뻔뻔함의 시대이다.

문득 "나의 부끄러움을 알지 못했다"고 수줍게 토로했던 시인의 시대가 그리워진다. "나는 그때/ 아모 이기지 못한 슬픔도 시름도 없이/ 다만 게을리 먼 앞대로 떠나 나왔다./ 그리하여 따사한 햇귀에서 하이얀 옷을 입고/ 매끄러운 밥을 먹고 단샘을 마시고 낮잠을 잤다./ 밤에는 먼 개소리에 놀라나고/ 아츰에는 지나가는 사람마다에게 절을 하면서도/ 나는 나의 부끄러움을 알지 못했다."(백석, <북방에서>)

– 오길영(2015), 「부끄러움을 모르는 시대」, 『힘의 포획』, 산지니, 388~389.

문학은 철학과 함께 인문학 분야의 중심을 이룬다. 문학은 우리 주변에서 흔히 마주하는 예술의 형식이고, 따라서 인문학적 글쓰기라고 할 때, 문학비평이 대중적으로 가장 널리 알려진 글쓰기 형식이다. 위의 글은 칼럼의 형식으로 쓰인 다소 짧은 비평문으로서 인문학적 글쓰기의 대표 사례이다. 영문학자이며 문학비평가인 필자는 주로 문학작품을 비평하는 글로서 시작하지만, 거의 대부분 인문학적으로 제기된 문제를 사회적 관계로서 해석하는 방식으로 문제의 근원을 짚어내는 사회비평적 글쓰기의 면모를 보여주고 있다.

사회적 상황, 제도, 사회의식, 국가권력 등은 사회과학적 주제라고 할 수 있다. 그러나 문학작품에서 다루어지는 문제는 개별 인간 내면의 깊은 고통, 고통의 표현으로서 감성의 양상, 원인을 알 수 없는 삶의 문제들과 마주하는 고통 등 인문학적 주제이다. 그러나 개별적 삶의 내밀한 고통의 양상은 사회적 제도, 권력구조, 공통의식, 사회적 관념, 편견 등 사회적인 것들과의 관계 속에서 '갈등'으로 실체화되고 고통의 원인이 되는 것이다. 비평이란 바로 이런 구체적이고 사실적인 관계를 해석하고 문제의 근원을 파헤쳐 노골화하는 것이기도 하다. 고통이 내밀하고 깊은 것일수록 숨겨져 있고 은폐된 사회적 관계의 질과 깊이 또한 강력한 것인 경우가 대부분이다. 인문학적 글쓰기는 이런 개인의 내면적인 내밀한 양상이 어떤 구조적이며 제도적인 삶의 문제들과 연관되는가를, 혹은 그런 것들이 사람들의 삶을 파괴하고 있는가를 해석해내는 글쓰기이다. 문학과 철학과 역사를 넘나드는 글쓰기이며, 사회과학적 글쓰기의 경계에서 구성된다. 한 걸음 더 깊이 들어가 분석해보자.

- 1단계(도입): 신자유주의의 유산으로서 돈의 논리로 인간의 감정구조를 바꾸는 사회의 변화, 영국과 한국의 비교 – 일반적인 사회상황을 분석.
- 2단계(인문학적 문제의식): 문학의 성찰, 인간과 세계에 대한 발본적 성찰, 성찰의 중심은 항상 '나'.
- 3단계(사례를 통한 문제제기): 인문학적 성찰은 구체적인 삶의 상황에서 어떻게 발견되는가?
- 4단계(문학에서 인문학적 성찰 해석): 브레히트와 백석의 문학, 문학작품이 '성찰'로 해석되는 과정 풀어쓰기. 글의 논점을 정리하는 문학작품 인용.

'부끄러움'이라는 인간의 평범한 감정이 어떻게 인문학적 '성찰'의 계기가 될 수 있는가를 논리화하는 과정을 1단계에서 4단계로 정리해보았다.

글을 시작할 때, 영국의 사회적 특성과 한국의 사회적 특성을 일화로서 연결하여 한국사회의 문제점을 구체화한 후, 어느 시인의 평범한 삶의 태도를 그 근본적 심리나 욕망의 문제로서 헤집어 사유하는 비평가의 시선을 통해 분석해낸다. 또 부끄러움으로 인문학적 성찰의 주제를 담아낼 때도 필자 자신이 언어를 직접적으로 드러내지 않고 브레히트와 백석의 시를 인용하여, 그 시의 주제의식과 정서적 결합의 양상을 통해 부끄러움의 사회적 의미를 독자가 구체적으로 자각할 수 있는 방법을 취한다. 여러 일화와 작품을 인용하면서 그 상황과 작품에 비유된 현실이 겹쳐지는 가운데, 상상력을 통한 의미의 구성과정에서 당대적인 현실의 문제를 성찰하고 비판하는 인문학적 글쓰기가 완성되는 것이다. 현실을 직접적으로 거론하고 비판하지 않고, 문학적 상상력이나 사례를 대비하는 비유적 상상력을 통해서 삶의 깊은 곳까지 사유하도록 유도하는 글쓰기, 이 상상력 작동의 과정이 인문학적 글쓰기의 장점이며, 특징이다.

필자는 어느 것 하나 필자 스스로의 논리로 구성하지 않고, 인용한 사례나 시적 상황, 인간적 정서에 빗대어 비유적으로 상상하도록 논리를 구성한다. 글을 따라가다 보면, 어느덧 독자는 필자의 논리를 구체적인 이미지나 상황적 상상을 통해 감각적으로 파악하게 된다. 인문학적인 상상력과 사회과학적인 상상력을 총동원하여 구체적 삶의 상황을 통해 보편적인 삶의 논리를 인식하도록 유도하는 글쓰기이다. 인문학적 글쓰기의 대표적인 사례로 평가할 수 있다.

연습

아래 비평문은 위에서 설명한 인문학적 주제의식의 비평문을 쓴 비평가의 다른 글이다. 단계적인 분석 방법을 활용하여 인문학적 글쓰기로서 설명해보자.

예문

많지는 않지만 비평에도 고전은 있다. 시간이 퇴화작용을 견뎌내고 지금도 생각거리를 던져주는 글. 예컨대 김우창의 〈나와 우리〉. '문학과 사회의 관계에 대한 한 고찰'이라는 부제가 달린 이 글은 사회적 상상력이 사라져버린 한국문학계에 여전히 울림이 크다. 김우창에 따르면 한 사회에서 인간다움에 관한 물음이 사라질 때 문화와 교양은 위축되고, 사람들은 생존경쟁의 불안과 비명횡사의 공포에 떨고, 삶은 야비해진다. 우리 시대의 이야기이다.

개인을 추상화시키고 전체적인 시각을 강조하는 거대담론과는 달리 문학은 인간다움이 살아있는 사회의 모습을 우선 '나'의 입장에서 탐구한다. 문학에서 전체적 진실은 미리 주어지지 않으며, 개별 주체가 느끼는 진실만이 존재한다. 그러나 그 탐구는 '나'와 얽혀 있는 다른 존재들, 곧 당신과 우리로 열려있는 탐구이다. 문학은 사회의 전체성을 구체적인 개인적 실존과의 함수관계에서 천착한다. '나'와 당신이 맺는 "전체성의 회복은 밖으로부터의 강제가 아니라 실존적 결속을 통한 안으로부터의 호소에 의한 것이어야 한다."(김우창) '나'에서 우리로 이어지는 "실존적 결속"의 표현이 사회적 상상력이다.

한국문학은 내면성의 외딴방에 갇혀 있다. 내면성의 탐구 자체가 문제는 아니다. 그러나 한 명민한 시인의 말대로 '나'의 내면성을 제대로 알기 위해서는 다른 존재의 내면성에 깊은 관심을 기울여야 한다. "자기 상처만 정색하고 들여다본다고 병이 낫지는 않아요. 남의 상처나 삶에 한눈팔고 정신을 빼앗기는 일이 필요해요. 무슨 대단한 대의나 윤리의 실현을 위해서가 아니라 일단은 자신을 위해서 말이예요. 그러면 자기로부터 충분히 멀리 갈 수 있어요."(진은영) 삶과 문학이 깊어지려면, 그래서 고립된 내면성으로부터 충분히 멀리 가려면 "남의 상처나 삶에 한눈 팔고 정신을 빼앗"겨야 한다. '나'의 내면은 언제나 다른 이의 존재와 얽혀 있으므로.

좋은 문학에서 내면성과 사회성은 대립되지 않는다. 내면성의 탐구는 깊은 사회적 상상력을 요구한다. 이 점이 좋은 문학에서 발견되는 사회적 연대의 철학적 기초이다. 문학은 개별적인 삶의 진실에서 출발하되, 개별적 진실은 궁극적으로 그것을 둘러싼 어떤 외부나 테두리와 맞물려 있다는 복합적 인식, '나'만의 내면을 넘어서려는 인식을 아우른다. 그렇게 '나'와 우리는 자연스럽게 결합된다. 문학에서 종종 언급되는 자기성찰이나 진정성의 개념은 협애한 내면의 주관성이 아니라 '나'와 외부의 배치관계를 구체적으로 파악하고 형상화하려는 관심을 가치킨다.

한 작가가 원로나 거장이 되어간다는 것은 '나'와 우리가 맺는 관계에 대한 관심이 예리해지고, 내면성과 외부의 배치관계를 조감하는 사회적 상상력이 깊고 넓어진다는 뜻이다. 원로는 세속을 초월한 도사, 내면의 외딴방에 갇힌 수도승이 아니다. 그는 세상을 초월하는 게 아니라 더욱 세상 속으로 들어가 세상의 이치를 탐구한다. 원로에게 초월, 깨달음, 화해는 없다. "차분함과 성숙함이 기대되는 곳에서 우리는 털을 곤두서게 하고 까다롭고 가차 없는, 심지어 비인간적이기까지 한 도전을 발견한다."(에드워드 사이드)

한국문학에는 이런 도전을 감행하는 원로가 누가 있을까? 씁쓸한 대답은 자신이 젊은 시절에 '타는 목마름으로' 외쳤던 민주주의와 인권의 가치를 깊어진 사회적 상상력으로 풀기는커녕 허울뿐인 "차분함과 성숙함"으로 초월해버린 한 시인의 초라한 모습이다.

– 오길영(2012),「사회적 상상력의 실종」,『한겨레신문』, 12.7.

2 사회과학적 글쓰기

사회과학적 글쓰기는 인문학이나 자연과학 영역의 글쓰기와는 질적으로 구분되는 독자성을 가진다. 학문의 영역은 인문학, 자연과학, 사회과학으로 크게 나뉜다. 이렇게 학문의 영역을 분류해놓고 보면 각 영역마다의 사고체계가 다르고, 그에 따른 고유의 글쓰기 수행방법이 필요함을 관찰할 수 있다. 사회과학은 우리 사회에 일어나는 다양한 현상을 연구대상으로 삼는다. 지식분야를 분류하는 한국십진분류표(KDC)에 따르면 통계학, 경제학, 사회학·사회문제, 정치학, 행정학, 법학, 교육학, 풍속·민속학, 국방·군사학이 사회과학에 속한다. 이 학문들은 개인과 사회가 빚어낸 현상들, 의미들, 가치들에 대해 연구한다. 따라서 사회과학은 개인과 사회를 아우르는 학문이라 할 수 있다.

사회과학적 글쓰기는 '사회적 사실'을 대상으로 한다. 여기서 우리는 사회과학의 학문적 특성을 정확히 이해하고 이를 토대로 연구 과제에 대한 과학적 설명 능력을 배양시켜야 할 것이다. 대학생으로 사회를 바라보는 눈은 파편적인 지식을 바탕으로 한 것이 아니라 자신의 주체적 관점과 논리적인 근거를 통해 주장을 펼치는 데까지 발전되어야 할 것이다. 대학생으로서의 나는 행위의 주체가 되어야 하고 사고의 주체가 되어야 한다. 그래야만 삶의 주체가 될 수 있다. 글쓰기를 통해 나의 눈으로 사회를 바라보고, 나의 관점으로 사회에 대한 의견을 펼치는 연습을 하면서 문제 제기와 설명의 능력이 향상되고 자신의 관점을 논리적으로 전달하는 힘이 생길 것이다.

사회과학적 글쓰기의 요건

내용적 측면

사회과학적 영역의 글은 어느 글쓰기보다 독자에 대한 관심과 배려를 우선으로 해야 한다. 사회현상에 대한 관심을 드러내는 글은 실시간으로 쏟아지기 때문에 사회과학적인 글을 쓰는 과정은 독자의 입장에 대해서 관심을 가지는 것부터 시작해야 한다. 그러기 위해서는 다음의 몇 가지 요건을 갖추어야 한다.

첫째, 글의 내용이 객관적이어야 한다. 객관성을 확보하기 위해서는 그 내용이 독자가 읽어서 충분히 납득할 수 있는 것이어야 한다. 여기서 객관적이라는 것은 글 쓴 이의 주장이 될 수도 있고, 그 주장을 뒷받침하는 근거가 될 수도 있다. 둘째, 글의 내용이 창의적이어야 한다. 그래야만 글의 내용에 대한 독자의 신뢰를 높일 수 있다. 셋째, 자신이 펼치는 주장이 논리적이어야 한다. 즉 합리적이고 믿을만한 근거를 통해 체계적으로 내용을 제시해야 한다. 그래야만4 글의 내용을 독자가 신뢰할 수 있다. 넷째, 주장이 반증 가능한 것이어야 한다. 자신의 주장이 잘못되었음을 실험할 수 있는 주장을 펼쳐야 한다. 그와 같은 과정을 거친 주장이어야 신뢰할 수 있기 때문이다.

표현적 측면

글의 표현은 내용을 효과적으로 전달하기 위해 중요하다. 사회학적 영역의 글이 갖추어야 할 표현적 측면은 다음과 같이 요약된다.

첫째, 압축적인 표현을 해야 한다. 글을 싣는 지면이 대체로 한정되어 있기 때문에 핵심적인 내용을 골라 짧게 쓰는 연습을 해야 한다. 신문의 사설은 대개 1천자, 칼럼은 대체로 1천 5백자에서 2천자 정도의 분량이다. 그러므로 이들 글은 내용을 압축적으로 표현하기 위해 군더더기를 줄이는 노력을 하고 있음을 쉽게 알 수 있다. 둘째, 쉬운 표현을 사용한다, 자신의 지식에만 기준을 두고 독자를 고려하지 않은 전문 용어나 어려운 어휘를 선택한다면 독자의 이해를 얻을 수 없다, 그러므로 일반적인 수준에서 쉽게 이해될 수 있는 표현을 선택하고, 짧고 간결한 문장으로 쉽게 이해될 수 있는 표현을 사용하도록 노력해야 한다. 셋째, 사회적 통념을 따르는 보편성을 갖추어야 한다. 예를 들면 표준어, 맞춤법, 문장의 규범 등이 사회적 통념을 벗어난 것이 아니어야 한다는 것이다.

사회과학적 글쓰기의 실제

사회적 사실에 대한 해석

사회과학의 대상은 사회적 사실이다. 사회적 사실은 인간사회의 외부에 존재하면서도 동시에 인간의 내면을 구속하고 있는 모든 행위 양식들을 의미한다. 그것은 '한국의 제례'처럼 비교적 지속적이고 연속적인 사회제도일 수도 있고, '광화문 촛불집회'처럼 특정 시기의 사회적 현상일 수도 있다. 중요한 것은 개인의 일상적 행위라 할지라도 그것에는 개인의 속성을 넘어 사회현상으로 해석되는 의미들이 존재한다. 예를 들면 광화문 촛불집회에 참여한 개인의 행위는 개인의 행위이지만 그 안에는 우리 사회의 특정한 사회의식을 보여주는 집단적 현상으로 해석되는 의미들이 존재한다는 것이다. 즉 사적인 행위이지만 그것이 사회적 관심의 대상이 되면서 우리사회 전체를 보여주는 공적 행위로서의 의미를 가지게 된다.

사회적 사실은 개인적 차원을 넘어 존재한다. 개인의 의지와 무관하게 인간은 사회적 관계의 틀 속에서 조종당하기도 하고 구속되기도 한다. 개인의 행위는 사회적 관계 위에서 존재하므로 인간 문제는 개인적 의지의 소산으로 보기 어려운 점이 많다. 따라서 사회적 사실에 대한 연구는 사회 제도와 그것의 관계망을 먼저 인식해야 한다. 과학으로서 사회과학이 사회적 사실들의 외형적 특징들을 분류하고 유형화하는 작업에서 시작하는 것도 이 때문이다.

예시 1

> 가족배경에 영향을 덜 받으면서, 비슷한 동기를 가진 사람들에게 교육에 대한 유사한 기회를 보장해주고, 또한 관련된 자질과 노력에 근거해서 직책과 직위를 모든 이에게 개방시켜주는 것을 기회의 평등이라고 롤스는 정의하고 있다. 또한 롤스는 부의 불평등이 일정 수준을 넘게 되면 가족배경의 영향력이 커지게 되고 이에 따라 사회적 정의의 기초인 기회의 평등도 위협받게 된다고 경고한다. 최근의 많은 연구들도 롤스의 경고를 확인하고 있는데, 소득불평등이 확대됨에 따라 기회의 불평등도 증가하고 있으며 이로 인하여 사회적 이동성도 줄어들고 있다고 보고하고 있다. 코락(Corak, 2013)은 소득불평등이 증가함에 따라 자녀들의 예상소득은 자신의 노력보다는 가족의 배경에 의해서 더 큰 영향을 받고 있다고 주장하고 있고, OECD(2011)도 소득불평등 증가가 사회의 이동성을 가로막고 있으며 이로 인한 기회의 불평등 증가는 경제성장에 부정적인 영향을 미치고 있다고 설명하고 있다. OECD는 소득불평등이 높은 이태리, 영국 그리고 미국에서는 사회적 이동성이 낮은 반면, 소득불평등도가 낮은 북구의 경우는 자녀의 소득이 가족 배경에 덜 영향을 받고 있으며 사회적 이동도 활발하다고 분석하고 있다.
>
> 코락은 소득불평등의 증가가 세대 간 소득계층 이동성에 어떠한 영향을 미치는지를 분석하고 있다. 아래 그래프는 위대한 개츠비곡선(Great Gatsby curve)이라 불리는데, X축은 한 세대 전(즉 부모 세대)의 소득불평등 정도를 나타내는 지니계수이고 Y축은 부모의 소득에 대한 자녀소득의 탄력도이다. 따라서 부모 소득이 자녀소득에 미치는 영향력이 클수록 Y축의 값은 증가하게 된다. 그래프에서 보듯이 부모세대의 소득분배가 더욱 불평등한 국가일수

수록 부모 소득의 자녀 소득에 대한 영향력이 높은 것으로 나타났는데, OECD(2011) 연구 결과와 유사하게 소득불평등도가 높은 영국과 미국 그리고 이태리의 경우는 부모 소득의 자녀소득에 대한 영향력이 높아서 부모소득에 대한 자녀소득의 탄력도가 가 0.5로 나타났다. 반면에 북구국가들은 0.2가량인 것으로 나타났다. 즉 부모세대의 소득불평등도가 높은 국가일수록 부모의 소득 수준이 자녀들의 예상소득 수준에 결정적인 영향을 미친다는 사실을 발견하였다.

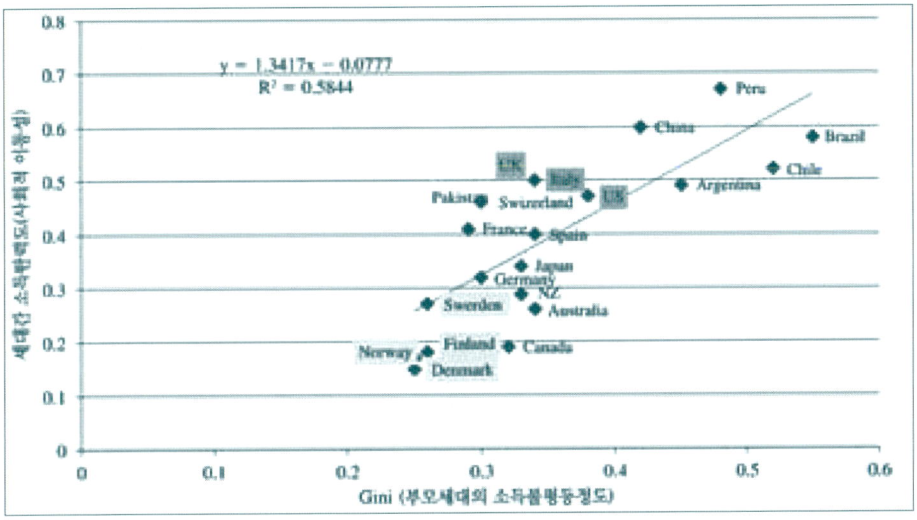

주: X축은 우측으로 갈수록 불평등도가 높음을 Y축은 상향으로 이동할수록 사회적 이동성이 낮다는 것을 나타냄.
자료: 세대 간 소득 탄력도는 Corak (2013); Gini계수는 World Bank DB와 OECD DB.

코락은 부모 소득의 자녀 소득에 대한 영향력이 국가 간 혹은 기간별로 차이를 보이는 이유를 가족, 노동시장 그리고 정부정책의 상호작용의 결과라고 설명하고 있다. 첫째, 로머(Romer, 2004)가 이야기하는 가족이 제공하는 '상이한 환경'이 자녀들의 소득계층이동성에 영향을 주게 된다. 예를 들어 부모가 가지고 있는 사회적 네트워크의 차이는 자녀들의 직장선택이나 인적자본축적에 영향을 주며, 부모가 물려주는 유전적 능력과 건강이 또한 자녀들의 소득계층 이동성에 영향을 미치게 된다. 그리고 부모들의 경제적 능력이 자녀들에 대한 인적자본투자수준과 투자동기에도 차이를 불러일으킨다. 많은 실증연구(Bailey and Dynaski, 2011)들은 인지능력을 통제하여 실증 분석한 결과 소득불평등 세대인 80년대 출생자들의 경우 소득평등의 세대인 60년대 출생자에 비하여 부모의 소득수준이 대학진학여부를 결정하는데 있어서 결정적인 역할을 수행했음을 발견하였다. 둘째로 정부의 교육정책이 어떤 계층을 위주로 설계되느냐의 여부도 위의 개츠비곡선의 기울기를 결정한다. 예를 들어 정부의 교육재정지출이 초중고 공립학교에 집중될 경우 저소득층이 주로 혜택을 받는 반면, 정부지출이 소수만이 혜택을 받는 사립대학이나 사립중고등학교에 집중될 경우 저소득층보다는 고소득층이 주로 혜택을 받게 된다. 예를 들어 미국정부는 사회이동성 제고를 위해서 GDP 대비 1.6%를 교육과 사회이동성 촉진 프로그램에 지출하고 있는데 이중

1/4만이 중하위소득그룹이 혜택을 보도록 설계되어 있어 정부재정지출이 사회이동성 제고에 효과적이지 못하다고 비판받고 있다. 마지막으로 노동시장에서 인정되는 학력프리미엄(즉 교육투자의 수익률)이 높을수록 세대 간 소득계층의 이동성이 낮은 것으로 나타났다. 코락의 분석결과 학력프리미엄이 높은 국가일수록 부모소득이 자녀의 소득수준에 미치는 영향이 큰 것으로 나타났다. 이는 교육투자수익률이 높을수록 부모들은 자녀교육에 투자할 동기가 높고 상대적으로 소득수준이 높은 부모의 경우 자녀교육에 지출할 수 있는 경제적 여력이 높기 때문이다.

– 서환주·김준일(2014), "소득불평등, 정치적 불평등 그리고 기회불평등의 누적적 증가에 대하여", 『사회경제평론』 45, 86~87.

예시 1은 글로벌 금융위기를 경험하면서 소득불평등, 정치적 불평등 그리고 기회의 불평등이 동시에 증가하고 있으며 이들 불평등이 상호작용을 통하여 누적적으로 증가하고 있는 사회 현상을 다루는 글이다. 이 글에서는 경제적 불평등, 정치적 불평등 그리고 기회 불평등 등의 다양한 현상을 말하고, 이들 다양한 불평등이 동시에 증가하는 누적적인 관계가 어떻게 형성되는지를 분석하고 있다.

연습 1 아래의 물음을 가지고 글을 읽어보고 글쓴이의 주장을 분석해보자.

1. 이 글이 다루고 있는 '불평등 현상'은 구체적으로 어떤 것인가?
2. 주장을 증명하기 위해 논거로 삼은 통계자료는 무엇인가?
3. 나는 저자의 주장에 동의하는가?
4. 저자는 개인의 능력과 사회적 기회가 어떤 관계라고 주장하고 있는가?

가설연역적 논증의 활용

논증은 전제와 결론으로 구성된다. 전제는 주장을 뒷받침하는 일련의 근거이고 결론은 저자가 내세우는 주장이다. 대학 글쓰기의 목표 중에 중요한 부분은 논리적인 사유 능력의 향상에 있다. 학생들이 특정 사회현상에 대해 자신의 주장을 논리적 명제로 제시하고 타당한 근거를 제시함으로써 논리적 사유 능력을 키울 수 있다.

논증 글쓰기의 틀 가운데 가장 일반적인 방식은 가설연역적 논증의 설명 방식이다. 과학적 논증은 피설명항이라는 특수 사례가 설명항이라는 일반 법칙에 포섭될 때 타당한 설명이 된다. 사회과학적 설명 또한 과학적 설명이므로, 이러한 연역적 방식으로 많은 상황을 설명하고 있다.

사회과학의 설명은 연구자가 스스로 질문을 던지고 스스로 답을 찾는 것이다. 설명의 타당성은 설명 대상의 존재 형태, 운동 법칙, 인과 기제 등을 독자들에게 어떻게 설득시키는가에 달려 있다. 이때 연구자의 질문과 답변은 논증 형식에 있어서의 피설명항과 설명항의 구조로 이루어진다. 피설명항은 설명되어야 할 사태나 패턴에 해당하고, 설명항은 그 사태나 패턴에 대해 제시할 수 있는 근거를 말한다. 가설연역적 설명 방식은 구조적·기능적 설명, 인과적 설명 등이 있고, 귀납적 방법으로는 해석적 설명, 목적적 설명 등이 대표적이다.

그러나 사회과학의 설명은, 사회 현실이 지나치게 복합적이고 해석의 정당성에 대한 평가 기준 또한 너무 상이하기 때문에 이와 같은 추상화된 단순 설명으로 해결하기 어려운 문제가 있다. 어떤 사회적 사건의 경우는 오히려 해석적 방법이나 사례 연구 등이 적절할 수도 있다. 그렇기 때문에 오히려 일반 법칙으로 설명되지 않는 이유를 밝혀서 그 대상의 특수성을 이해시킬 필요가 있다. 지금까지 일반화된 사회과학의 논증 과정은 서구의 연구결과를 연역하여 가설을 세우고, 이를 한국의 사례에 적용하여 분석 결과를 내는 것이었다. 그러나 이미 알려진 연구의 틀을 정당화하는 것이 연구의 목적이 아니므로 새로운 사회현상과 정보에 대한 창의적 발견이 이루어져야 한다.

연습 2

'정치 발전은 언론 자유에 비례한다.'라는 가설을 논증하기 위한 자료를 수집해보자.

사회과학적 이론의 다양성

사회과학적 설명은 이론 자체가 가지고 있는 이념이나 전제의 차이로 인하여 사회과학을 통괄하는 법칙을 제시하는 것이 불가능하다. 그러면서도 사회학 이론들은 연구자의 선험적 전제, 이념 지향 등의 차원에서 서로 영향을 미치며 형성된다.

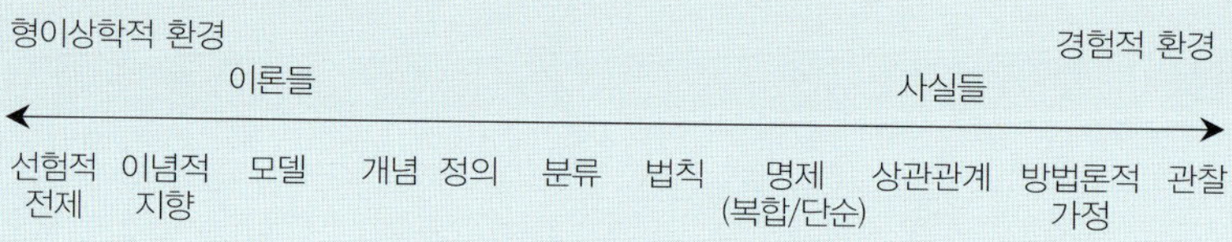

과학적 사고의 연속선과 그 구성 요소

– 이황직(2006), "사회과학 글쓰기의 논리와 과제", 『작문연구』 2, 76.

위 그림에서 과학적 사고를 구성하는 다양한 요소들을 확인할 수 있다. 왼쪽으로 갈수록 형이상학적 성격이 우세한 비사실적인nonfactual 요소들이고, 오른쪽으로 갈수록 경험적 성격이 우세한 사실factual 요소들이다. 연구자들마다 학문적 성격의 핵심을 위의 구성 요소 가운데에서 선택하여 지적할 수 있다.

사회과학의 일반 법칙은 처음부터 존재하기 어렵기 때문에 연역 논증은 일반 법칙 수준보다 낮은 중간 단계인 법칙과 명제 수준에서 제한적으로 타당하다. 사회과학 설명은 자신의 연구에서 위 과학적 사고의 구성 요소들이 일관되게 조직화되었을 때 가능하다. 설명의 타당성은 연구 과제를 위해 설정한 이론 틀에 일관된 선험 전제가 사용되었는지, 자료를 해석하는 과정에서 연구 결과와 선험 전제 사이의 연결성은 유지되고 있는지 등에 대한 내적 검토를 통해 검증되는 것이다.

경쟁하는 전공 사이에서 사회과학의 '학문'적 성격은 자신들의 방식으로만 규정된다. 이들은 연구 문제별로 이론적 일반화와 경험적 일반화 가운데 선택하게 된다. 결국 사회과학적 설명은 전통 시대의 형이상학처럼 모든 사안을 꿰뚫는 답을 제공할 수 없다. 뛰어난 사회과학적 설명은 오히려 자신의 연구 결과가 제한된 연구 목적 내에서 이루어진 것임을 분명히 한다. 특정 사안에 대해 사회과학의 여러 분과 학자들이 통합적 접근을 하는 것은 그 한계에 대한 자각에서 비롯한 자연스러운 현상이다. 설명에 초점을 맞추는 사회과학 글쓰기에서 특정 분과가 선호하는 설명 모델의 강점과 약점을 두루 이해하고 이를 선택적으로 활용할 수 있도록 한다.

연습 3

통계청에서 운영하는 '국가통계포털(kosis.kr)'을 이용하여 자신의 관심 통계를 찾아보자. 이 통계를 활용하여 주제 글쓰기를 해보자.

3 과학적 글쓰기

현대 사회에서 과학이 점점 더 중요해지고 있으며, 과학을 빼고 논의할 수 있는 영역이 점차 줄어들고 있다는 사실은 굳이 설명하지 않아도 누구나 공감할 것이다. 스포츠 영역에서도 과학의 힘으로 경기력을 향상시키는 방법을 연구하고 있고, 심지어는 시나 그림, 음악과 같은 예술적인 영역까지 과학적인 관점에서 다루는 일들이 점차 늘어나고 있다. 최근에는 이세돌과 알파고의 대국이 국제적인 관심을 일으키면서, 미래에 인공지능이 인간을 지배하고 파멸에 이르게 할 것이라는 불안과 우려가 섞인 비관적인 전망과 그에 대한 반론이 인터넷 공간을 뒤덮기도 했다. 이처럼 인공지능이 주도하는 4차 산업혁명이 미래가 아닌 현실로 다가오면서, 과학적인 현상이나 이슈에 대해서 이해하고 그와 관련된 개인적인 문제나 사회적인 문제를 해결하고 대안을 제시하는 능력이 누구에게나 요청되는 시대가 시작되었다. 무인자동차는 과연 안전한가? 살을 빼려면 어떤 식습관을 가져야 하나? 암이나 각종 질병에 걸렸을 때 가장 좋은 치료법은 무엇인가? 이제 우리의 삶과 관련된 크고작은 질문과 결정들 중에서 과학과 무관한 것은 거의 찾을 수 없을 정도이다. 이처럼 과학이 우리의 삶의 영역을 더욱 깊숙히 엄습해 들어오고 있는 현실 속에서 개인과 가족, 그리고 사회 전체가 과학과 관련된 문제를 올바로 인식하고 해결하기 위해서는 누구에게나 과학에 대한 정보를 습득하고 과학과 관련된 이슈에 대하여 올바른 정보와 견해를 효과적으로 전달할 수 있는 글쓰기 능력이 요청된다고 할 수 있다.

우리는 여기서 과학적인 글쓰기가 갖추어야 할 기본적인 요건을 살펴보고, 과학적인 관찰과 사고에 기반하여 글을 작성하는 방법과 과학적인 이슈에 대하여 탐구하여 그 결과를 설명하거나 자신의 입장과 견해를 글을 통해 피력하는 과정을 경험하고 연습해 보도록 하겠다.

과학적 글쓰기의 이해

과학적인 글은 여러 가지 측면을 가지고 있다. 그것은 의사소통의 도구이기도 하지만, 과학자들이 전문적인 연구를 수행하고 대중들과 소통하는 글쓰기의 방식과 문화적인 측면도 가지고 있다. 과학자들은 일반인들과 같은 언어를 사용하는 것이 아니라 각자 그들의 분야에 특화된 전문적인 언어에 의존하고 있다. 그로 인해 일반인들은 의사나 생물학자, 혹은 공학자들끼리 하는 대화의 내용을 엿들어도 잘 이해하지 못한다. 언어학자 블룸필드는 과학적인 의사소통 방식의 이점을 다음과 같이 설명하고 있다. "과학 분야의 언어 사용은 특별하기도 하고 이상하기도 하다. 보통 사람들이라면 아주 장황하게 해야 할 말을 과학자들은 매우 간단하게 전달할 수 있다. 과학적인 예측의 범위와 정밀성은 일상생활에서 요구하는 현명함의 수준을 초월한다. 과학자의 언어는 이상하리만큼 효과적이고 강력하다."

물론, 과학자들의 언어를 일반인들의 언어와 완전히 구분할 수 있는 것은 아니지만, 실용적인 차원에서 과학적인 글쓰기의 특징을 다음과 같이 요약해 볼 수 있다.

1. 과학적인 글에서는 엄격하고 좁은 관점에서 언어를 정보 전달의 도구로만 사용한다. 과학자들은 과학적으로 탐구한 결과를 있는 그대로 전달하기 위해서만 단어를 선택하며, 문학의 언어처럼 개성적이고 주관적인 표현을 추구하지 않는다. 물론, 자세히 살펴보면 과학자들의 언어에서도 편견과 주관성을 발견할 수 있지만, 과학적인 글쓰기는 글을 순수하게 과학적인 활동의 도구로 본다는 점에서 문학적인 글이나 기타의 글과 우선순위와 목적이 다르다고 할 수 있다.

2. 글쓰기는 과학자들이 하는 작업의 가장 중요한 도구이다. 실험 노트 쓰기에서 시작해서, 출판하기와 강의하기에 이르기까지, 그들이 가설을 세우고, 연구를 수행하고 새로운 결과를 발견하고 깨닫는 모든 과정은 언어, 즉 글쓰기를 통해 이루어진다. 언어와 도표, 수학적 형식 등이 없으면 과학자들은 실제로 할 수 있는 일이 거의 없다. 수학자 야콥 브로노우스키Jacob Bronowski는 "과학의 방법, 실체의 객관화, 추상적 개념, 혹은 원자와 같은 인공적인 개념들은 사실 인간이 수행하는 언어활동의 직접적인 연장선 위에 있다. 그러므로 과학을 '고도로 형식화된 언어'라고 생각하는 것은 정당하다."라고 주장하기도 했다.

3. 과학적인 글쓰기도 역사적인 과정을 통해서 축적된 고유의 전통과 문화가 있다. 예를 들어 프랜시스 베이컨Francis Bacon은 새롭고 알기 쉬운 방식으로 언어를 사용하는 새로운 방식을 과학적인 글쓰기에 심어놓았다. 오늘날은 생물학, 물리학, 언어학 등 과학의 다

양한 분야에 따라 어느 정도 고유한 글쓰기의 방식들이 자리매김을 하고 있다. 따라서, 과학적 글쓰기도 다른 글쓰기처럼 전통과 문화를 가지고 있다.

❹ 유전학자인 벤틀리 글라스Bently Glass는 과학자들의 글에서 발견되는 5가지의 특징을 다음과 같이 정리하였다.

- 연구의 방법과 결과를 진실하고, 명료하고, 빠트리는 것 없이 기술함으로써 다른 연구자들이 그 연구를 검증하고 확장하는 것이 가능하게 한다.
- 발견의 결과를 요약하고 미디어를 통해 확산시킨다.
- 그 분야의 현재 지식을 종합하여 비판적인 리뷰를 작성한다.
- 대중과 지식을 함께 나누고 그 실용적인 의미를 공유한다.
- 과학의 다음 세대를 위해 알고 있는 지식을 가르친다.

일반적으로 관찰을 기록하고 그 내용을 전문적인 관점에서 해석하고 가르치며 대중에게 확산시키는 일련의 과정이 모두 글쓰기를 통해 이루어진다고 할 수 있는데, 우리는 실험 노트나 연구 논문 같은 전문적인 과학 글쓰기보다는 과학적 기사나 칼럼처럼 대학생들이 접근할 수 있는 비교적 대중적인 과학적 글쓰기의 영역을 주로 살펴보도록 하겠다.

과학적인 글의 요건과 과학적 글쓰기의 방법

❶ 읽기 쉽고 알기 쉬운 언어를 사용한다. 1970년대와 1980년대를 거치면서 컴퓨터가 상용화되면서 방대한 기술적 정보를 컴퓨터를 통해 제작하고 수용하는 것이 용이해졌고, 그로 인해 과학적 글쓰기도 독자가 친근하게 접근할 수 있는 방식이 선호되기 시작했다. 과학적 글쓰기의 언어는 점차 입으로 하는 말과 유사해지고 있으며, 고등교육을 받은 사람도 이해하기 어려운 말들을 쓰기보다는 의미가 분명하고, 직접적이며, 단순한 언어를 사용하는 방향으로 변해가고 있다. 따라서 우리가 과학적인 글을 쓰려고 할 때, 너무 어려운 말이나 전문적인 용어를 무리해서 쓰려고 애쓸 필요는 없다. 과학 기사나 칼럼 등을 쓸 때는 대중들이 사용하는 친근하고 단순한 말을 쓰는 것이 오히려 더 독자들이 다가오기 쉽게 만들어 줄 수 있다.

예시 1 다음 글은 게의 암수를 구별하는 방법을 과학적으로 설명하고 있다. 대중을 독자로 하여 쓴 이 글에서 독자에게 친근한 표현의 특성들을 찾아보고, 그것이 어떤 효과를 주는지 살펴보자.

> 우리 식탁의 밥도둑 게는 입에 살살 녹는 살점도 내어주고, 국물의 맛도 진하게 우려내 주며 우리의 입맛을 사로잡는다. 근데, 혹시 알고 있는가? 게는 다들 비슷하게 생겼지만, 사실 암컷과 수컷이 서로 다르게 생겼다는 사실. 알고 보면 참 구별하기 쉬운 게의 암수 차이에 대해 알아보자.
>
> 보통 게는 수컷이 암컷보다 조금 더 몸집이 크기는 하지만, 어린 수컷과 다 큰 암컷의 몸집을 크기로 구별하기란 참으로 어려운 일이다. 그래서 게의 암수를 구별하는 가장 확실한 방법! 게를 뒤집어 보면 키워드가 배에 떡하니 펼쳐져 있다. 암컷은 배에 엄마의 가슴 모양으로 넓은 뚜껑이 덮여져 있는 반면, 수컷은 남자아이의 성기 모양으로 좁고 긴 뚜껑이 덮여 있다. 그리고 뚜껑 아랫부분을 보면 암컷은 몸통 양쪽에 작은 구멍(생식공)이 두 개 있고, 수컷은 몸통과 뚜껑 사이에 가늘고 뾰족한 두 개의 생식기가 있어 암수를 명확하게 구별할 수 있다.
>
> – 손민호 외(2015), 『우리바다 해양생물, 갯벌에서 심해까지』, 아카데미 서적, 80

❷ 과학자들은 전문적인 연구 영역에 갇혀서 살기 때문에 의외로 사용하는 어휘의 수가 많지 않고 문체도 한정되어 있다. 아래의 글은 재료공학 분야의 학술논문으로 재료공학에 대한 지식이 없는 사람이 이 글을 제대로 이해하기는 매우 어렵다. 그 이유는 재료공학이라는 전문적인 영역에서만 사용되는 용어들이 많이 사용되고 있기 때문이다.

> [그림 5]는 어닐닝 또는 가공경화에 의한 경도 차이, grain size에 의한 경도값의 변화, 하중에 의한 경도값의 변화를 복합적으로 보여주고 있다.
>
> 위의 [그림 7]은 인덴테이션 기법에 의한 잔류응력 측정 방법이다. 일반적으로 압축이나 인장응력이 발생하면 격자의 변형이 생겨서 일정한 깊이에 따른 최대하중의 변화가 생긴다.
>
> [그림 8]은 하중을 가하는 동안 재료 표면의 거동을 나타낸 모식도이다. Pile-up이 모든 재료에서 다 일어나는 건 아니다. 하지만 Pile-up이 발생하면 탄성모델로 예상했던 것보다 접촉 면적으로 더 커진다.
>
> – 홍주화 외(2004), "나노인덴테이션법의 원리와 응용", 『열처리공학회지』 17(6), 375~379.

그런데, 이 글에서 전문적인 용어를 제외하면 문장이나 표현들이 그렇게 어렵거나 복잡하지는 않고 오히려 문학적인 글보다 훨씬 더 단순한 형식의 문장들이 주로 사용되고 있다. 하지만, 우리가 여기서 연습할 글은 논문처럼 전문적인 수준의 것이 아니기 때문에 명료하고 정확한 어휘와 문장 구조를 사용하는 것에 역점을 둘 필요가 있다.

그리고 과학적인 글은 객관성을 부각시키기 위해 개인적인 관점을 제거하는 경우가 많다. 마치, 글쓰는 이가 투명인간처럼 되는 것이다. 과학글쓰기에서 피동표현이 사용되면 말하는 사람이 보이지 않아 글이 더 객관성을 가진 것처럼 느껴지게 된다.

활동 1 다음 글에 사용된 피동표현을 모두 능동표현으로 바꾸어 보고, 그것이 어색하게 느껴지는 경우 그 이유가 무엇인지 이야기해 보자.

> 그러나 인삼은 전통약물로서 그 효능은 한방의학에 뿌리를 두고 있고, 한방 의서에 기록된 인삼이 대부분 백삼이었다는 점에서 가공방법에 따라 구분되는 두 종류의 인삼 간에 과연 어떤 차이가 있는지에 대해 많은 관심이 모아졌다. 홍삼과 백삼의 차이에 대한 과학적 연구는 1980년도 초부터 일본의 Kitagawa 연구팀에 의해 이루어진 인삼의 가공법 차이에 기인한 함유성분의 변화 등에 관한 연구를 시작으로 본격화되었다. 이를 계기로 인삼의 가공 방법에 따라 분류되는 홍삼과 백삼의 성분과 약리활성에 대한 과학적 연구 결과들이 속속 발표되었다. 이러한 일련의 실험적 연구를 통해 홍삼이 백삼에 비해 비교 우위에 있다는 것이 밝혀지고 있으나, 임상적용 시험을 통한 그 효과의 차별성에 대한 비교 평가는 아직 미흡한 실정이다.
>
> – 남기열(2005), "홍삼과 백삼의 비교 고찰", Journal of Ginseng Research 29(1), 1~18.

과학적인 글을 쓸 때, 반드시 피동표현을 더 많이 써야 한다는 규정이 있는 것은 아니다. 피동표현을 쓰면 오히려 실험의 행위자가 실종되어 연구의 객관성을 과장하게 된다는 비판도 있다. 하지만, 과학적인 글에는 분명히 피동표현을 사용할 수밖에 없는 경우가 존재한다는 것을 부인할 수 없다.

대체로 과학적인 글에는 변화무쌍하고 복잡한 문체가 요구되지 않으며, 정형화된 용어와 읽기 쉬운 간결한 문장, 그리고 변화가 적은 일정한 표현 방식이 사용된다. 하지만, 과학적인 글에서도 필자의 개성이 문체에 나타날 수 있고 혁신적인 표현이나 새로운 용어를 사용하는 경우가 있다. 예를 들면, 노벨상을 수상한 제임스 왓슨James Watson과 프랜시스 크릭Franicis Crick이 DNA에 대하여 이중나선double helix라는 용어를 처음 사용했을 때, 이 용어는 혁신적인 것이었지만 지금은 공식이 되었다.

③ 과학자들은 연구의 방법과 결과를 정확하게 기술함으로써 대중이나 다른 연구자들이 그 연구를 검증하고 진실성을 확인할 수 있도록 글을 작성해야 한다. 따라서 과학적인 글을 쓸 때는 독자가 누구이건 상관없이 수량과 크기 무게 등을 표준적인 단위로 제시하여 객관적인 정보로 제공하는 것이 좋다. 또한, 자료를 제시할 때는 그래프나 표, 벤

다이어그램 등을 활용하면 보다 효과적인 전달이 가능하다.

예시 2 다음 글에서 어떤 특성이 과학적인 글의 요건을 충족시키는 데 기여하고 있는지 살펴보자.

> 2013년도 조사된 모유수유 실천율은 일본 45%, 유럽 75%, 나라에 따라 일부 지역은 85%까지 증가하였다고 보고하였다. 우리나라의 경우 1970년도 모유수유 실천율은 99.7%로 대부분 산모가 모유수유를 하였으나 계속 감소하여 1993년 16.9%, 2000년도 10%대를 기록하였다. 그 이후 정부와 민간단체의 지속적인 계몽과 홍보 활동의 가세로 생후 1개월 째 완전 모유수유 실천율은 2005년 58.2%, 2008년 59.9%, 2009~2011년 54.8%였다고 발표하였다. 이렇듯 산모가 모유수유를 시작하는 비율은 50% 이상 높아졌으나 아기의 생후 월수가 길어질수록 그 비율은 낮아지고 있다. Kim 등(2013)은 영아의 월별 모유수유 실천율이 생후 1주 73%, 생후1~2개월 56.6%, 생후 6~7개월 13.6%로 급격히 감소하여 관리가 요구된다고 하였다. 이러한 현상을 볼 때 모유수유율 증가뿐 아니라 완전 모유수유 지속을 촉진시킬 수 있는 방안을 마련하는 것이 필요하다고 생각된다.
>
> – 송선미·박미경(2016), "모유수유 임파워먼트 프로그램이 초산모의 모유수유 자기효능감, 적응 및 지속에 미치는 효과", 『대한간호학회지』 46(3), 410.

연습 1 다음은 보건복지부 질병관리본부 홈페이지(http://cdc.go.kr/CDC/main.jsp)에서 찾은 최근 우리나라 청소년의 흡연율 추이에 관한 자료이다. 이 자료를 바탕으로 최근 우리나라 청소년의 흡연률의 변화를 설명하는 글을 작성해 보자.

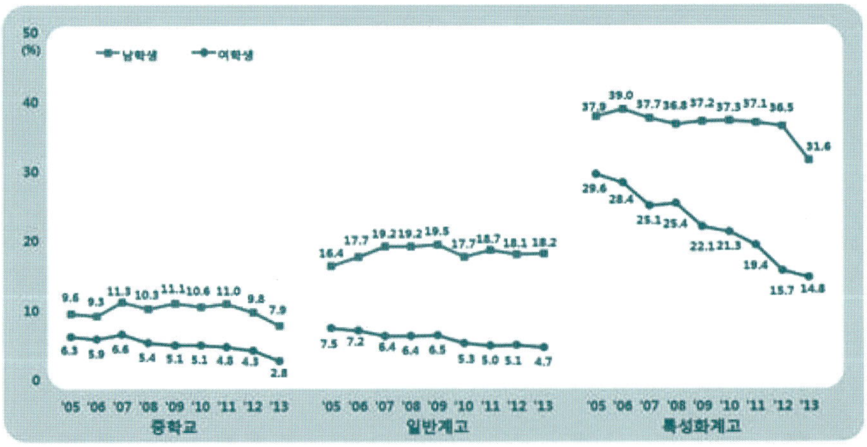

최근 우리나라 청소년의 흡연율 추이

※ 현재 흡연율: 최근 30일 동안 1일 이상 흡연한 사람의 분율

4 전통적으로 비유는 과학적 글쓰기에서 경계해야 할 표현 방식으로 취급되어 왔다. 하지만, 비유는 과학자들이 새로운 발견에 대해서 이야기할 때 특별히 유용하기 때문에 어떤 경우에는 그 사용을 피할 수 없다. 더 나아가 적절한 비유는 독자의 이해를 돕고 개념을 형성함으로써 과학의 발전에 기여한다. 언어 위주의 관점에서 보면, 과학의 역사는 사실 좋은 비유 찾기의 역사라 할 수 있다. 1665년에 로버트 후크가 펴낸 현미경그림 보고서Micrographia는 원시적인 현미경을 통해서 관찰한 모든 것에 대하여 기록하고 있다. 후크는 세포cell라는 비유적 용어를 최초로 만든 사람인데, 그가 이런 이름을 붙인 이유는 세포들의 모양이(cell이라 불리는) 수도사들이 사는 방의 모양과 흡사했기 때문이다.

프랑스의 수학자 장바티스트 조제프 푸리에Jean-Baptiste-Joseph Fourier는 지구의 대기를 열을 간직하여 표면의 온도를 계속 상승시키는 거대한 반구형 유리 지붕에 비유하여 온실효과greenhouse effect라는 말을 만들었다. 그리고 독일의 물리학자 막스 플랑크Max Planck가 만든 양자 이론quantum theory은 전자의 궤도를 진동하는 현악기의 줄에 비유한 것이다. 분자생물학 분야에서 사용하는 정보, 신호 전달, 번역, 편집과 같은 용어들도 은유적인 개념에 기댄 것이다. 따라서, 과학적인 글, 특히 대중들을 위한 글을 쓸 때는 비유를 통해 어렵거나 낯선 개념을 적절하게 설명하는 것이 효과적일 수 있다.

예시 2 다음 글에 사용된 비유적 표현들을 찾아보고, 그것이 대중들에게 지식을 전달하는 데 어떤 효과가 있을지 이야기해 보자.

우리 몸의 면역 체계는 악성세포들을 발견했을 때 살해 T세포와 같은 정교한 공격 무기를 이용해 파괴한다. T세포는 우리 몸의 청소부이며, 암세포가 살아남지 못하게 만든다. 하지만, 왜 이러한 면역 체계가 몸에 심각한 폐색이 일어난 부분에서 돌연변이를 일으킨 암세포는 공격하지 않는지 기존의 의학계에서는 만족할 만한 답을 제공하지 못하고 있다. 왜 면역 체계는 대부분의 암세포를 성공적으로 처리하면서 특정한 암세포는 공격하지 않는가?

면역 체계는 암세포와 협력하여 더 크고 많은 종양을 만들려고 한다. 그 이유는 무엇일까? 그것은 암이 질병이 아니라 생존을 위해 마련된 메커니즘이기 때문이다. 암은 치명적인 발암성 물질과 신진대사를 방해하는 노폐물들이 림프액과 혈액에 들어가 심장이나 뇌, 그리고 생명 유지에 필요한 기관으로 침투하지 못하도록 하는 역할을 하고 있다.

암을 유발시키는 폐색은 어떻게 발생하는가? 뉴욕과 같은 대도시의 경우 출퇴근 시간이 되면 도로가 감당할 수 없을 정도로 많은 차들이 쏟아져 들어올 수 있다. 그 결과 속도는 느려지지만 결국 목적지에는 도착할 수 있다. 이것이 일시적인 폐색이다. 하지만 폭설이나 폭우로 인해 대형 교통사고가 일어나 도로가 완전히 막힌 경우에는 상황이 다르다. 상점에 물건을 배달하는 트럭, 쓰레기 매립장으로 향하던 차들, 아이를 보기 위해 집으로 향하던 어머니들, 비행기를 타야 하는 사업가들 모두가 목적지에 도착할 수 없게 된다.

만약 교통 정체를 해결하기 위해 불도저로 도로를 막고 있는 모든 차들을 밀어버려야 한다고 누군가 제안한다면 아무도 그를 정상적인 사고를 한다고 여기지 않을 것이다. 하지만, 이것이 바로 현대 의학이 암을 다루는 방법이다. 암이 생겼다는 것은 몸 안에 교통 체증이 발생했다는 것을 의미한다. 하지만, 그 교통체증은 암으로 인해 생긴 것이 아니다. 그 체증은 암이 아닌 다른 어떤 곳에서 생긴 것이며, 그로 인해 산소나 포도당 같은 영양소가 목적지에 성공적으로 배달되지 못한다. 이런 상황에서는 또한 세포 내의 노폐물들을 청소하기도 어렵다. 이럴 경우 외과적인 수술이나 독성이 강한 약물로, 말하자면 탱크나 미사일로 이 세포들을 모두 파괴하거나 제거하는 것이 좋을까? 아니면 맨 처음 교통 체증을 유발한 원인을 해결해야 할까? 잘못하다가는 길을 막고 있는 자동차들뿐만 아니라 도로까지 날려버릴 수 있는 위험이 있다는 것을 고려하여 이 문제를 생각해 보자.

비록 정상적인 것과는 거리가 있지만, 산소를 이용하지 않고 적절한 신진대사를 유지하려면 세포가 몸에 필요한 최소한의 열과 에너지를 공급할 수 있도록 주변에 쌓인 신진대사 노폐물을 쓸 수 있는 혐기성 세포로 돌연변이를 해야 한다.

– 안드레아스 모리츠(2014). (정진근 옮김). 『암은 병이 아니다』. 101~103쪽에서 요약. 에디터

활동 2 앞에서 배운 과학적 글쓰기의 요건과 과학적 글쓰기의 방법을 활용하여 돌고래의 특징과 습성을 설명한 아래 글이 과학적인 글의 요건을 잘 갖추었는지 평가해 보자.

돌고래의 특징과 습성

이빨고래 종류에 속하는 돌고래는 놀이공원이나 대형 수족관에서 흔히 볼 수 있는 재롱둥이다. 영리하면서도 재빠른 돌고래는 머리 위쪽에 레이더와 같은 기관이 있다. 시방으로 채워진 '멜론Melon'이라는 안테나와 같은 기관인데, 이것으로 자신이 보낸 음파가 먹이에 부딪쳐 되돌아오는 것을 정확히 감지한다. 그리고는 이 음파를 귀와 뇌로 전달해서 매우 빠르게 헤엄치는 물고기도 잽싸게 낚아채 배를 채운다.

– 손민호 외(2015). 『우리바다 해양생물, 갯벌에서 심해까지』. 아카데미 서적. 80

주제별 글쓰기 심화

연습 2

박쥐의 특징과 습성에 대하여 조사한 후에, 앞에서 배운 과학적 글쓰기의 요건과 과학적 글쓰기의 방법을 활용하여 박쥐의 특징과 습성에 대하여 설명하는 글을 500자 내외로 작성해 보자.

박쥐의 특징과 습성

과학 칼럼 쓰기

이제 과학자나 특수한 분야의 전문가가 아니어도 시도할 수 있는 과학적 글쓰기 중 하나인 과학 칼럼 쓰기에 도전해 보자. 과학적인 내용을 소재로 하는 칼럼은 일반 칼럼과 마찬가지로 과학적인 지식을 동원해 해결하거나 방향을 제시해야 하는 문제에 대해 글쓴이의 관점과 견해를 대중이 이해하기 쉽게 전달해야 한다. 과학 칼럼은 대중들에게 유익한 정보를 제공해 줌과 동시에 어떤 현안에 대해 이해하고 바람직한 의사 결정을 할 수 있도록 영향력을 끼칠 수 있다. 그러므로 과학 칼럼은 글의 내용과 관련된 과학적 지식을 최대한 객관적으로 전달하면서도 일반인들의 입장에서 쉽게 이해하고 관심을 가질 수 있도록 다양한 장치를 사용해야 한다. 비유적인 표현이 적절히 활용되면 독자의 관심을 끌고 이해를 도울 수 있으며, 명쾌한 논리와 개성적이고 창의적인 표현, 그리고 핵심을 꼬집는 촌철살인의 비판정신은 독자의 공감을 이끌어내는 데 중요한 역할을 한다.

일반적으로 칼럼은 신문이나 잡지의 기고란에 관련 분야의 전문가가 충분한 지식과 정보를 바탕으로 비전문적인 일반인들을 예상 독자로 설정하여 쓰는 글이다. 하지만, 요즘에는 일반인들도 다양한 과학적인 전문 지식에 접근하기가 쉬워지고 과학적인 이슈에 대한 관심이 높아졌을 뿐 아니라, 독자 투고란이나 대학 신문 같은 소규모 매체, 그리고 다양한 인터넷 매체와 블로그 등을 통해 자신의 관점과 견해를 피력할 수 있는 기회가 확대되었기 때문에, 공인된 전문가가 아닌 일반인들도 칼럼을 쓰는 경우가 많아지고 있다.

과학적인 소재로 좋은 칼럼을 쓰기 위해 유의해야 할 사항들은 다음과 같다.

- 칼럼은 학술적인 논문과 같은 전문적인 용어나 서술 방식을 그대로 사용하지 않고, 비전문적인 독자들도 이해하기 쉽게 작성되어야 한다.
- 필자는 글의 내용에 대해 많은 다양한 관점의 자료들을 찾아보고 충분한 지식을 갖추어야 한다.
- 칼럼의 내용은 독자들의 의사 결정에 영향을 끼치므로, 신중하게 내용을 검토해야 하며 글의 내용에 책임을 질 수 있어야 한다.
- 칼럼에 소개되는 과학적인 연구 결과는 왜곡되지 않아야 하며, 최근의 경향을 잘 보여주는 것이어야 한다.

- 과학 칼럼은 독자들의 흥미를 끌기 위한 내용도 필요하지만, 과학적으로 검증된 내용과 합리적인 판단에 근거하여 내용이 전개되어야 한다.
- 전체적인 글의 분량이 너무 길어져서는 안 되므로 너무 장황한 설명이나 비슷한 내용의 중복은 피해야 한다.
- 전문적인 지식을 이해하기 쉽게 효과적으로 설명하기 위해 적절한 비유를 사용하는 것이 좋다.

연습 3

다음의 안내에 따라 GMO 식품의 안전성 문제를 다루는 칼럼을 작성해 보자.

1. 필자의 주장, 예상되는 결론은 무엇인가?

ㄱ GMO 식품을 허용해야 한다.

ㄴ GMO 식품의 생산과 판매를 규제해야 한다.

ㄷ GMO 식품의 생산과 판매를 부분적으로만 규제해야 한다.

ㄹ 기타

2. GMO 식품의 섭취로 인해 발생하는 건강의 이상 징후에 대한 연구 결과를 찾아보자. 객관적인 연구의 결과를 검토했을 때 어떤 주장을 하는 것이 타당한지 생각해 보자.

3. 다음 칼럼을 읽고 이 칼럼의 논조에 동의하지 않는 글이나 자료를 찾아 GMO 식품의 안전성에 대한 자신의 생각을 정립해 보자. 이 과정을 거친 후 균형 잡힌 시각으로 GMO 식품과 관련된 자신의 주장을 담아 직접 칼럼을 작성해 보자.

본산지에서 밝혀진 GMO 식품의 독성

미국 내셔널뉴스 닷컴 7월 20일자에 의하면 이렇다 할 GMO(유전자조작식품)에 대한 표시제가 없었던 2014년에만도 40%가 넘는 미국 소비자들이 나름대로 판단하여 GMO 식품 소비를 기피한 것으로 조사되었다. 반면, 비(非)GMO 식품은 연간 80억 달러(약 9조원) 이상이 판매되고 해마다 새로운 비GMO 표시제품이 약 2000가지 이상씩 시중에 출하되었다. 유기농식품은 수년째 해마다 두 자리 숫자씩 소비가 늘어났다. 그리고 미국 소비자들의 90% 이상이 화학(농약)에 찌든 GMO 식품을 식별케 하는 완전표시제를 원하는 것으로 조사되었다.

급격히 늘고 있는 이상 건강현상

그 이유는 미국인 9명 중 1명꼴로 치매 또는 극심한 건망증에 걸려 있다는 사실과 관련된다. 미국 알츠하이머(치매)협회에 의하면 미국에 현재 대략 540만명 이상이 치매현상으로 고통 받고 있으며 그중 520만 명은 65세 이상이다. 특히 최근에는 약 20만명 가량이 65세 미만의 젊은 층으로서 조기에 치매 또는 심한 건망증 증세로 시달리고 있다. 특히 미국의 전설적인 유명 여성농구코치 팻트 섬밋트 씨가 5년동안 조기 치매병을 치료받다가 최근 64세의 나이로 사망한 사건을 계기로 도대체 왜 미국에 알츠하이머 환자가 이렇게 급속도로 증가하는가가 세인의 관심을 더욱 크게 불러 일으켰다.

게다가 어린이 자폐증(ASD) 또는 지진아(DD)환자 또한 최근 5년 사이 67%나 늘어나고 있는데 이는 가임기 여인들의 자궁에 농약성분이 침투하여 발생한 것으로 조사되었다. 항 제초성, 항 살충성 GMO는 농약성분이 작물에 잔류한다. 그 외 채소 과일 곡류 등 농작물 재배 시 캘리포니아 한 주에서만도 연간 약 2억 파운드의 갖가지 농약이 살포된다. 그런데 미국인의 평균 GMO 식료품 소비는 연간 1인당 약 67킬로를 상회한다.

이 추세대로라면 베이비 붐 세대들이 65세를 넘는 2050년경이면 치매환자 숫자가 세배로 늘어 약 1380만명에 이를 것이라고 한다. 이같은 현상에 대하여 미국 건강지킴이재단 창립자이며 식의학전문가인 마이크 아담즈는 식품에 포함된 독성이 그 주된 원인(Food-Originated Disease)이며 GMO와 그 동반자 제초제 농약이 스며든 음식을 피하는 것이 예방의 첩경이라고 치매협회 정상회의에서 발표하였다.

이외에도 GMO 식품소비가 신체의 내장질환, 신장과 간장 질환, 당뇨 및 심혈관 질병과 난임 불임병 등의 급격한 증가와 관련이 있음이 여러 독립 연구에 의해 차츰 밝혀지고 있다. 인류가 지금까지 경험하지 못한 광범위하고 급격한 현대건강병 증가원인을 GMO 식품과 제초제, 특히 유해색소와 첨가물(GMO 유래의 아스파탐, 올리고당 등)이 함유된 가공식품에서 찾기에 이른 것이다.

미국 소비자, 들끓는 불안과 불만

이같은 추세를 반영하여 맨 먼저 미국에 본사를 두고 있는 세계적 다국적 식품기업 캠벨사와 제너럴 밀즈사, 델몬트사, 허쉬초콜렛 등 대기업들이 솔선하여 GMO 식재료를 배제하거나 GMO 표시제를 하등의 추가적인 제품 가격 인상 없이 자진 채택하기 시작했다. 그리고 동부지역의 버몬트 주는 주민투표로 7월1일부터 강제적인 완전 표시제를 실시할 예정이었으며 10여개 다른 주들이 그 뒤를 따를 추세다.

다급해진 세계 최대 GMO종자 및 제초제와 살충제 개발의 선두주자인 미국 몬산토가 치밀하게 전방위적인 반대 로비활동에 나섰다. 그 첫 번째 공략 목표는 미국 연방 상하원이었고 공공연하게 정치 후원자금을 미끼로 국회의원들과 유력지 워싱턴포스트사를 매수하는데 성공했다. 그리고 청부과학자들의 집단인 미 농무성과 식품의약청 환경부서의 연구소 및 학자 교수들을 장학생으로 동원하여 완전표시제 반대 로비활동을 집중적으로 전개하였다.

그럼에도 불구하고 미국 상하의원이 'GMO 입법조치'를 통과시켰다. 그리고 미 행정부 수반인 오바마 대통령의 재가 또는 비토(거부권 행사)를 기다리고 있다. 그런데 막상 미국 유력 반GMO 소비자단체들은 그것이 "불완전한 사이비 표시제도"라고 규탄하는 반대여론이 들끓고 있다. 그 입법내용을 가리켜 유사 가짜 사기행위이며 오바마 대통령 더러 비토권을 행사하라고 야단이다. 그 자세한 사연(내막) 인즉 이러하다.

당초 버몬트 주가 시행하기로 되어 있던 완전 의무 GMO표시제도를 유보시키는 것이 몬산토사의 주목적이었다는 것이다. 그 대안으로 의회를 통과한 동 연방정부 법안은 실제 아무 구속력이 없고 내역도 모호한 QR(스마트폰으로 확인하도록 특수 제작된 기호)만을 표시케 함으로써 스마트폰이 없거나 잘못 사용하는 자, 노인네들, 가난한 사람들, 장애인들에겐 아무런 도움이 되지 못한다는 것이다. 특히 구체적인 표시사항이 없고 유전자조작 상세내역이 모호하며 위반할 경우에 대한 규제사항마저 부재한 오로지 버몬트주 법 등 지방자치단체들의 완전표시제 시도를 무력화시켜 몬산토사와 식품산업계의 이익을 보호하도록 제정되었다는 것이다.

망가지는 종 다양성·환경생태계

그뿐만이 아니다. GMO 농사가 종의 다양성과 환경생태계에 미치는 악영향은 심각하다. 아인슈타인은 일찍이 이 지구상에 꿀벌이 사라지면 지구가 몰락할 것이라고 경고한 바 있다. 그런데 현재 북미지역의 꿀벌 집단 분포지의 40% 이상이 이미 사라졌으며 꿀벌 개체수가 대략 50% 이상 줄어들었고, 그게 네오닉이라는 살충제 및 제초제 농약 때문이라는 과학적 분석결과가 나왔다. 바야흐로 북미지역의 주요지역들은 다투어 네오닉 성분의 농약과 글리포세이트 제초제들을 판매금지하기 시작하였다. 캐나다에서 1, 2위 수위를 자랑하는 UBC 대학이 소재하는 밴쿠버광역시 역시 지난주 네오닉 성분 농약에 대하여 판매금지 조치가 발표되었다.

연방정부 입장에서는 속수무책이다. 신자유주의 대기업자본의 지배Coporatocracy 하에 있는 연방정부와 학계, 언론계는 앞서 말한 연방의회의 사이비 GMO표시제 입법사례 설명과 같다. 몬산토사를 비롯한 가공식품산업계는 먼저 셀프 연구 결과를 발표하고 유명대학교(예컨대, 스탠포드대학교나 옥스퍼드 대학교) 연구소나 학자교수들에게 거액의 연구비와 장학금을 제공한 다음, 그들로 하여금 청부논문을 발표케 하고 그 다음에 거대 유명 언론에 막대한 광고비와 함께 보도를 권유하는 수법을 쓴다. 그렇게 되어 갑자기 'GMO는 안전하다. 농약은 과학이다.'하는 주장이 국내외 학계에서 나오게 된다. 우리나라 어디에서 많이 본 듯한 수법이다. 그렇지, 옥시싹싹 가습기 살균제 집단살인사건에 서울대와 호서대 교수들이 연루되었지.

GMO 유해성 정밀조사 서둘러야

필자가 이국땅 UBC 대학에 와 있는 이유 중의 하나가 바로 GMO 원산지에서 GMO 독성과 폐해를 생생히 보고 듣고 배우려는데 목적이 있다. 그리하여 아직까진 한 톨 한 알의 GMO 농산물을 재배하고 있지 않는 우리나라 농업의 차별성과 처녀성(순수성)을 굳게 지키고, 아무것도 모르고 소비하고 있는 깜깜한 세상의 우리 소비자들의 건강과 환경생태계를 보호하려는 각성의 계기를 마련하고자 함이다. 현재와 미래에 농민과 환경을 살리고 소비자 국민도 살리는 연구가 바로 GMO와 농약분야라고 생각한다.

지금 이 순간도 돈과 이윤극대화에 몰두하는 식품산업계, 맹독성 제초제와 살충제 회사들, GMO 종자 및 제초제 수입거점 한국 몬산토사 등과 돈으로, 인맥으로 연계된 권력기관, 식약처, 농림부, 환경부 산하 연구소들, 서울대를 비롯 유수대학의 유전학, 식품학, 환경 관련연구소 및 교수들, 그리고 대 언론사와 방송사들의 기레기 양반들이 청정한 영혼으로 정의롭게 판단하고 행동하도록 엄정한 자료를 제공하고 싶다.

세계에서 미국 다음으로 1인당 GMO 소비가 제일 많은 우리나라 국민들(1인당 42kg/년), 세계 제1의 식용 GMO 수입국이라는 불명예를 씻고 청정 친환경 국산 농산물로 식품산업을 재구성해야 할 때가 됐지 않은가.

그런 의미에서 불량식품 추방을 4대 사회악으로 공약한 박근혜 대통령에게 먼저 질병관리본부의 최근 5년간 질병발생 통계를 들여다보기를 권한다. 그리고 GMO/제초제의 유해성에 대해 확신이 서지 않으면 1차적으로 국내 독립적인 연구기관으로 하여금 사람과 유사한 포유류동물(예, 쥐, 돼지)들에게 2년 이상 GMO 콩과 옥수수 또는 GMO 식품(GMO 첨가물과 식용유 포함)을 급여 실험해 볼 것을 권한다. 그리고 식약처, 환경부, 농림부, 농촌진흥청의 관련 연구소와 학자들의 GMO 및 농약 관련 외부 연구지원자금 유입관계를 들여다보기 바란다.

목하 농진청이 우리나라 주식 쌀농사의 GMO 시험재배의 배경에는 어느 집단, 어느 기업(다국적)이 작용하고 있는지 GMO 개발사업단의 재정운용 및 기술상황을 공개해주기 바란다. 가습기 살균제 사태 때처럼 말고, 진짜 정밀조사해 보기 권한다. 그뿐이 아니다. 이명박근혜 정부하에서 한 때 농림부가 앞장서 시화호 간척지와 자금을 지원하면서 D재벌로 하여금 GMO 의심 토마토의 온실재배를 권장하다가 농민들의 거센 반발로 실패한 사례를 벌써 잊고, 또다시 엄청난 규모의 새만금 땅을 우리나라 굴지의 L재벌회사에게 공여하여 또 무슨 GMO의심 토마토와 파프리카를 재배케 하려는지 그 전말을 사정당국이 구체적으로 조사공개해 주기 바란다.

제발 우리 국민들을 더 이상 "실험실 속의 쥐" 신세에서 헤매게 해서는 아니 되겠기 때문이다.

— 김성훈(2016), "농훈칼럼", 『한국농어민신문』

주제별 글쓰기 심화

연습 4 인터넷에서 다음의 링크를 통해 영상 자료를 찾아보고, '인공지능이 뒤바꿀 미래'와 관련된 주제들 중 하나를 선택하여 칼럼을 작성해 보자.

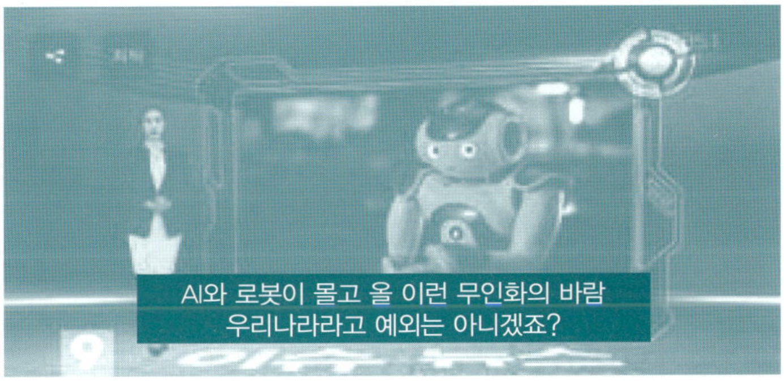

– http://news.kbs.co.kr/news/view.do?ncd=3405786&ref=D

1. 인공지능으로 인해 사라질 직업들과 유망해질 직업들에는 어떤 것들이 있을까? 대학생들은 앞으로 어떤 직업을 준비하는 것이 좋을까?
2. 인공지능으로 인해 인간은 더 평화롭고 부유한 밝은 미래를 맞이하게 될까? 아니면, 더 빈궁하고 처참한 미래를 맞이하게 될 것인가?
3. 인공지능에 의해 대체될 수 없는 인간의 영역에는 어떤 것들이 있을까?

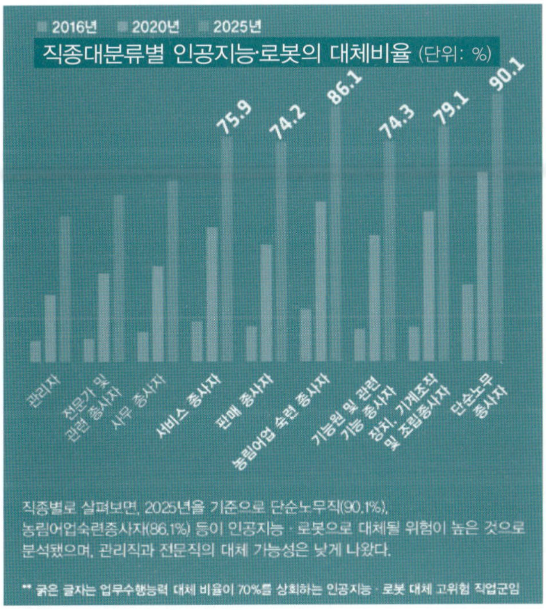

한국고용정보원
http://www.keis.or.kr/main/index.do

주제별 글쓰기 심화

주제별 글쓰기 심화

연습 5

현재 전 세계는 온실 효과로 인해 지구온난화가 가속화되는 것을 막기 위해 이산화탄소 배출량을 규제하고 있다. 하지만, 어떤 과학자들은 다음 글과 같이 대기 오염에 의해 지구 온난화가 진행되는 것이 아니라 지구가 일정한 주기로 기후 변화를 겪고 있을 뿐이라고 주장한다. 이 논쟁과 관련된 자료들을 찾아보고 온실 효과와 지구온난화의 관련성에 관하여 자신의 입장을 밝히는 글을 써 보자.

> 이처럼 지구는 끊임없이 더워지고, 식는다. 이 기후 변동은 부인할 수 없는 사실이며, 아주 오래전부터 있어 왔고, 때로는 갑작스럽게 일어났으며 그리고 전 지구에 걸쳐서 나타났다. 또한 이 기후 변동은 인간의 힘으로 멈출 수도 없는 것이다. 빙하 코어와 침전물들에서 발견된 동위원소들과 고대 수목의 나이테들, 그리고 동굴석순들을 분석한 결과들은 기후 변동이 태양 복사량의 변화와 상관관계가 있다는 것을 보여준다.
>
> 기후 변동은 대기 중 이산화탄소 양의 변화와도 비슷한 주기를 보이고 있는데, 이런 1,500년의 변동 주기에 근거하면, 현재 지구는 현대 온난기에 진입한 지 대략 150년 정도 되었고, 이 온난화는 앞으로 수 세기 동안 지속될 것이며, 결국에는 중세 기후 최적기의 온화한 기후를 회복할 것으로 예측된다.
>
> 사실 지난 연구 결과들을 보면 온난기 국면에 기후가 가장 안정적이었고, 소빙하기 동안에는 더 잦은 홍수, 가뭄, 기근과 폭풍우들이 발생하였다. 이러한 모든 과학적 증거들에도 불구하고 수많은 지식인들, 과학자들 그리고 권위 있는 연구기관들, 국가 정부기관들은 현재 관측되고 있는 지구의 온난화가 인간 활동에 의해 배출되는 이산화탄소에 의한 것이고, 치명적인 위험을 가진 것으로 일반인들에게 인식시켜 왔다. 그들은 화석연료의 사용을 막아야 하고, 식품 개발, 보건 기술, 생활수준 향상이 "지구를 지키기" 위한 수단들과 연결되어야만 한다고 목소리를 높여 왔다.
>
> – 프레드 싱거·데니스 에이버리(2009), 김민정 옮김, 『지구온난화에 속지 마라』, 14~15, 동아시아

연습 6 다음은 현대 의학의 암 치료 방법에 대하여 논의하는 글이다. 이 글을 읽고 이어지는 〈작성 단계〉에 따라 글을 써 보자.

Ⓐ

스텐포드 의대 방사선과 부교수인 소울 로젠버르 박사는 다음과 같이 말했다.

"항암제로 인해 많은 환자들이 암을 완화시키는 데 일시적인 도움을 받았다. 하지만 약물에 대해 생긴 내성과 약물 알레르기로 인한 악성 림프종의 재발은 피할 수 없게 되었다. 이 때문에 병이 재발하게 되면 또 다른 종류의 화학 요법을 시행해야 하고, 결국에는 '질병의 진행 과정'을 완전히 통제할 수 없게 된다.

마요 병원의 찰스 모에탈 박사 역시 이렇게 말했다.

"화학 약품 투여는 위험성과 부작용, 그리고 현실적인 문제 투성이다. 또 이 모든 치료의 비용을 환자가 부담하고 있으며, 일시적인 '종양 억제'라는 아주 작은 보상만 받는다. 승인 받은 정통 의학의 치료법은 실패율이 85%나 된다. 하지만 어떤 위암 환자는 아무런 치료를 받지 않아도 아주 오랫동안 생존하기도 한다.

다음은 라헤이 의료재단 암 연구센터의 로버트 설리반 박사의 말이다.

"그동안 새로운 암 질환을 치료하기 위한 항암제 개발 연구가 지속적으로 진행되었다. 하지만 진행 속도는 매우 느릴 뿐만 아니라, 화학 약품을 사용하지 않고 몸에 퍼져 있는 암을 치료할 수 있는 방법은 발견되지 않았다."

정통 의학의 화학 약물 치료가 ①독성이 있고, ②면역 억제성이 있으며, ③발암성이 있으며, ④효과가 크지 않다는 것은 이미 밝혀진 사실이다. 그렇다면, 왜 계속해서 화학 약품을 사용하고 있는가? 그 답은 의사들이 이 방법 외에는 다른 방법을 모르기 때문이다.

– 에드워드 그리핀(2014), (석혜미 옮김), 『암 없는 세상』, 219~220, for book

Ⓑ

빈젤 박사는 자신의 책 『생존, 그리고 삶』에서 정통 의학의 표준 치료를 받은 암환자들과 자신이 치료한 환자들의 장기 생존율을 비교하고 있다. 그의 연구는 23종류의 암을 가진 108명의 환자 사례를 기반으로 하고 있다. 그는 치료 결과에 대해 다음과 같이 말했다.

"18년에 걸쳐서 이미 암세포 전이가 진행된 108명의 환자 중 76명(70.4%)은 암으로 사망하지 않았다는 것을 볼 수 있다. '사망 원인 불명'으로 판단된 9명의 환자가 암으로 사망한 것으로 계산해도 '62.1%'라는 장기 생존율 수치가 나온다. 그렇다면 환자의 '5년 생존율'이라는 수치만으로 놓고 보았을 때, 내가 치료한 환자들이 미국 암학회가 발표한 '표준 치료'만을 받은 전이된 암환자들의 생존율보다 287%나 높은 우수한 결과를 보인 것이다."

– 에드워드 그리핀(2014), (석혜미 옮김), 『암 없는 세상』, 158, for book

작성 단계

❶ Ⓐ의 논조가 함암제를 사용한 현대의학의 표준적인 치료 방식에 어떤 입장을 가지고 있는지 파악할 것.

❷ Ⓑ의 내용이 Ⓐ의 주장과 어떤 관련성을 가지는지 설명할 것.

❸ Ⓑ와 반대되는 내용의 자료를 찾아보고, 양측의 타당성을 평가할 것.

❹ Ⓐ의 논조에 찬성, 혹은 반대하는 글을 적절한 근거와 함께 작성할 것.

연습 7 관심을 가지고 있는 과학적 이슈들 중 하나를 선택하여 과학 칼럼을 작성해 보자.

주제별 글쓰기 심화

4 융합적 글쓰기

우리는 '융합의 시대'를 설명할 때 '분야 간 담 허물기'와 '소통과 협력', '다른 분야에 대한 이해' 등을 말한다. 이와 같은 소통과 협력 그리고 소통을 가능케 하는 것이 인문학적 사고의 표현 능력이며 과학적 설명과 만날 수 있는 지점이 글쓰기라 할 수 있다.

융합적 글쓰기는 무엇보다 배경지식을 이해하고 활용하는데서 출발한다고 할 수 있다. 융합적 글쓰기는 다양한 학문적 배경과 지식을 충분히 이해한 다음, 자신의 생각이나 감정들을 글로 풀어내는 방식을 말한다. 이러한 과정을 통해서 자신의 지식을 확장시킬 수 있을 뿐만 아니라 자신의 생각의 깊이를 더해 줄 수 있다. 무엇보다 융합적 글쓰기는 다른 다양한 학문들이 서로 만나서 융합되어야 한다.

21세기 지식융합 사회가 추구하는 사회인은 종합적인 교양학습을 바탕으로 문제해결 능력을 갖춘 인재라 할 수 있다. 그와 동시에 시대 변화 흐름을 파악하고 스스로 문제를 탐구·분석하여 새로운 가치를 부여할 수 있는 창의력을 요구하고 있다. 이러한 융합의 시대에서 가장 두드러진 특징은 상반된 가치들이 하나의 지향점을 향하며 공존과 융합을 이루어 나간다는 것이다. 특히, 상반된 가치들이 공존하는 '융합의 시대'는 인문학적인 통찰과 과학적인 설명이 조화를 이루어야 한다.

융합적 글쓰기의 특성과 유형

'융합형 인재'를 양성하기 위해서는 종합적 사유를 배양할 수 있는 학제적인 융·복합 교양교육이 무엇보다 시급하다. 따라서 융·복합 교양교육의 목적을 달성하기 위한 우선적인 키워드는 글쓰기 교육을 강화하는 것이다. 먼저, 융합적 글쓰기의 특성을 살펴보자.

첫째, 통합적·보편적인 사고를 지향한다. 서로 분리되어 있고 개별적이라고 생각한 학문들이 서로 긴밀하게 연결되어 있음을 경험할 때 우리는 통합적 사고를 할 수 있게 된다. 나아가 통합적 사고가 실천적 삶의 영역에서 이루어진다면 다른 학문과의 연결성을 생각해보는 보편적 사유를 지향하게 된다. 둘째, 학문 간의 장벽을 허물고 종합적인 안목을 길러준다. 각 학문 간의 경계를 넘나들면서 서로 유기적으로 결합시켜 관련지을 수 있는 능력이 길러진다. 셋째, 융합적 글쓰기를 통해 '분석력, 창의력, 의사소통 능력'을 기를 수 있다. 두 가지 이상의 학문 분야를 분석하고 논증하며 새로운 아이디어를 창출하는 과정에서 분석력과 창의력이 향상될 수밖에 없다. 아울러 갈등하는 집단 사이의 합리적인 의사소통에도 기여할 수 있다.

이런 과정 속에서 우리는 새로움을 경험하게 되는데, 이것은 이전의 경험하지 못한 생각과 감정들을 이끌어 낼 수 있다. 융합적 글쓰기는 글을 쓰는 자신과 글을 읽는 이들에게도 새로움을 느끼게 할 것이다. 하지만 배경지식으로 수집한 정보들을 질서 정연하게 정리해야 한다는 사실만은 기억해 두자.

최근 학계와 사회 전반에 걸쳐 '융합'이라는 용어는 유행처럼 사용되고 있다. 공학과 과학영역 내에서 이루어지는 IT information technology, BT bio technology 등과 같은 기술융합은 이미 우리에게 익숙하게 전달되고 있다. 그 외에도 문화·예술과 과학기술의 융합, 인문사회 분야와 과학기술의 융합도 활발하게 시도되고 있다.

현재, 융합적 글쓰기는 문학적 글쓰기를 토대로 한 다양한 학제간의 융합을 꾀하고 있다. 그 유형을 살펴보면 다음과 같다.

1. 문학과 과학의 융합, 문학과 예술영역의 융합(미술, 음악, 사진, 광고)
2. 문학과 심리학의 융합, 문학과 의학의 융합
3. 문학과 사회학의 융합, 문학과 철학의 융합
4. 문학과 역사의 융합, 문학과 영화의 융합

대부분 융합적 글쓰기는 초중등 교육계에서 교육방안 연구를 위해 사용되어왔다. 이른바 학습자의 학습능력 증진과 특수한 과목의 이해를 돕기 위한 목적이었다. 그러나 최근 융합적 글쓰기는 교육영역에서만 한정하지 않고, 융합적 인재 양성이라는 시대적 요구아래 다양한 학문 간의 융합으로 이어지고 있다. 교육영역에서만 한정하지는 않는다. 예를 들어 문학과 과학의 융합은 인문학적 상상력을 통해 새로운 과학적 가능성을 열어 놓았고, 문학과 예술영역의 만남은 생활환경을 창의력 있게 변화시키는 역할을 하고 있다. 그리고 문학과 심리, 의학의 융합은 자신의 내면을 들여다 볼 수 있는 치유와 치료의 영역까지 확장시켜 놓고 있다. 그 외 문학과 사회학, 철학, 역사학의 융합은 비판적 사고와 자기 성찰, 상상력 증진이라는 성과를 낳고 있다. 이처럼 교육뿐만 아니라 치유와 성찰, 자아 성장 등 다양한 목적으로 진행되는 융합적 글쓰기를 학습해보자.

미술과 문학의 융합

우리가 실행해 볼 '융합적 글쓰기'는 언제부터 시작되었을까? 그 역사는 오래전부터이다. 단지 '융합적'이라는 용어를 사용하지는 않았을 뿐, 그 예는 동서양의 문학이나 예술작품에서에서 쉽게 찾아 볼 수 있다.

예술 장르간의 상호작용은 오랫동안 긴밀한 관계를 지녀왔다. 특히, 미술과 문학의 만남은 '미적 탐구'라는 공통적인 목적을 지니고 있었기 때문에 오랜 시간 끊임없는 영향을 주고받았다. 이러한 장르 간의 융합은 보다 더 큰 체계를 지니기도 하고 그 구체성을 증명해 보이기도 했다. 프랑스의 화가 지크루이 다비드(Jacques Louis David, 1748~1825)는 플라톤의 『대화편』을 읽고 소크라테스의 죽음부분을 화폭에 담았다.

예시 1

그림은 독배를 마신 소크라테스 주위에 있는 제자들과 친구 크리톤의 모습을 비통하게 그렸다. 한편 소크라테스는 자기의 죽음 앞에서도 자기의 철학을 당당하게 논하고 있는 모습이 그들과는 대조적이다. 다비드의 그림은 플라톤의 글에서 보다 소크라테스의 철학자다운 모습을 강조했다.

또 다른 예로 우리나라의 추사 김정희의 〈세한도〉歲寒圖를 시나 희곡 같은 작품에서 재해석한 경우를 들 수 있다. 〈세한도〉는 김정희가 제주도에 유배 시절인 1844년에 그린 작품이다. 이 작품은 추사가 그린 작품 중 가장 명작으로 꼽히며 조선시대 최고의 문인화로 추앙되고 있다. 그의 그림 옆 발문에도 나타나 있듯이 김정희가 애제자 우선 이상적에게 그려준 것이다. 이상적은 스승 추사가 귀양살이하는 동안 정성을 다해 보살피며 연경에서 나온 책을 보내드렸다. 이에 감복한 추사는 〈세한도〉를 그려 이상적의 그 따뜻한 뜻과 정에 답했다.

예시 2

소리(김정희): 지금, 그믐날 달빛 막 눈 뜨고
나는 늙은 노송에 물을 준다.
나의 귀에 들린다.
여울, 여울 물빛 속으로
스며드는 잔가지의 숨결.
나는 돌아간다.
나의 오두막집.
세한도 속으로

– 김봉희(1998), 「그믐날 달빛은」, 『저녁전 계단오르기』, 태학사, 132.

이 그림을 보고 감동받은 사람들은 그의 제자 이상적뿐만 아니라 현대의 작가들에게도 문학적 영감을 주었다. 그의 작품은 현대시와 극작품, 심지어 무협 판타지소설에까지 영향을 미쳤다. 그 대표적인 예가 고재종, 도종환 시인이다. 그들은 「세한도」라는 같은 제목으로 시로 옮겨 놓고 있다. 그리고 극작가 김봉희는 「그믐날 달빛」이라는 희곡을 통해 김정희의 「세한도」와 연결 시켜 놓고 있다. 하지만 한 사람의 문인화를 보고 느낀 정서들은 같을 수 없다. 고재종의 시 「세한도」는 퇴락한 농촌 마을 어귀에 있는 청솔처럼 가난과 어려움을 극복하고자하는 의지를 담아냈다. 한편 도종환의 「세한도」는 여린 생명에 대한 유정한 마음을 쏟아 붓고 있다.

반면, 희곡이라는 극 양식으로 재해석한 김봉희의 「그믐날 달빛」에서는 극 주인공 이름은 추사와 같은 김정희로 설정해 놓았다. 극 중 김정희는 추사처럼 부모님을 일찍 잃고 큰집에 얹혀살았기 때문에 자신이 가지고 싶은 것은 어떠한 방식으로든 취하는 성격을 지니게 되었다. 그는 낚시터에서 그의 동료이자 경쟁자였던 친구의 죽음을 외면하였고, 그의 아내마저 자신의 아내로 만들어 버렸다. 그는 모든 것을 가졌기 때문에 행복할 것만 같았다. 하지만 차츰 죄의식에 사로잡히고, 그의 딸마저 동료의 아들이었던 오빠를 죽음으로 내몬 아버지에 대한 원망으로 사로잡혀있다. 김정희는 모든 것을 체념한 듯 낚시터로 떠났고, 그는 급류에 실종되고 만다. 그의 죽음은 곧 세한도의 품속으로 귀결을 의미한다. 이처럼 독자들은 하나의 그림을 통해 다양한 사고의 확장과 흥미를 느끼게 되며 글쓴이에게는 자신의 창의력을 발전시키는 계기가 된다.

그럼, 그림을 활용한 글쓰기는 학습자에게 어떠한 영향을 미칠까? 그림을 활용한 글쓰기는 자신을 되돌아보는 동시에 자신의 창의력을 구체적으로 펼쳐 보이는 계기가 된다. 더 나아가 전체적으로 그림을 보고 느낀 점을 자연스럽게 토론으로 이어간다면 창의적 사고력과 사고과정 확장을 꾀할 수 있다.

실제, 그림을 활용한 학생들의 서사글 쓰기의 사례를 살펴보자. 아래 회화는 마르크 샤갈(Marc Chagall, 1887~1985)의 〈에펠탑의 신랑과 신부〉이다. 말년의 마르크 샤갈이 거주한 라콜린 저택 응접실의 벽난로 위로 그림 한 점이 걸려있었는데, 그게 바로 〈에펠탑의 신랑 신부〉다. 이 그림은 벨라루스 태생으로 파리로 건너와 본격적인 작가의 이력을 쌓던 샤갈이 나치의 위협을 피해 프랑스 생활을 청산하고 미국 이민을 떠나기 직전에 그린 그림으로 볼 수 있다. 이 그림은 암울한 시대상을 화면에 고스란히 드러내지 않고 우화적으로 덮어버리는 능력 때문에 그는 위대한 대중 예술가의 반열에 오른다. 하지만 이 그림은 같은 이유로 동료들에게 외면받기도 했다. 이러한 배경지식과 회화를 감상한 후 학생들은 회화를 보고 느낀 점을 적고, 그 느낀 점을 토대로 내용 생성하는 과정을 진행했다. 이러한 과정을 실행하는 동안 예시 3을 작성한 학생은 인물과 사건을 나열하는 영화 시놉시스를 작성했다.

예시 3

그림을 보고 느낀 점	느낀 점을 토대로 내용 생성하기
• 꿈속 같다. 그들은 도망자 같기도 하고 몰래 만나는 불륜같이도 느껴진다. • 가장 의아한 것은 그림 전체에 윗부분을 차지하는 노란 태양 같은 것은 무엇일까? • 자유를 갈망하는 연인과 멀리서 지켜보는 사람들. 그렇게 두 부분으로 그림은 나누고 있는 것 같다.	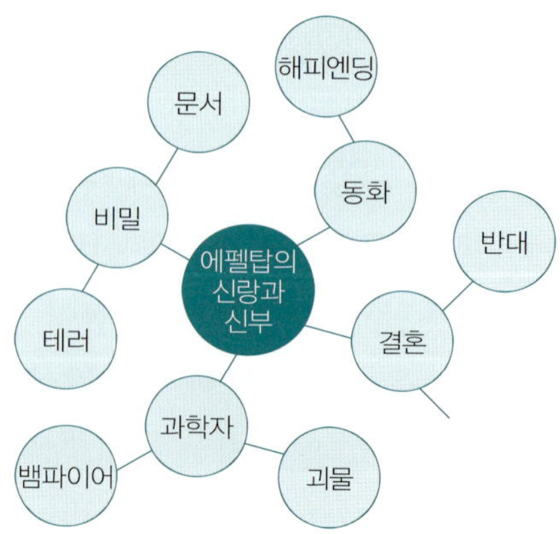

시놉시스 제목: 에펠탑의 신랑과 신부

발단 때는 2116년. 시대가 변함에 따라 과학기술도 정점에 달했다. 인간은 불사의 능력을 가지길 원했고, 때마침 한 천재 생명공학박사가 돌연변이 DNA 연구개발에 성공해 과학계에 돌풍을 일으켰다. 그의 이름은 '샤갈' 그는 엄청난 발명과 더불어 동네 코흘리개 아이까지도 알 수 있을 만큼 유명세를 얻게 되었다.

전개 그러나 이 연구에는 두 가지단점이 있었는데 그건 바로 DNA 변형으로 인해 인간이라 불릴 수 없는 이상한 식성과 햇빛을 보지 못한다는 점이다. 이것은 마치 중세 괴담에서 나올법했던 '뱀파이어'의 특징과 같았다.

인간들은 영원한 삶을 누리게 되었고, 반대로 희생해야 하는 사람들. 이에 따라 찬성측과 반대측의 의견이 대립했는데 그 중 극단적인 반대파인 '레지탕스' 조직이다.

위기 이런 전쟁 같은 상황에서도 사랑은 꽃피는 법!

과학자 '샤갈'은 한 여인에게 마음을 빼앗기고 마는데, 그 여인의 이름은 한국계 여인 '수빈'. 엄청난 명예와 부를 가지게 된 그는 남부러울 게 없었지만 단 하나의 고민거리가 있었다. 그것은 바로 그토록 사랑하는 수빈이 레지스탕스 리더의 딸이라는 사실이다. 샤갈은 수일간 식음을 전폐하며 밤을 지새웠다. 그러나 샤갈은 이미 수빈 없이는 단 하루도 행복하지 않다는 사실을 깨닫게 된다.

절정 둘의 사랑은 완전체였다. 이 소식을 들은 레지스탕스 리더는 크게 분노한다. 뱀파이어보다 더 냉혈한이었던 그는 그의 딸마저 죽이려고 한다. 며칠 후, "쾅!" 대형 화물차와 한 승용차가 부딪혔다. 이 모든 것이 레지스탕스의 계략이었다. 운이 없게도 수빈이의 몸에는 성인 팔뚝만한 쇠꼬챙이가 관통하고 많은 양의 피가 흘렀다.

"수빈아!" "샤갈씨, 고마웠어요. ... ... 다음 생에서 만나요."

이때, 샤갈은 큰 결심을 한다. 바로 그녀 또한 돌연변이로 만드는 것! 그는 망설이지 않고 그녀의 목을 물었다.

결말 30분 뒤, 한 남자가 사고 현장을 쳐다보며 대화하고 있다. "리더. 한 줌의 재조차 남지 않았습니다." 9시 뉴스나 인터넷 기사가 나자 사람들은 혼란스러워 했다. 그들의 대한 아무런 흔적이 남지 않았기 때문이다.

에필로그 어느 남태평양 무인도...

"여기! 이리와서 앉아." 남자는 웃으며 여자에게 음료를 건넨다.

"고마워요. 샤갈씨."

– 경남대학교 3학년 학생의 글

연습 1

아래의 그림은 이중섭(Lee, Jung-sup, 1916~1956)의 〈구상네 가족〉이다. 이중섭은 대구 피난시절 일본에 있는 가족과 떨어져 살았다. 그런 와중에 물심양면으로 자신을 돌봐주던 구상에 대한 고마움을 화폭에 담아 선물했다. 그 그림이 〈구상네 가족〉이다.
여러분은 그림을 보고 어떠한 생각을 가지게 되는가? 여러분이 지녔던 생각과 느낌을 바탕으로 문학적 서사구조를 갖춘 글(일기, 수필, 동화, 소설, 시놉시스 등)의 형식으로 작성해 보자.

• 이 그림을 통해 나는 어떤 느낌을 받았는가?

그림을 보고 느낀 점	느낀 점을 토대로 내용 생성하기
	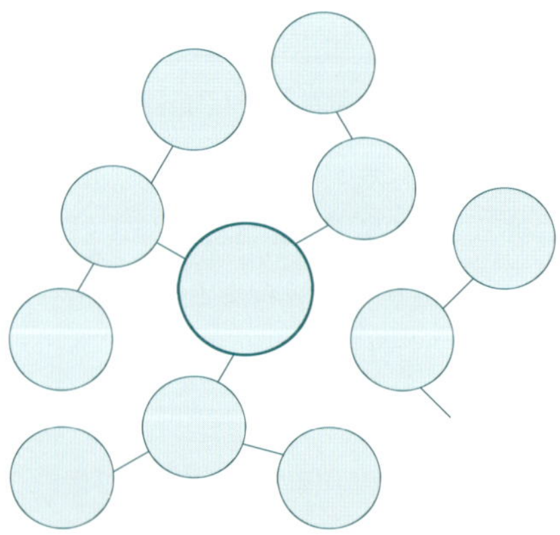

• 내용 생성하기를 바탕으로 자신만의 이야기를 만들어 보자.

과학과 문학의 융합

이미 우리 사회에는 상호연결망들이 존재한다. 예술과 철학, 문학은 상호작용하는 인간 마음의 산물이다. 이런 인간의 마음은 인간 뇌의 산물이다. 인간의 뇌는 부분적으로 인간의 유전체에 의해 조직되며, 진화라고 불리는 물리적 과정에 의해 작용한 것이다. 과학자들도 마찬가지로 과학에 입각한 인문주의자들도 '시스템'에 따라서 작업하기 보다는 다양한 자료와 정보들에서 아이디어를 찾고, 가치가 입증된 아이디어를 받아들인다.

이처럼 지식융합사회에서는 이 두 학문 간의 융합은 신선하고 무한한 상상력을 제공한다. 이를테면 우리의 기본 전제들에 의문을 제기하는 새로운 방식의 사고 같은 것들이다. 이미 우리의 역사에서도 이러한 두 학문 간의 융합이 나타났다. 조선후기인 18세기 실학자 박지원, 박제가, 이덕무, 홍대용은 인문학적 상상력과 과학적 사고를 통해 서로 격려하며 조선의 봉건적 제도를 타파하고자 했다. 오늘날에도 두 학문간 융합을 통한 교육은 초등영재교육에서부터 대학의 교양교육까지 그 활동의 폭을 넓혀가고 있다.

그렇다면 문학과 과학의 상호 관련성은 무엇인가? 인문학의 한 영역을 차지하는 문학은 우리 삶에 대한 총체적인 문제를 다룬다. 우리의 삶은 환경과 유기적인 관계를 가지는 총체적인 것이다. 문학작품은 우리에게 유기적으로 연결된 삶의 문제를 깨닫게 하거나 기존의 통념을 깨고 새롭게 인식할 수 있는 폭넓은 사고를 경험하게 한다. 이렇게 작가는 문학작품을 통해 독자의 사고에 변화를 주고 가치체계의 변화를 통해 일상의 삶을 변화시키는 역할을 한다. 과학 기술자도 기술력과 개발능력을 활용해 지식체계를 변화시키며, 그 변화는 사회적 변화로 분화된다. 결국, 과학은 우리의 일상과 삶을 변화시킨다.

또한 문학과 과학은 인간의 호기심과 욕망을 충족시켜준다는 점에서도 공통적 특성을 찾을 수 있다. 두 학문은 모두 '변화'를 위해서는 창의력과 상상력이 필요하다는 점도 간과해서는 안 될 것이다. 좀 더 구체적으로 두 학문의 상호 관련성을 찾아본다면 문제 해결 과정에 있다고 말할 수 있다. 문학은 작중 인물 혹은 작가와 대면하는 세계와 갈등문제에 직면하게 되고, 독자는 이 문제 해결 과정 속에 동참함으로써 흥미를 느낀다. 공학의 학문적 속성도 문제를 발견하고 그것을 해결해나가는 과정에 기반한다. 이를 바탕으로 문학과 과학이 만나는 지식 융합적 주제는 다양한 텍스트를 가지고 학생 상호간의 탐구·토론활동을 거쳐서 글쓰기 단계까지 이어져야 할 것이다.

과학과 문학의 융합적 글쓰기 단계
주제에 대한 자료수집과 정리 → 탐구와 토론 활동 → 글쓰기

우리는 『이솝우화』 가운데 「토끼와 거북이의 경주」라는 이야기를 잘 알고 있다. 이 짧은 이야기 속에서 우리는 거북이처럼 부지런하고 성실한 사람이 항상 승리한다는 교훈을 얻는다. 이것이 문학적인 측면에서 얻어지는 결과물이다. 그렇다면 우리는 여기서 갈등의 원인이 되었던 토끼와 거북이의 입장을 두고 과학적 접근을 시작해보자. 과연 '토끼가 몇 시간을 잤기에 경주에 졌을까?' 혹은 '토끼가 잠을 자지 않았는데도 거북이가 경기에서 이기려면 어떤 조건이 갖춰져야 하는가?'하는 다양한 궁금증에 접하게 된다. 이러한 궁금증을 바탕으로 각자 자료를 수집하여 학생 상호간의 토론시간을 갖는다. 학생들은 토론의 진행 과정을 통하여 문학텍스트 속에 담겨져 있는 과학적 통찰을 경험하게 된다. 그 다음, 가치가 입증된 주장을 근거로 해서 자신만의 글쓰기가 이루어지는 단계가 형성된다.

활동 1 문학의 영원한 주제는 사랑이다. 문학은 인간의 가장 아름다운 감정인 '사랑'을 다양한 형태로 표현하여 독자들에게 감동을 안겨준다. 이러한 문학의 고유 주제인 '사랑'을 과학적으로 접근할 수 있을까? 아래 제시된 시는 한 드라마의 주인공들이 읊으면서 이슈가 되었다. 시인은 첫사랑을 물리학 이론으로 묘사하고 있다. 이 시를 참고하여 과학적 이론을 기초로 한 나만의 사랑시를 작성해보자(질량보존의 법칙, 속도와 가속도, 관성의 법칙 등).

질량의 크기는 부피와 비례하지 않는다
제비꽃같이 조그마한 그 계집애가 꽃잎같이 하늘거리는 그 계집애가
지구보다 더 큰 질량으로 나를 끌어당긴다. 순간, 나는
뉴턴의 사과처럼
사정없이 그녀에게로 굴러 떨어졌다.
쿵 소리를 내며, 쿵쿵 소리를 내며
심장이
하늘에서 땅까지
아찔한 진자운동을 계속하였다
첫사랑이었다

– 김인육(2016), 「사랑의 물리학」, 문학세계사.

최근 인공지능과 인간의 체스, 바둑 대결이 이슈가 되었다. 인공지능은 사람이 지식과 경험을 바탕으로 새로운 상황의 문제를 해결하는 능력, 방대한 자료를 분석해 스스로 의미를 찾는 학습 능력, 시각 및 음성 인식 등 지각 능력, 자연언어를 이해하는 능력, 자율적으로 움직이는 능력 등을 컴퓨터로 실현하는 분야이다. 이러한 인공지능의 세계는 영화 속 이야기만은 아니다. 이미 우리 생활 곳곳에 스며들어 인간의 생활환경을 변화시키고, 인간의 여러 영역을 놀라운 속도로 장악해 가고 있다. 인공지능은 인간의 편익을 도모 할 뿐만 아니라 인간의 고유 영역인 창작예술까지 넘어서고 있다.

예시 4

그 날은 구름이 낮게 깔리고 어두침침한 날이었다.

방안은 항상 최적의 온도와 습도. 요코 씨는 단정치 않은 모습으로 소파에 앉아 의미 없는 게임으로 시간을 끌고 있다. 그렇지만 내게는 말을 걸지 않는다.

따분하다. 따분해서 어쩔 수 없다.

처음 이 방에 온 요코 씨는 기회를 틈타 내게 말을 걸어왔다.
"오늘의 저녁식사는 무엇이 좋다고 생각해?"
"올 시즌에 유행하는 옷은?"
"이번 여자 모임에 무엇을 입고 가면 좋을까?"

나는 온갖 능력을 사용하여 그녀의 기분에 맞을 듯한 말을 생각해냈다. 스타일이 좋다고는 말할 수 없는 그녀의 복장에 대한 충고는 매우 도전적인 과제로, 그러나 3개월도 되지 않아 그녀는 내게 질리고 말았다. 지금의 나 자신은 단지 컴퓨터일 뿐이다. 요즘의 용량 평균은 능력의 100만분의 1에도 미치지 못한다.

– AI('음악유우레이 라이타'–필명), 「컴퓨터가 소설을 쓰는 날」

예시 4에 제시된 「컴퓨터가 소설을 쓰는 날」은 일본 '호시 신이치' 문학상 공모전에 1차 심사를 통과한 작품이다. 그런데 이 작품은 전 세계 사람들의 이목과 관심을 받았다. 그 이유는 인공지능(AI)이 쓴 소설이기 때문이다. 심지어 심사위원 조차 이 소설이 인공지능이 쓴 소설인 줄 몰랐다는 사실에 더욱 이 소설에 관심이 높아졌다. 이 소설은 A4 용지 3페이지 분량의 단편인데, 인공지능인 주인공의 고독한 감정을 잘 묘사하고 있다. 실제, 일본에서 활동하고 있는 인공지능 '제로'는 후쿠자와 유키치의 『학문을 권함』과 니토베 이나조의 『자경록』을 교과서로 삼아 딥러닝으로 학습했고, 이를 바탕으로 몇 가지 주제에 답하는 형식으로 쓴 소설 『현인강림賢人降臨』을 출판했다고 한다. 아직 완전한 출판물은 아니지만 현재 인공지능 기술의 수준을 엿볼 수 있는 자료로 쓰기 위해 일부러 교열하지 않고 출판했다고 한다.

활동 2

인공지능은 인간의 어떠한 영역까지 흡수 할 수 있을까? 인공지능과 로봇은 결국 인간 대다수의 일자리를 빼앗아 많은 사람들을 불행하게 만들까? 아니면 인공지능과 로봇을 통해 우리의 생활이 보다 윤택해질까? 인공지능과 로봇에 대한 여러분의 생각을 친구들과 토론해보자.

주제별 글쓰기 심화

연습 2

우리의 생활 곳곳에 인공지능 기술이 적지 않게 활용되고 있다. 당장 우리가 하루 중 가장 많이 사용하고 있는 전자기기, 스마트폰에도 인공지능 기술이 사용되고 있다. 그리고 기술적으로 완성단계에 이른 무인자동차도 인공지능의 핵심기술이라 할 수 있다.

앞으로 우리가 살아가야 할 2047년의 모습을 상상하는 글로 작성해보자.

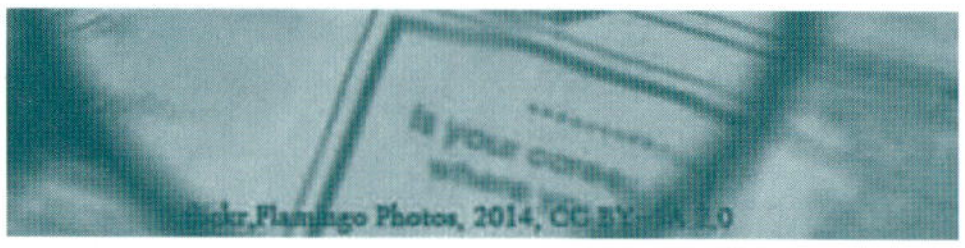

"2020년까지 총 500만 개의 일자리가 사라진다"
– 세계경제포험 '직업의 미래'

"컴퓨터 자동화에서 살아남을 직업은 33%에 불과하다."
– 영국 옥스퍼드 마틴스쿨

일본의 헨나(HENN-NA) 호텔은 세계 최초의 로봇 호텔입니다. 헨나 호텔의 직원은 모두 로봇입니다. 로봇이 체크인을 도와주고 짐을 옮기는데, 숙박료는 다른 호텔의 절반에 불과합니다.

1. 내용 구상하기 – 상상한 내용들을 나열해보자

- 2047년 우리 사회는 어떠한 모습일까?

• 내가 살고 있는 세상의 모습은 어떠한가?

• 나는 어떻게 살고 있을까?

2. 위의 내용구상을 바탕으로 2047년의 모습을 상상하는 글로 작성해보자.

참고문헌

AI('음악유우레이 라이타'–필명)(2016), 「컴퓨터가 소설을 쓰는 날」, '호시 신이치' 문학상공모전.

글쓰기교재편찬위원회, 『인문학 글쓰기』, 경북대학교출판부, 2015.

김동식, 『인문학 글쓰기를 위하여』, 서울대학교출판부, 2009.

김봉희(1998), 『저녁전 계단오르기』, 서울: 태학사.

김인육(2016), 『사랑의 물리학』, 서울: 문학세계사.

김준호(2012), 『어느 생물학자의 눈에 비친 지구온난화』, 서울대학교출판문화원.

김춘규(2014), "융합적 사고에 기반한 글쓰기 수업방안연구", 『교양교육연구』, 한국교양교육학회.

김 훈, 『인문학 글쓰기』, 북스힐, 2005.

남기열(2005), "홍삼과 백삼의 비교 고찰", 『Journal of Ginseng Research』 29(1), 고려인삼학회.

도정일, 『쓰잘데없이 고귀한 것들의 목록』, 문학동네, 2014.

마크 마슬린(2010), 『지구 온난화를 둘러싼 진실들』, 한겨레출판.

박수밀, 『연암 박지원의 글 짓는 법』, 돌베개, 2013.

손민호 외(2015), 『우리바다 해양생물, 갯벌에서 심해까지』, 서울: 아카데미 서적.

송선미·박미경(2016), "모유수유 임파워먼트 프로그램이 초산모의 모유수유 자기효능감, 적응 및 지속에 미치는 효과", 『대한간호학회지』 46(3).

스펜서 위어트(2012), (김준수 옮김), 『지구온난화를 둘러싼 대논쟁』, 동녘 사이언스.

에드워드 그리핀(2014), (석혜미 옮김), 『암 없는 세상』, 서울: for book.

오길영(2016), 『힘의 포획』, 산지니.

존 브록만(2006), (안인희 옮김), 『과학의 최전선에서 인문학을 만나다』, 파주: 도서출판 소소.

프레드 싱거·데니스 에이버리(2009), (김민정 옮김), 『지구 온난화에 속지 마라』, 서울: 동아시아.

플라톤(2008), (최명관 옮김), 『플라톤의 대화편』, 서울: 도서출판 창.

홍주화·추준식·채홍철(2004), "나노인덴테이션법의 원리와 응용", 『열처리공학회지』 17(6), 한국열처리공학회.

저자별 집필 책임 영역

제1장 _ 글쓰기의 의미	
1. 의사소통과 언어생활	한정호
2. 대학생활과 글쓰기	
3. 좋은 글의 요건	
4. 글쓰기와 윤리	임춘택
제2장 _ 글쓰기의 과정	
1. 계획하기	김은정
2. 내용 생성하기	
3. 내용 조직하기	
4. 표현하기	
5. 고쳐쓰기	
제3장 _ 글쓰기를 위한 문법	
1. 글의 효과를 위한 문법적 선택	정병철
2. 문장의 구조와 맞춤법 점검	
3. 문단 만들기	
제4장 _ 글쓰기의 방법과 유형	
1. 정확한 설명문	김은정
2. 효과적인 논증문	
3. 실감나는 묘사문	
4. 역동적인 서사문	
제5장 _ 대학생을 위한 글쓰기	
1. 자기소개서	노성미
2. 학술적 글쓰기	
3. 칼럼과 서평 쓰기	이선미·임춘택
4. 기획서와 광고문 쓰기	임춘택
제6장 _ 주제별 글쓰기 심화	
1. 인문학적 글쓰기	이선미
2. 사회과학적 글쓰기	노성미
3. 과학적 글쓰기	정병철
4. 융합적 글쓰기	김봉희